सनेह को मारग

सनेह को मारग

इमरै बंघा

वाणी प्रकाशन

वाणी प्रकाशन

4695, 21-ए, दरियागंज, नयी दिल्ली 110 002

शाखा

अशोक राजपथ, पटना 800 004

फ़ोन: +91 11 23273167 फ़ैक्स: +91 11 23275710

www.vaniprakashan.in
vaniprakashan@gmail.com

SANEH KO MARAG
by Imre Bangha

ISBN : 978-81-8143-993-2
Granthawali

संस्करण 1999
आवृत्ति संस्करण 2013

मूल्य : ₹ 375

न्यू कृष्णा ऑफ़सेट, दिल्ली-110 093 में मुद्रित

वाणी प्रकाशन का लोगो मक़बूल फ़िदा हुसेन की कूची से

डॉ॰ शरणबिहारी गोस्वामी

और

प्रो॰ गोविंद शर्मा के लिए

सादर

आभार

इस पुस्तक को लिखने के दौरान मुझे भारत में जितनी और जिस तरह की सहायता मिली वह मेरे जैसे विदेशी के लिए कल्पनातीत है। मैं उन सभी लोगों और संस्थानों का आभारी हूँ जिनके सहयोग से यह पुस्तक लिखी जा सकी।

वृंदावन निवासी प्रोफ़ेसर गोविंद शर्मा तथा डॉ॰ शरणबिहारी गोस्वामी ने मुझे महीनों तक रोज न केवल *घनआनंद-कबित्त* का कठिन पाठ विज्ञता तथा प्रेम से हृदयंगम करवाया वरन् ब्रज-संस्कृति के विविध पक्षों से परिचित होने का रस भी प्रदान किया। इन दोनों विद्वानों से मुझे उत्साह और प्रेरणा मिली और इनके सान्निध्य में पढ़ने से हमेशा आनंद का अनुभव भी होता था।

कासगंज-निवासी डॉ॰ नरेशचंद्र बसंल ने आनंदघन-संबंधी बहुत सारी नयी सामग्री की ओर ध्यान दिलाया और उनकी फोटोकॉपी उपलब्ध करवाई। कई दिनों अपने घर में रहने की सुविधा देकर अपने पास सुरक्षित पांडुलिपियों एवं पुस्तकों को देखने का अवसर दे कर और अपने सब कामों को छोड़कर मेरी सहायता की।

आनंदघन-साहित्य में डूबे विद्वान डॉ॰ मनोहरलाल गौड़ के साथ मैंने *कृपाकंद निबंध* पढ़ा और आनंदघन-संबंधी कई जिज्ञासाओं का समाधान किया।

वृंदावन निवासी श्री किशोरीशरण 'अलि' जी महाराज तथा रस-भारती संस्थान के निदेशक डॉ॰ जयेश खण्डेलवाल ने आनंदघन और 'चाचा' वृंदावनदास की पांडुलिपियों की कॉपी उपलब्ध करवाई तथा आनंदघन की भक्ति और संप्रदाय के संबंध में कई महत्त्वपूर्ण प्रश्न उठाकर उनका विवेचन किया।

सलेमाबाद के जगद्गुरु श्री श्रीजी श्री राधासर्वेश्वरशरणदेवाचार्य जी महाराज ने मुझे नयी सामग्री दिलाई और साथ ही उस आचार्यपीठ में ठहरने की सुविधा उपलब्ध करवाई जिसमें आनंदघन भी संभवतः कुछ समय तक रहे होंगे।

जयपुर के विद्वान श्री गोपाल नारायण बहुरा, किशनगढ़-निवासी डॉ॰ फ़ैयाज़ अली तथा डॉ॰ रामप्रसाद शर्मा और गोरखपुर विश्वविद्यालय के डॉ॰ रामदेव शुक्ल से मैंने आनंदघन-संबंधी कई प्रश्नों की चर्चा की। राजस्थान संस्कृत अकादमी के

निदेशक श्री कलानाथ शास्त्री ने ब्रजनाथ भट्ट के संबंध में नये तथ्यों की ओर मेरा ध्यान दिलाया। लंदन विश्वविद्यालय के डॉ॰ रूपर्ट स्नैल्ल ने भी मुझे कुछ आनंदघन संबंधी सामग्री भेजी। भरतपुर के डॉ॰ देवकुमार कुलश्रेष्ठ तथा बयाना के श्री नेमीचंद शर्मा ने आनंदघन की एक महत्त्वपूर्ण पांडुलिपि की फोटोकॉपी उपलब्ध कराई। अलीगढ़ मुस्लिम विश्वविद्यालय के प्रोफेसर इरफ़ान हबीब तथा प्रोफेसर इकबाल हुसैन की सहायता से मुझे मुहम्मदशाह के जमाने की कुछ फारसी सामग्री देखने को मिली।

मुझे भारत के विविध संस्थानों में हस्तलिखित तथा मुद्रित ग्रंथ देखने को मिले। सबसे महत्त्वपूर्ण सामग्री जयपुर के पोथीखाने में प्राप्त हुई जहाँ महाराजा सवाई मानसिंह II संग्रहालय के निदेशक श्री यदुवेन्द्र सहाय के सौजन्य से प्रवेश मिला। राजस्थान प्राच्यविद्या प्रतिष्ठान की अलवर तथा जोधपुर शाखाओं में भी कई महत्त्वपूर्ण ग्रंथ उपलब्ध हुए। इसके अलावा कासगंज के सूकर क्षेत्र शोध संस्थान में, वृंदावन के रस-भारती संस्थान में, वृंदावन के श्री हित रूप संग्रहालय में तथा वृंदावन शोध संस्थान में, जयपुर के श्री संजय शर्मा संग्रहालय में, मथुरा के श्रीकृष्ण जन्मस्थान मंदिर के पुस्तकालय में तथा नागरीप्रचारिणी सभा (काशी) के पुस्तकालय में और आचार्य श्री विनयानंद ज्ञान भंडार (जयपुर) में भी पांडुलिपियाँ देखने को मिलीं। इंग्लैंड के मैनचेस्टर विश्वविद्यालय के जोन रिलेंडस पुस्तकालय ने मुझे सुजानहित की एक महत्त्वपूर्ण प्रति की माइक्रोफिल्म भेजी।

यह पुस्तक मेरी पी-एच॰ डी॰ उपाधि हेतु प्रस्तुत शोधप्रबंध के एक अध्याय का परिवर्धित तथा संशोधित रूप है। शोध के निर्देशक प्रोफेसर सियाराम तिवारी से मुझे शोध में मार्गदर्शन के अतिरिक्त बराबर व्यक्तिगत सहयोग मिला। शोधप्रबंध के विषय तथा उसकी शैली को सुधारने में उन्होंने जो सुझाव दिये वे बहुमूल्य हैं।

शोध-प्रबंध की भाषा को सुधारने में श्रीमती पुष्पा कौशिक, प्रोफेसर दिनकर कौशिक तथा डॉ॰ घनश्याम शर्मा ने मुझे अनेक महत्त्वपूर्ण सुझाव दिये हैं। पांडुलिपि की टाइपिंग श्री बलराम राय ने की।

इस पुस्तक की प्रेस कॉपी बनाने में श्री अशोक सेकसरिया ने न केवल मदद की बल्कि शोध के दौरान उत्साहवर्धन किया और भाषा को सुधारने में सहायता की। इन सब व्यक्तियों के लिए कृतज्ञता ज्ञापित करना शब्दों में संभव भी नहीं है।

इमरै बंघा

शांतिनिकेतन, 29 जनवरी, 1998

किंवदंती से हटकर

डेढ़ेक बरस पहले नई दिल्ली के हंगारियन संस्कृति केंद्र में घनानन्द पर बरसों से काम कर रहे विद्वान् इमरै बंघा से मेरी पहली मुलाक़ात हुई। उस शाम एक हंगारी कवि के साथ मिलकर उन्होंने घनानन्द के कुछ पदों का जो हंगारी अनुवाद किया था उसके पुस्तकाकार लोकार्पण का अवसर था। मूल के लय-विन्यास को इतनी खूबी से हमारी भाषा में उतारा गया था कि हम सभी चकित हुए। चकित इससे भी हुए कि हमारे एक मध्यकालीन मूर्धन्य कवि के जीवन और कृतित्व की एक युवा विद्वान् इतने मनोयोग और अध्यवसाय से खोज रहा है। यद्यपि घनानन्द एक श्रेष्ठ प्रेमकवि के रूप में हिंदी में प्रतिष्ठित हैं, वह उनके बारे में तथ्यपुष्ट जानकारी कम ही रही है। न जाने क्यों हिंदी में अकसर किंवदंतियों से काम चल जाता है। इस जीवनी द्वारा इमरै बंघा ने घनानन्द को किंवदंतियों से यथासंभव मुक्त कर, उपलब्ध सामग्री और खोजे गए तथ्यों के आधार पर, जंतन और अनुराग से, एक कवि और एक जीते-जागते व्यक्ति के रूप में हमारें सामने किया है। हमें इस प्रयत्न के प्रति कृतज्ञ होना चाहिए। हिन्दी में कवियों की जीवनियाँ कम ही हैं और इस दृष्टि से भी यह हमारी सम्पदा का महत्वपूर्ण इज़ाफ़ा है।

नए तथ्य ही नहीं, इमरै बंघा ने घनानन्द के कई अब तक कई अज्ञात पद भी खोज निकाले हैं। किसी भी कवि के, और घनानन्द जैसे मूर्धन्य के तो निश्चय ही, कई जीवन होते हैं। पहला तो वह जो उसका अपना था और जिसके दौरान उसने काव्यरचना की। दूसरा वह जो उसकी कविता में, काल द्वारा की गई सारी क्षति के बावजूद, रसा-बसा और बचा रहता है। तीसरा वह जो उसकी कविता को पढ़ने-समझने, उसका अनुवाद करने में रसिक बनाते हैं। शायद इन सबको समौते हुए और फिर भी एक जीवन वह हो सकता है जो इस तरह की जीवनी से प्रगट होता है। मुझे इसमें कोई सन्देह नहीं हैं कि इस जीवनी में घनानन्द का एक पुनर्जीवन सम्भव हुआ है इमरै बंघा द्वारा किया गया सारा शोध नीरस तथ्यसंग्रह नहीं है, उसमें

गहरी सर्जनात्मकता है जो यह पुनर्जीवन सम्भव बनाती है। इस जीवनी से न सिर्फ़ घनानन्द का जीवन और उनका महान् प्रेमकाव्य बेहतर समझने में सहायता मिलेगी, बल्कि भारतीय प्रेम काव्य की परम्परा के कुछ शाश्वत और कुछ परिवर्तनशील अभिप्रायों को एक नये विन्यास में देखने की विचारोत्तेजना भी।

अशोक वाजपेयी

कुलपति निवास
महात्मा गांधी अंतरराष्ट्रीय हिंदी विश्वविद्यालय

विषय सूची

भूमिका

आनंदघन प्रेम के कवि हैं। लोक-परलोक को व्याप्त करने वाले प्रेम की अनुभूति की यथार्थपरक तथा भाषा-चेतन अभिव्यक्ति के कारण आनंदघन के 'कबित्त' हिन्दी साहित्य में बेजोड़ हैं। यह कहना कोई अतिरंजना करना न होगा कि विश्व साहित्य के स्तर पर भी प्रेम के कवि के रूप में उनका महत्त्व पहचाना जाना चाहिए। उनके 'कबित्तों' की मूल प्रेरणा जीवन की सबसे प्रगाढ़ और मार्मिक अनुभूति – प्रेम है।

प्रेम मनुष्य को अहं से मुक्त करता है। 'सनेह के मारग' का पथिक अहं छोड़कर अपनी यात्रा कर सकता है–'साँचें चलैं तजि आपुनपौ'। अहं की कारा तोड़ने के लिए मुख्यतया दो तरह के प्रयत्न मानव इतिहास में नज़र आते हैं : प्रेम और भक्ति। प्रेम में व्यक्ति किसी दूसरे व्यक्ति के लिए अपने अस्तित्व को विलीन कर अपना सुख-दुख दूसरे व्यक्ति के सुख-दुख से अलग नहीं मानता। यह लौकिक प्रेम की पराकाष्ठा है। भक्ति इसके विपरीत–अलौकिक प्रेम है। इसमें मनुष्य अपने सभी लौकिक बंधनों से ऊपर उठकर अपने आराध्य के लिए अपना सर्वस्व समर्पित कर देता है।

साहित्य और दर्शन में आमतौर पर प्रेम और भक्ति की चर्चा अलग-अलग की जाती है लेकिन कभी-कभी ऐसा प्रयत्न भी दिखाई देता है जब दोनों के बीच संबंध स्थापित किया गया हो। विश्व के रहस्यवादी (मिस्टिक) साहित्य में लौकिक प्रेम की शब्दावली का भी अलौकिक अनुभूतियों को व्यक्त करने के लिए प्रयोग हुआ है। उर्दू-फारसी साहित्य में ईश्वर को माशूक़ के रूप में प्रस्तुत करने की परंपरा रही है। यूनानी दर्शन में अफ़लातून (प्लेटो) और जर्मन रोमांटिक साहित्य में होल्डरलिन की रचनाओं में इस संबंध को स्थापित करने की चेष्टा दिखाई पड़ती है कि लौकिक प्रेम ईश्वरीय प्रेम तक पहुँचने का साधन है। सूफियों का भी यह मत रहा है कि इश्क़-ए-मजाज़ी द्वारा इश्क़-ए-हक़ीकी तक पहुँचा जा सकता है।

आनंदघन के अधिकांश 'कबित्तों' में अभिव्यक्त प्रेम के बारे में यह माना जा सकता है कि वह लौकिक भी हो सकता है और अलौकिक भी। प्रेम का लौकिक पक्ष अभिव्यक्त भावों को यथार्थता तथा गहराई प्रदान करता है और अलौकिक पक्ष उसे सार्विक बनाता है।

साहित्य में जब लौकिक विरह की चर्चा होती है तो निराश प्रेमी आम तौर पर या तो मर जाता है या संसार और प्रेम से विरक्त हो जाता है। इस बात में संदेह की कोई गुंजाइश नहीं है कि आनंदघन का श्रेष्ठ काव्य भी विरह से संबंधित है। किंवदंती के आनंदघन की विशेषता यह है कि वे वियोग में जीते रहते हैं और उनका प्रेम ईश्वरीय प्रेम में परिणत हो जाता है।

लेकिन प्रेम के किंवदंतियों में वर्णित आदर्श रूप तथा उसके व्यावहारिक रूप में बड़ा अंतर है। जहाँ तक आदर्श पक्ष का सवाल है, तो "सनेह को मारग" "अति सूधो" है, लेकिन खुद कवि को आश्चर्य होता है कि इस "मारग" में क्या से क्या हो जाता है, "तुम कौन धौं पाटि पढ़े हो लला मन लेहु पै देहु छटांक नहीं।" "सनेह के मारग" के आदर्श को निभाने के कारण आनंदघन के जीवन में भी कई विरोध उत्पन्न हुए जिनको दिखाने की कोशिश इस पुस्तक में की गयी है।

आनंदघन के लौकिक या अलौकिक प्रेम में पात्र एक ही है—सुजान। इस दृष्टि से आनंदघन उर्दू-फारसी कवियों के ज्यादा निकट मालूम पड़ते हैं और उनके काव्य पर उर्दू-फारसी साहित्य के प्रभाव को अनदेखा नहीं किया जा सकता। लेकिन आनंदघन प्रकृतया भारतीय कवि हैं। उनकी अभिव्यक्ति की प्रवृत्ति मूल रूप से भारतीय ही है। उनकी भाषा विशुद्ध और सर्वश्रेष्ठ ब्रजभाषा है। शैली रीतिकाल की अलंकृत शैली है। उनके प्रायः सभी *अप्रस्तुत* संस्कृत और हिन्दी साहित्य के परंपरागत *अप्रस्तुत* हैं। उनके काव्य में कृष्णकाव्य तथा रीतिकालीन शृंगार के प्रसंग बराबर आते रहते हैं।

आनंदघन की एक और विशेषता यह है कि लौकिक और अलौकिक प्रेम की एकता को उन्होंने भारतीय साहित्य में पहली बार उपस्थित किया। उनसे पहले *कांताभाव* वाले कृष्णभक्त कवि लौकिक प्रेम की शब्दावली का प्रयोग करने के बावजूद लौकिक प्रेम को भक्ति का पर्याय नहीं मानते थे। विल्वमंगल, तुलसीदास, रसखान आदि अनेक कवियों के बारे में यह किंवदंती प्रचलित है कि उनका प्रगाढ़ लौकिक प्रेम भक्ति में परिणत हो गया। लेकिन इनमें से किसी ने भी अपनी प्रेमिका-प्रेमी के नाम का अपने भक्ति-काव्य में स्मरण नहीं किया है। ये कवि स्पष्ट रूप से कृष्ण या राम के प्रति ही अपनी भक्ति व्यक्त करते थे (नंददास ने रूपमंजरी का नाम अपने काव्य में लिया जरूर है लेकिन इस बात का कोई प्रमाण नहीं मिलता है कि नंददास की रूपमंजरी नाम की कोई प्रेमिका थी। यही नहीं *रूपमंजरी* काव्य में नंददास का रूपमंजरी के प्रति कहीं प्रेम निवेदित नहीं है)।

जैसा हम पहले कह चुके हैं लौकिक प्रेम को अलौकिक प्रेम से अलग न मानना

हिन्दी साहित्य में आनंदघन का विशिष्ट योगदान है। किसी भी नयी चीज को सहज ही स्वीकृति नहीं मिलती और आनंदघन के इस योगदान को भी उनके जीवनकाल में समाज के एक अंश द्वारा स्वीकार नहीं किया गया। इसी कारण आनंदघन की बदनामी हुई और उनको मुख्य काव्यधारा के हाशिये पर ढकेल देने की कोशिश की गयी। भारतेन्दु हरिश्चन्द्र, 'रत्नाकर' आदि अनेक परवर्ती कवियों पर आनंदघन का गहरा प्रभाव दिखाई पड़ता है और अभिव्यक्ति की गहराई तथा सुंदरता के कारण आनंदघन आज ब्रजभाषा के सर्वोत्कृष्ट कवियों में माने जाते हैं। लेकिन हाशिये पर डाल दिये जाने के कारण 18वीं-19वीं शताब्दी में उनका अपेक्षाकृत कम उल्लेख मिलता है। हिन्दी साहित्य के पुराने इतिहासकारों (तासी, शिवसिंह सेंगर, ग्रियर्सन) ने अपने ग्रंथों में आनंदघन की अत्यंत संक्षिप्त चर्चा की है जबकि अन्य कवियों का काफी विस्तार से वर्णन किया है। एफ॰ ई॰ केय के हिन्दी साहित्य के इतिहास में आनंदघन का जिक्र तक नहीं है।

आनंदघन के 'कवित्तों' का स्वतंत्र संग्रह सर्वप्रथम 1870 में *सुजान शतक* नाम से भारतेन्दु हरिश्चन्द्र ने प्रकाशित किया था। लेकिन उसकी बहुत कम प्रतियाँ छापी गयीं। सन् 1897 में प्रकाशित *सुजान सागर* की भूमिका में 'रत्नाकर' ने लिखा कि आनंदघन का काव्य हिन्दी साहित्य के अधिकांश पाठकों के लिए अब तक अनुपलब्ध था। यह कहना अनुचित नहीं होगा कि आनंदघन के काव्य को व्यापक रूप से पाठकों के सामने लाने का श्रेय इसी *सुजान सागर* को है। इसके बाद *मिश्रबंधु विनोद* में आनंदघन के बारे में अपेक्षाकृत अधिक विवरण के कारण भी कवि का यश फैला।

आनंदघन से हिन्दी जगत को परिचित करवाने का सबसे सफ़ल प्रयत्न आचार्य रामचंद्र शुक्ल ने किया हालांकि उनके विवरण तथा मूल्यांकन में जानकारी के अभाव में कुछ त्रुटियाँ भी रह गयी हैं। उन्होंने *मिश्रबंधु विनोद* के आधार पर कवि का नाम 'घनआनंद' लिखा और परवर्ती विद्वानों ने भी इसी नाम को अपना लिया। इसके अलावा आचार्य शुक्ल ने रीतिकाल के प्रतिनिधि कवियों के बीच आनंदघन को स्थान न देकर उनका 'अन्य कवियों' के साथ जिक्र किया है। इस तरह उन्होंने प्रकारांतर से आनंदघन के काव्य को हिन्दी साहित्य की मुख्य धाराओं में शामिल नहीं किया। फिर भी यह कहना होगा कि आचार्य शुक्ल ने आनंदघन को ब्रजभाषा के सर्वोत्कृष्ट कवियों में माना और उनके मूल्यांकन से आनंदघन के काव्य का मार्मिक तत्त्व प्रकाश में आता है। शुक्ल जी ने लिखा है—"हिन्दी साहित्य के इतिहास में इनकी सी विशुद्ध, सरल और शक्तिशालिनी ब्रजभाषा लिखने में और कोई कवि समर्थ नहीं हुआ। ...ये वियोग-शृंगार के प्रधान मुक्तक-कवि हैं। 'प्रेम की पीर' ही को लेकर उनकी वाणी का प्रादुर्भाव हुआ।...उनकी अधिकांश कविता भक्ति-भाव की कोटि में नहीं आएगी, शृंगार की ही कही जाएगी...कोरे विभाव पक्ष का चित्रण इनमें कम मिलता है, रूप-छटा के प्रभाव का ही वर्णन मुख्य है।" आनंदघन की कविता में विरोधमूलक

वैचित्र्य और लक्षणा के महत्त्व का वर्णन करते हुए आचार्य शुक्ल ने कहा है ''लक्षणा का विस्तृत मैदान खुला रहने पर भी हिन्दी कवियों ने इसके भीतर बहुत ही कम पैर बढ़ाया। एक आनंदघन ही ऐसे कवि हुए जिन्होंने इस क्षेत्र में अच्छी दौड़ लगाई।''[1]

आनंदघन के काव्य के बारे में अभी जो धारणाएँ बनी हुई हैं, वे मुख्यतया शुक्ल जी के मूल्यांकन पर ही आधारित हैं।

आचार्य शुक्ल के बाद आनंदघन की जीवनी और कृतित्त्व के बारे में सबसे महत्त्वपूर्ण शोध आचार्य विश्वनाथप्रसाद मिश्र ने किया, जिन्होंने सन् 1943 में संपूर्ण *घनआनंद-कबित्त* प्रकाशित किया और फिर सन् 1952 में *घनआनंद (ग्रंथावली) के 'वाङ्मुख'* में मिश्र जी ने आनंदघन नाम के अन्य कवियों से सुजान-प्रेमी आनंदघन को अलग किया और उनकी जीवनी से संबंधित महत्त्वपूर्ण सामग्री भी प्रस्तुत की। आचार्य मिश्र ने आनंदघन को 'शृंगारकाल' (रीतिकाल) का सर्वोत्कृष्ट कवि मानने के साथ यह भी लिखा कि उनकी विरहोपासना और काव्य-शिल्प फारसी काव्यधारा और शैली से प्रभावित है। विश्वनाथप्रसाद मिश्र के शिष्य डॉ॰ मनोहरलाल गौड़ ने अपने गुरु के कार्य का और विस्तार किया और उसे आगे बढ़ाया। उनका शोध-प्रबंध *घनानंद और स्वच्छंद काव्यधारा* नाम से नागरीप्रचारिणी सभा द्वारा प्रकाशित किया गया।

आचार्य मिश्र तथा डॉ॰ गौड़ ने रीतिकाल के अंतर्गत 'रीतिमुक्त' या 'स्वच्छंद' काव्यधारा की विस्तृत चर्चा करके आनंदघन को उसका प्रतिनिधि कवि माना। इस तरह इन दोनों विद्वानों ने आनंदघन को हिन्दी साहित्य के इतिहास में रामचंद्र शुक्ल की अपेक्षा और अधिक महत्त्वपूर्ण स्थान दिलाया।

परवर्ती अनेक विद्वानों ने आनंदघन के बारे में काफी पुस्तकें तथा फुटकर लेख लिखे हैं लेकिन यह कहना होगा कि डॉ॰ किशोरीलाल गुप्त द्वारा संपादित *सुजान शतक* की *भूमिका* के अलावा उनमें आनंदघन के जीवनवृत्त तथा कृतित्त्व से संबंधित कोई विशेष नयी सामग्री नहीं मिलती। ये सभी लेखक अधिकतर आचार्य मिश्र और डॉ॰ गौड़ के मूल्यांकन को स्वीकार कर चलते हैं। साथ ही आनंदघन के जीवनवृत्त तथा कृतित्त्व एवं उसके मूल्यांकन के संबंध में डॉ॰ कृष्णचंद्र वर्मा तथा डॉ॰ रामदेव शुक्ल की पुस्तकों के साथ *सम्मेलन पत्रिका* में डॉ॰ मोहन अवस्थी से डॉ॰ किशोरीलाल गुप्त और अन्य विद्वानों का 'सुजान' नाम संबंधी विवाद उल्लेख योग्य है। इस विवाद में आनंदघन पर फारसी प्रभाव की भी चर्चा की गयी है। आनंदघन संबंधी अन्य पुस्तकों की सूची परिशिष्ट में दी जा रही है।

इस पुस्तक में नयी सामग्री खोजकर तथा प्राचीन सामग्री का पुनर्मूल्यांकन कर पूर्ववर्ती विद्वानों के शोध को आगे बढ़ाने का प्रयत्न किया गया है। नयी सामग्री

---

1. रामचंद्र शुक्ल : *हिन्दी साहित्य का इतिहास*, पृ. 185-189।

में पांडुलिपियों का और काव्य-संग्रहों का विस्तृत विवरण आनंदघन के काव्य के रसास्वादन की अपेक्षा निश्चय ही नीरस मालूम पड़ेगा। हमारा मत है कि आनंदघन और सुजान के प्रेम की किंवदंती आनंदघन के काव्य को समझने के लिए शोध-प्रबंधों की अपेक्षा कहीं अधिक सहायक है। फिर भी तथ्यों का अपना महत्त्व है जो शोध-प्रबंधों में ही प्रकट हो सकता है।

इस पुस्तक में आनंदघन के जीवनवृत्त के स्रोतों की समीक्षा कितनी भी नीरस लगे, सहृदय पाठक इन्हें एक रहस्यकथा के रूप में भी देख सकते हैं। इस रहस्यकथा में इधर-उधर के सुरागों के आधार पर अठारहवीं शताब्दी के एक 'अपराध' को उघाड़ने की चेष्टा की गयी है। यह 'अपराध' हिन्दी का पहला साहित्यिक विवाद भी माना जा सकता है और इसका प्रभाव आज तक आनंदघन के मूल्यांकन पर देखा जा सकता है।

आनंदघन के संबंध में जो अधिकांश किंवदंतियाँ प्रचलित हैं, उनका कवि के कृतित्त्व से संबंध जुड़े बिना नहीं रहता। लेकिन हम आनंदघन का जीवनवृत्त और रचनाओं में ऐसा संबंध दिखाना चाहते हैं जो किंवदंतियों पर आधारित नहीं है। हम आनंदघन को एक 'आदर्श-प्रेमी' के रूप में ही नहीं, हाड़-माँस के व्यक्ति और कवि के रूप में भी देखना चाहते हैं। इसलिए हमने उन सभी स्रोतों को, जो आनंदघन को 'अच्छा या बुरा' जैसे विपरीत छोरों में प्रस्तुत करते हैं, आलोचनात्मक दृष्टि से देखा है। जब हम यह कह रहे होते हैं कि कवि अपने जीवन के अंत तक अपने काव्य में सुजान का स्मरण नहीं करता था तो उसका अर्थ यह नहीं है कि हम आनंदघन के प्रेम का निरादर कर रहे हैं। आनंदघन के प्रेम की गहराई का प्रमाण तो उनका काव्य है ही। कवि के प्रति जहाँ तक आदर की बात है, किंवदंतियों के आच्छादन से उसको मुक्त करना उसके व्यक्तित्त्व के और नजदीक पहुँचने का ही प्रयत्न है। इस सिलसिले में कवि के नाम को लेकर जो भ्रांतियाँ हैं उनका निराकरण करने की यहाँ जो कोशिश की गयी है, उसका उद्देश्य कवि के प्रति आदर प्रकट करना है। इस आदर का तकाजा है कि हम उसका सही नाम आनंदघन लें।

आनंदघन से संबंधित सामग्री की जाँच-परख से जो निष्कर्ष सामने आते हैं उन्हें हम हमेशा अंतिम निष्कर्ष नहीं मान सकते—संभावना के रूप में ही देख सकते हैं। मध्यकालीन हिन्दी साहित्य के इतिहास की सामग्री ऐसी है कि उससे हमेशा कोई अंतिम निष्कर्ष नहीं निकाला जा सकता केवल इतना कहा जा सकता है कि एक बात की संभावना दूसरी बात की अपेक्षा अधिक है और आगे का शोध किसी अनुमान को सही प्रमाणित कर सकता है। विशेष रूप से सलेमाबाद तथा रूपनगर-किशनगढ़ से नयी सामग्री मिलने की अभी भी संभावना है और मुहम्मदशाह के दरबार की फारसी सामग्री का विस्तृत अध्ययन कवि के जीवनवृत्त से संबंधित नये तथ्यों को प्रकाश में ला सकता है।

इस पुस्तक में कुछ ऐसे शब्दों का प्रयोग किया गया है जो बहुत प्रचलित नहीं है, जैसे 'कबित्त', 'प्रकट' या 'अप्रकट' भक्ति आदि। 'कबित्त' शब्द पुराने जमाने में कवित्त, सवैया तथा छप्पय के लिए प्रयुक्त होता था। आनंदघन की मुख्य रचनाएं उनके कबित्त हैं जिसकी शैली और भाव उनके दीक्षागुरु वृंदावनदेवाचार्य की कुछ कविताओं से मिलती-जुलती है। संभवतः यह साम्य एक ही परिवेश के कारण हो। वृंदावनदेवाचार्य निम्बार्क संप्रदाय की मुख्य गद्दी के आचार्य थे और उनके कृतित्त्व को भक्तिकाव्य के अंतर्गत मानना चाहिए, हालाँकि उसमें भक्ति हमेशा स्पष्ट रूप से प्रकट नहीं होती। इस तरह के काव्य को 'अप्रकट भक्ति' नाम देना हमने उचित समझा है। आनंदघन के काव्य को निम्बार्क संप्रदाय की तत्कालीन काव्य-प्रवृत्तियों से अलग नहीं माना जा सकता। इसलिए इसे भी एक तरह का भक्तिकाव्य मानना चाहिए हालाँकि आनंदघन के श्रेष्ठ कबित्तों में पहली नजर में लौकिकता ही दिखाई पड़ती है। ये कबित्त लौकिकता तथा अलौकिकता के संधि-स्थल पर हैं।

ब्रजनाथ के एक सवैये से मालूम पड़ता है कि उनके वक्त लोग आनंदघन के कबित्तों को गुप्त रूप से लिखवाते थे। आज ये कबित्त स्कूलों तथा विश्वविद्यालयों में पढ़ाये जाते हैं। आनंदघन को हिन्दी साहित्य में महत्त्वपूर्ण स्थान मिला है और उनके बारे में बहुत सारी पुस्तकें भी प्रकाशित हैं। लेकिन ऐसे लोग कितने होंगे, जो आनंदघन को विश्वविद्यालयों के पाठ्यक्रम में पढ़ने के अलावा भी पढ़ते होंगे? हिन्दी वाङ्मय के अनेक प्रेमी ब्रजभाषा के इस उत्कृष्ट कवि को 'रूढ़' मध्यकाल में सीमाबद्ध कर उस पर विशेष ध्यान नहीं देते। इसका कारण यह है कि मध्यकाल के अधिकांश कवियों को या तो आदर्श भक्त और संत समझा जाता है या फिर साहित्य के इतिहास की वस्तु। लेकिन यह एक भ्रांति है—आनंदघन की रचनाओं का आज भी आस्वाद लिया जा सकता है। इस शताब्दी और आगामी शताब्दियों के पाठक भी आनंदघन की रचनाओं से तादात्म्य बोध कर सकते हैं। आनंदघन के काव्य की प्रेरणा मानव की सबसे मार्मिक और मौलिक अनुभूति है, जो कालातीत है। आनंदघन की अभिव्यक्ति का रूप, जो उनकी कविताओं को सुंदरता प्रदान करता है अवश्य ही रीतिकाल से जुड़ा हुआ है। लेकिन जब हम अपनी अनुभूतियों को एक दूसरे काल और दूसरी संस्कृति में भी पहचानते हैं तब इन अनुभूतियों की व्यापकता तथा गहराई का और अधिक बोध करते हैं।

इस शोधप्रबंध का भावनाओं से सीधा संबंध नहीं है। यह आनंदघन के भावों की अपेक्षा उनके जीवन के तथ्य अधिक उद्घाटित करता है। फिर भी यदि कवि की जीवनी और उनके व्यक्तित्व को और अच्छी तरह समझकर पाठक आनंदघन के काव्य के प्रति अधिक आकर्षित होंगे तो इस पुस्तक का लेखन व्यर्थ नहीं होगा।

नाम और अभिज्ञान

हिन्दी साहित्य के प्रायः सभी बड़े कवियों के नाम के साथ कुछ रहस्य भी जुड़ा हुआ है और इस रहस्य का समाधान न कर पाने से कवि के मूल्यांकन में भी बहुत गड़बड़ हो सकती है : कवि के जीवन की घटनाएँ और रचनाएँ उसी नाम के दूसरे कवियों के नाम से प्रचलित होकर भ्रम पैदा कर सकती हैं।

नाम की समस्या सामान्यतः तीन रूपों में प्रकट होती है :

1. अगर एक नाम के कई कवि हुए तो उन्हें कैसे अलग किया जाए ? पुराने भारतीय साहित्य के अनेक प्रसिद्ध कवियों के संबंध में यह प्रश्न उठता है। जैसे संस्कृत साहित्य के प्रमुख कवि भर्तृहरि और वैयाकरण भर्तृहरि क्या एक ही व्यक्ति थे या दो अलग-अलग ? हिन्दी साहित्य के सूरदास, आलम, ठाकुर नागरीदास, बोधा आदि को ठीक-ठीक किस प्रकार से पहचाना जाए ?—नाभादास के *भक्तमाल* में एक सूर (छप्पय 73) और एक सूरदास (छप्पय 126) का अलग-अलग उल्लेख है। क्या ये दोनों एक हैं या अलग-अलग ? अबुल फ़ज़ल द्वारा उल्लिखित अकबर के दरबारी कवि सूरदास कौन थे ?[1]—आलम नाम के भी संभवतः दो कवि हुए हैं। एक ने 16वीं शताब्दी के अंत में *माधवानल कामकंदला* नाम का प्रबंधकाव्य लिखा और दूसरा औरंगजेब के पुत्र मुअज्जमशाह का दरबारी कवि था और उसने *आलमकेलि* की रचना की थी[2]। फिर ठाकुर नाम के हिन्दी साहित्य में तीन कवि हुए हैं[3] और नागरीदास भी कई व्यक्तियों का नाम है[4]। इसी तरह *शिवसिंह सरोज* में उल्लिखित बोध, बोधा

1. वोदविल पृ. 29-30 और पृ. 36।
2. सहगल पृ. 38-39। लेकिन गौड़ (पृ. 259-262) के अनुसार प्रबंधकाव्य और *आलमकेलि* के मुक्तकों का रचयिता एक ही व्यक्ति था। इसी संदर्भ में दे. राममूर्ति त्रिपाठी पृ. II-IV और भगीरथ मिश्र (सं.) पृ. 60-68।
3. भगीरथ मिश्र (सं.) पृ. 87।
4. भगीरथ मिश्र (सं.) पृ. 254; किशोरीलाल गुप्त 1965 पृ. 13-28।

तथा बोधिसेन एक ही व्यक्ति है या भिन्न-भिन्न ?[1] इस तरह के प्रश्न हिन्दी के ढेर सारे पुराने कवियों के संबंध में शोधकर्ता को परेशानी में डालते हैं।

2. कवि का असली नाम क्या था और वह किस *छाप* (कवि-नाम) से लिखता था ? यह समस्या भी हिन्दी साहित्य के अनेक कवियों के संबंध में बनी हुई है। जैसे रसखान[2] 'ब्रजनिधि'[3] आदि का असली नाम उनकी छाप से अलग था। रसखान का असली नाम शायद सैयद इब्राहिम था और 'ब्रजनिधि' जयपुर के महाराजा सवाई प्रताप सिंह की छाप थी। यही नहीं 'रंगीला पिया' छाप से लिखनेवाला कवि स्वयं दिल्ली का बादशाह मुहम्मदशाह 'रंगीले'[4] था।

3. कवि के नाम का क्या अर्थ है ? कुछ कवियों के नाम के अर्थ विवादास्पद हैं। मसलन मीराँ के नाम के बारे में भी विवाद है।[5] इस प्रश्न का उत्तर कवि के स्थान, धर्म, भाषा आदि पर कभी-कभी प्रकाश डाल सकता है।

आनंद या आनंदघन नाम के विभिन्न कवि

अब हम आनंदघन नाम की समस्याओं से जूझेंगे। आनंदघन नाम के संबंध में भी ऊपर के तीनों प्रश्न सहज ही उठते हैं। इनमें से सबसे महत्त्वपूर्ण पहला प्रश्न ही है क्योंकि आनंद या आनदंधन नाम के कई कवि हुए हैं। ग्रियर्सन[6] और शम्भुप्रसाद बहुगुना[7] से लेकर विश्वनाथप्रसाद मिश्र[8] तक बहुत सारे विद्वान नाम के इस चक्कर में पड़ गये। अंत में 1952 में विश्वनाथप्रसाद मिश्र इस समस्या का समाधान कर पाये।

हम ऊपर कह आये हैं कि आनंद या आनंदघन नाम के कई कवियों का उल्लेख मिलता है। हम यहाँ केवल उन कवियों की चर्चा करेंगे जिनसे सुजान-प्रेमी वृंदावन निवासी आनंदघन के अभिज्ञान में समस्या पैदा हुई या हो सकती है। संवत् 1910

---

1. किशोरीलाल गुप्त 1967 पृ. 282-283 संख्या 543/423 तथा 544/424; मिश्र 1974 *'कवि का जीवनवृत्त'* पृ. 6।
2. स्नैल्ल पृ. 39।
3. बहुरा पृ. 78।
4. मलिक पृ. 403।
5. परशुराम चतुर्वेदी (सं.) पृ. 229-232 और जी. एन. शर्मा पृ. 230-231।
6. ग्रियर्सन पृ. 92, संख्या 347 : दे. मिश्र 1952 *'वाङ्मुख'* पृ. 51। ग्रियर्सन ने *कोकसार के* रचयिता आनंद और आनंदघन को एक ही माना था।
7. बहुगुना (पृ. 6-10) ने *कोकसार* के रचयिता आनंद को और आनंदघन को एक ही कवि माना है।
8. मिश्र 1945 पृ. 11। उन्होंने *घनआनंद और आनदंघन* नाम की पुस्तक में दो आनंदघन माने हैं। भक्तिपरक रचनाओं के रचयिता नंदगाँव के आनंदघन और सुजान-प्रेमी घनआनंद। फिर 1952 में उन्होंने *घनआनंद (ग्रंथावली)* के *'वाङ्मुख'* में इस मत को छोड़ दिया।

(सन् 1853) में मौजूद, ब्रजवासीदास कृत *रासपंचाध्यायी* के प्रतिलिपिकार आनंदघन[1] से तथा नागरी प्रचारिणी सभा के *हस्तलिखित हिन्दी पुस्तकों का संक्षिप्त विवरण* के पृष्ठ 63 पर उल्लिखित आनंद नाम के पाँच कवियों में से चार से हमारा कोई संबंध नहीं है।

1. नंदगाँव के आनंदघन

आचार्य विश्वनाथप्रसाद मिश्र के अनुसार नदगाँव के आनंदघन वैष्णव ब्राह्मण थे जो चैतन्य महाप्रभु (सन् 1481-1532) के समकालीन बताए जाते हैं।[2] इनकी जीवनी एवं कृतित्त्व पर डॉ॰ नरेशचन्द्र बंसल ने प्रकाश डाला है।[3] नीचे लिखी जाने वाली बातें डॉ॰ बंसल के शोध के आधार पर प्रस्तुत की जा रही हैं।

पंडों के पास सुरक्षित पुरानी पोथी तथा परिवार की वंश-परंपरा के आधार पर आनंदघन की वंशावली प्राप्त है। वे भारद्वाज यजुर्वेदी, कात्यायन गोत्र और माध्यायनी शाखा के उपाध्यायी ब्राह्मण थे।

चैतन्य महाप्रभु संवत् 1573 (सन् 1516) में ब्रजयात्रा करते हुए नंदगाँव आये थे। *चैतन्य चरितामृत* के *मध्यलीला* के 18वें परिच्छेद से ज्ञात होता है कि उन्होंने एक गुफा में श्री नंदबाबा, यशोदा और श्रीकृष्ण की मूर्तियों के दर्शन किये।[4] ऐसा कहा जाता है कि ये मूर्तियाँ श्री नंदीश्वर पर्वत से प्रकट हुईं और इन्हें प्रकट करने वाले आनंदघन ही थे। ऐसा प्रतीत होता है कि चैतन्य महाप्रभु के समय ये मूर्तियाँ आनंदघन के सेव्य ठाकुर थीं। महाप्रभु से मिलकर आनंदघन चैतन्यदेव के अनुगत हुए थे।

आनंदघन के पुत्रों में एक हरिदास नाम के भक्त भी थे। मुरारीलाल अधिकारी कृत बांगला ग्रंथ *वैष्णव दिग्दर्शिनी* (पृ॰ 89) से ज्ञात होता है कि नंदगाँव में सनातन गोस्वामी ने संवत् 1595 (सन् 1538) में इन मूर्तियों को गुफा से निकालकर प्रतिष्ठित कराया और हरिदास नामक भक्त को पुजारी बनाया। आनंदघन के वंशज अब भी मंदिर की सेवा-पूजा करते हैं।

डॉ॰ बसंल को विविध संग्रहों से पंद्रह से अधिक ऐसे पद मिले जो विश्वनाथप्रसाद मिश्र द्वारा प्रकाशित *घनआनंद (ग्रंथावली)* में संकलित नहीं हैं। डॉ॰ बंसल ने इन पदों के नंदगाँववाले आनंदघन द्वारा रचित होने की संभावना बताई क्योंकि इनमें एक

---

1. श्री हित रूप संग्रहालय (वृंदावन) की 227 संख्या की पांडुलिपि के पन्ने [50] पर यह पुष्पिका मिलती है–"इति श्री ब्रजवासीदासकृत रासपंचाध्यायी संपूर्णा। आनंदघनेन लिखिता। राधास्याम। सं. 1910 मिति माघ बदी 15।"
2. गौड़ पृ॰ 36; मिश्र 1952 '*वाङ्मुख*' पृ0 67-68।
3. बंसल पृ॰ 212-215।
4. सुकुमार सेन (सं.) पृ॰ 332-333।

ऐसा पद भी मिलता है जो स्पष्ट रूप से सुजान-प्रेमी आनंदघन से पहले लिखा गया है। संवत् 1769 (सन् 1711) में लिखित *भक्तमाल-टीका* के रचयिता प्रियादास के गुरु श्री मनोहरदास द्वारा संकलित *रसिक जीवनी* में आनंदघन छाप से निम्नलिखित पद मिलता है जो *घनआनंद (ग्रंथावली)* में शामिल नहीं है[1]–

अग पहु पीरी परतन लागी, लाल क्यों न जान देहु घर अपने।
तुमें कहा सोच घर को यहै ढंग मोहि परे जिय कपने ॥
ए दइया या ब्रज के गैल गलियारे परसौं हौं न सपने।
आनंदघन उघरे न भ्रम तो देइ दवा जपने पुजये थपने ॥ 81 ॥

डॉ॰ बंसल का कहना है कि कुछ प्राचीन पोथियों के पद 'रीतिकालीन घनानंद' से पूर्ववर्ती आनंदघन की रचनाएँ हैं। किंतु प्राचीन पोथियों के पद तथा वे पद जो *घनआनंद (ग्रंथावली)* में भी संकलित हैं, एक समस्या उपस्थित करते हैं। असंकलित और संकलित पदों की शैली और भाव प्रायः समान है। "तब क्या यह संपूर्ण पदावली एक ही आनंदघन की रचना है ?... कम-से-कम वे पद जो कि चैतन्य संप्रदाय की भावना के अनुकूल हैं और नंदगाँव-बरसाने लीला और उत्सवों से संबद्ध हैं, वे नंदगाँववासी आनंदघन की रचनाएँ माने जा सकते हैं। संभव है, वे पद जो पदावली में नहीं हैं और रीतिकालीन घनानंद के पूर्ववर्ती हैं, चैतन्य-संप्रदायी आनंदघन के ही हों।"[2]

2. कोकसार के रचयिता आनंद कवि

आनंद कवि हिसार (हरियाणा) के निवासी भटनागर कायस्थ थे और उनका पूरा नाम आनंदराम था[3]। अगरचंद नाहटा के अनुसार "आप सुप्रसिद्ध कवि काशीवासी तुलसीदास जी के शिष्य थे।"[4]। इनकी सात कृतियों का पता चलता है– *कोकमंजरी, कोकसार, पिंगल भाषा, रससागर*[5], *सामुद्रिक*[6], *काशी विनोद*[7], *वचन विनोद*[8]।

---

1. *रसिक जीवनी* को संवत् 1816 (सन् 1759) में लिपिकृत एक पोथी के आधार पर कृष्णदास बाबा ने सन् 1962 में प्रकाशित किया है। इस पुस्तक में चर्चित पद पृष्ठ 20 पर है।
2. बंसल पृ॰ 214।
3. दे॰ खत्री पृ॰ 99।
4. अगरचंद नाहटा 1947 (सं॰) पृ॰ 141।
5. बहुरा पृ॰ 289।
6. गौड़ पृ॰ 32।
7. कृष्णाचार्य पृ॰ 33 (संख्या 450)।
8. यह छंदशास्त्र पर 6 पन्नों की एक पुस्तिका है, जिसकी एक प्रति बीकानेर के अनूप संस्कृत पुस्तकालय में उपलब्ध है। यह प्रति संवत् 1679 (सन् 1622) में नागोर में जोधपुर के महाराजकुमार अनूपसिंह के लिए लिखी गयी थी। दे॰ खत्री पृ॰ 99।

कोकमंजरी में आनंद कवि के वंश, स्थान और समय का स्पष्ट उल्लेख है—

कायथ-कुल आनंद कबि बासी कोट हिसार।
कोककला इहि रुचि करन जिन यह कियो विचार॥
रितु बसंत संवत सरस सोरह सै अरु साठ।
कोकमंजरी यह करी धर्म कर्म करि पाठ॥[1]

कोकसार और *कोकमंजरी* कामशास्त्र पर लिखी गयी पुस्तकें हैं। ये कृतियाँ बहुत लोकप्रिय हुई और इनके अनेक रूप प्रचलित हो गये। आनंद कवि की लोकप्रियता का एक प्रमाण यह है कि हिन्दी की सबसे पुरानी मुद्रित पुस्तकों में *कोकसार* और *काशी विनोद* भी मिलते हैं। *कोकसार* का पहला प्रकाशन काल संभवतः 1818 है।[2]

आनंद नामक कवि का एक और उल्लेख गर्सें द तासी कृत *हिन्दुई साहित्य का इतिहास* के पहले खंड में भी मिलता है जो पहली बार सन् 1839 में प्रकाशित हुआ। तासी ने आनंद कवि को लोकप्रिय गीतों का रचयिता बताकर यह भी कहा है कि "ब्राउटन ने उसका एक रसादिक उद्धृत किया है, सेलेक्शन्स आव हिन्दू पोयट्री पृ॰ 70।"[3] थोमस ड्यूअर ब्राउटन की *सिलेक्शन्स फ्रॉम द पॉप्युलर पोयट्री ऑफ़ द हिन्दूज़* शीर्षक पुस्तक हिन्दी का सर्वप्रथम मुद्रित कविता-संग्रह है, जिसमें विविध कवियों के पद्य शामिल हैं। इस पुस्तक में अंग्रेजी लिपि में आनंद का यह सवैया मिलता है—

चंद्र बिलोकन बाल ब्रिती सो बिसाल अटा चढ़ी आजु उपासी।
आनँद पूरन चंद्र वहीओ छब चांदन सी चौ-ओर प्रकासी।
पूज सके न झके सगरे जुर पंडित सो झगरे ब्रिजबासी।
आवत जोतिक है तुमहे कहो चौथ है आज कि पूरनमासी॥[4]

यह भी लोकप्रिय कविता मालूम पड़ती है। इसमें भावों की गहराई नहीं बल्कि हास्य रस और लोकप्रिय चमत्कार की शैली मिलती है। इसी शैली का और 'आनंद' छाप का एक सवैया भारतेंदु हरिश्चंद्र द्वारा संपादित *सुंदरी तिलक* में भी मिलता है।

सासु बकै ननँदी लरिबो करै या को तौ ख्याल यहै दिन राति है।
सूनो निकेत जु नेकहू पावै खरी तब रीझि भरी ललचाति है।

---

1. मिश्र 1952 *'वाङ्मुख'* पृ॰ 52।
2. आनंद कवि : *कोकसार सम्पूर्ण* : कलकत्ता, खिदिरपुर, संस्कृत प्रेस, सन् 1818; दूसरा संस्करण : बनारस सन् 1853। आनंद कवि : *काशी विनोद* : बनारस, हरिवंश लाल, 1869। दे॰ कृष्णाचार्य पृ॰ 12 (संख्या 46) और पृ॰ 33 (संख्या 150.1 तथा संख्या 150)।
3. वार्ष्णेय 1953 पृ॰ 9।
4. ब्राउटन पृ॰ 70।

नीरे अटा पर पीत में पेखति या अतिहीं अँगिराति जम्हाति है।
यों कछू आनँद होत हिये अँगिया फटि कोटिक टूक ह्वै जाति है ॥[1]

हो सकता है कि उक्त दो सवैयों में 'आनंद' शब्द कवि की छाप न हो। और अगर छाप है तो क्या लोकप्रिय *कोकसार* और लोकप्रिय मुक्तकों के रचयिताओं को आनंद नाम के दो अलग या एक ही व्यक्ति मानना चाहिए ? यद्यपि इस समस्या का समाधान अब तक नहीं हुआ, यह स्पष्ट है कि आनंद कवि *सुजानहित* आदि के रचयिता आनंदघन से सर्वथा भिन्न हैं। आचार्य विश्वनाथप्रसाद मिश्र का मत है, "दोनों की रचनाओं में तो जमीन-आसमान का नहीं, आकाश-पाताल का अंतर है।"[2]

3. जैनधर्मी लाभानंद उपनाम आनंदघन[3]

आनंदघन, जिनका साधनागत नाम लाभानंद है, एक बहुत महत्त्वपूर्ण योगी और कवि माने जाते हैं। जैन संप्रदाय में उनकी योग-शक्ति के बारे में अनेक किंवदंतियाँ प्रचलित हैं तथा विद्वान एवं साधक लोग उनकी कविताओं की गहराई की प्रशंसा करते हैं।[4] महात्मा गाँधी की दैनिक प्रार्थना में भी जैन आनंदघन का "राम कहो, रहमान कहो कोऊ..." वाला पद शामिल था।[5]

किंवदंतियों के आधार पर जैनधर्मी आनंदघन एक महान योगी के रूप में सामने आते हैं। वे गिरि-कंदराओं में तथा श्मशानों में साधना करते थे जहाँ उन्होंने सर्प, सिंह के खतरे और प्रकृति के कोप आदि को वहन किया। इससे उनको विशिष्ट शक्तियाँ प्राप्त हो गयी थीं।[6] ये किंवदंतियाँ अनेक चमत्कारपूर्ण घटनाओं का वर्णन करती हैं जैसे कि जोधपुर राज्यान्तर्गत किसी गाँव में अपने ज्वर को वस्त्र में प्रवेश कराने से वस्त्र का कंपन, आबू पर्वत पर स्वर्ण-सिद्धि रसायन को दिखाना, आनंदघन की सेवा-भक्ति करने से जोधपुर के राजा को पुत्र-प्राप्ति, बीकानेर के जैन साधुओं का मज़ाक उड़ाने वाले शाहज़ादे को घोड़े के साथ स्तंभित रख देना आदि।[7]

---

1. हरिश्चंद्र 1937 पृ. 36।
2. मिश्र 1952 *'वाङ्मुख'* पृ. 53। आनंद कवि और आनंदघन के संबंध में दे. मिश्र 1952 *'वाङ्मुख'* पृ. 51-53 और गौड़ पृ. 32-33।
3. जैनधर्मी आनंदघन के लिए दे. शुक्ला पृ. 131-134; जैन पृ. 204-211; भँवरलाल नाहटा (सं.) पृ. I-XXXXX। आनंदघन संबंधी अन्य प्रकाशित ग्रंथों की तालिका के लिए दे. भँवरलाल नाहटा (सं.) पृ. XXIX-XXX।
4. अगरचंद नाहटा 1974 पृ. 20; जैन पृ. 132; भँवरलाल नाहटा (सं.) पृ. 1।
5. खरे (सं.) पृ. 744।
6. बुद्धिसागरसूरि पृ. 155; खारैड पृ. 76; भँवरलाल नाहटा (सं.) पृ. XIII।
7. बुद्धिसागरसूरी पृ. 183-191; खारैड पृ. 74-86। इन किंवदंतियों के विश्लेषण तथा खंडन के लिए दे. भँवरलाल नाहटा (सं.) पृ. XIII-XVII।

जैनधर्मी आनंदघन की रचनाएँ—*पदावली* तथा *आनंदघन चौबीसी* श्री उमरावचंद जरगड द्वारा संग्रहीत *आनंदघन ग्रंथावली* में प्रकाशित हैं।[1] इन रचनाओं की भाषा गुजराती मिश्रित राजस्थानी तथा 'सधुक्कड़ी' भाषा है और इनके भाव कबीर, दादू, रज्जब आदि से मिलते-जुलते हैं।[2]

आनंदघन चौबीसी के टीकाकार श्रीमद् ज्ञानसारजी (सन् 1744-1841) ने[3] तथा आचार्य क्षितिमोहन सेन ने[4] यह संभावना प्रकट की है कि जैनधर्मी आनंदघन और सुजानप्रेमी आनंदघन एक ही हो सकते हैं। विश्वनाथप्रसाद मिश्र ने क्षितिमोहन सेन की मूल कल्पना को ध्यान में रखकर *घनआनंद और आनंदघन (ग्रंथावली)* में जैनधर्मी आनंदघन की कृतियों को भी प्रकाशित किया है।[5] फिर बाद में स्वयं आचार्य मिश्र ने कहा कि भाषा, शैली और विषय में इतना अंतर है कि उन्हें पृथक मानना ही उचित प्रतीत होता है। दोनों के जीवनकाल में भी लगभग सौ वर्ष का फर्क है।[6]

आनंदघन ग्रंथावली की भूमिका में उमरावचन्द जरगड तथा महताब चन्द्र खारैड ने आनंदघन का स्वर्गवास संवत् 1731 (सन् 1674) में सिद्ध किया है : प्रणामी सम्प्रदाय के एक साधु का कथन है कि "सम्प्रदाय के संस्थापक श्री प्राणलाल जी संवत् 1731 में मेड़ता गये थे, वहाँ उनकी लाभानन्द जी उपनाम आनंदघन जी से भेंट हुई थी और उसी वर्ष अर्थात् संवत् 1731 में उनका (आनंदघन का) देहांत हो गया था। यह वर्णन प्राणलाल जी महाराज के जीवन चरित्र में लिखा मिलता है।" *निजानंद चरितामृत* नामक ग्रंथ से भी इस तथ्य की पुष्टि होती है।[7]

जैन कवि उपाध्याय यशोविजय ने आनंदघन की प्रशस्ति में *अष्टपदी* लिखी है।[8] इस *अष्टपदी* से और आनंदघन के आगे के पद से ऐसा प्रतीत होता है कि कहीं दोनों की भेंट हुई थी—

---

1. महताबचन्द्र खारैड (सं.) : *आनंदघन ग्रंथावली*।
2. जैन पृ. 206।
3. अगरचंद नाहटा 1974 पृ. 27।
4. क्षितिमोहन सेन पृ. 3-11।
5. मिश्र 1945 पृ. 331-407।
6. मिश्र 1952 *'वाङ्मुख'* पृ. 53-55; गौड़ पृ. 33-36।
7. खारैड पृ. 14।
8. यह *अष्टपदी* बहुत सारी आनंदघन संबंधी पुस्तकों में प्रकाशित है। दे. मिश्र 1945 पृ. 331-332; खारैड पृ. 11-13; बुद्धिसागरसूरि पृ. 164-165 आदि। मुझे इसकी संवत् 1979 (सन् 1922) में लिखित एक पांडुलिपि भी जयपुर के आचार्य श्री विनयानंद ज्ञान भंडार में देखने को मिली (क्रमांक 5146, ग्रंथांक 32)।

निरंजन यार मोय कैसे मिलेंगे।

दूर देखुं मैं दरिया डुंगर उंची बादर नीचे जमीं युँ तले। निरं॰ ॥ 1 ॥

धरती में घडुता न पिछानुं, अग्नि सहु तो मेरी देही जले। निरं॰ ॥ 2 ॥

आनंदघन कहे जस सुनो बाता ये ही मिले तो मेरो फेरो टले। निरं॰ ॥ 3 ॥[1]

इस पद की अंतिम पंक्ति में 'जस' शब्द का अभिप्राय यशोविजय माना जाता है।[2] गुजरात के डभोई नगर स्थित यशोविजय जी की समाधि पर उनके देहांत का संवत् 1745 (सन् 1688) लिखा हुआ है।[3] "अनुमान है कि यशोविजय जी का जन्म संवत् 1670 और 1680 के बीच में कभी हुआ होगा।"[4] यशोविजय के समकालीन होने के कारण आनंदघन का भी यही समय माना गया है।[5]

लाभानंद उपनाम आनंदघन के जन्मस्थान तथा संप्रदाय को लेकर जैन विद्वानों में मतभेद है। जैनाचार्य श्री बुद्धिसागरसूरि ने उनको गुज़राती कवि सिद्ध करने का प्रयत्न किया है। उनका कहना है कि *चौबीसी* तो गुजराती भाषा में लिखी गयी है और उनके पदों में भी गुजराती शब्दावली का प्रवेश है–"गुजराती भाषाना घरगथु शब्दोना प्रयोगथी ते गुजरातना हता एम सिद्ध थाय छे।"[6]

श्री उमरावचन्द जरगड तथा श्री महताब चंद्र खारैड का कहना है कि आनंदघन लोक-प्रचलित तत्कालीन काव्यभाषा अर्थात् 'पश्चिमी राजस्थानी-गुजराती हिन्दी' में लिखते थे। चूंकि जैन संतों की विहार-स्थली अधिकांश राजस्थान और गुजरात में रही, इसलिए उनकी रचनाओं में गुजराती शब्दों का आना अनिवार्य था। और प्रमाणाभाव में आनंदघन की गुरु-परम्परा, जन्म-स्थान आदि का अनुमान करना कठिन है।[7]

प्रसिद्ध जैन इतिहासज्ञ श्री मोहनलाल दलीचन्द देसाई पाठ-संशोधन की आवश्यकता बताते हैं, क्योंकि उनके अनुसार आनंदघन के पद शुद्ध हिन्दी-ब्रजभाषा में रचे गये हैं। लेकिन उनके गुजराती लेखकों और प्रकाशकों द्वारा लिखने और छापने से उनमें गुजरातीपन आ गया था और हिन्दी न समझने से बड़ी अशुद्धियाँ रह गयी थीं।[8] डॉ॰ हरीश शुक्ला के अनुसार आनंदघन की भाषा ब्रज है, लेकिन उस पर गुजराती,

---

1. पद संख्या 119; दे॰ खारैड (सं॰) पृ॰243।
2. अगरचंद नाहटा 1974 पृ॰ 20।
3. जैन पृ॰ 205; शुक्ला पृ॰ 131-132; खारैड पृ॰ 14।
4. शुक्ला पृ॰ 134।
5. जैन पृ॰ 204; शुक्ला पृ॰ 131-132।
6. बुद्धिसागरसूरि पृ॰ 147-149; भँवरलाल नाहटा पृ॰ 9-11।
7. खारैड पृ॰ 17।
8. खारैड पृ॰ 16 के गुजराती उद्धरण का शोधकर्त्ता द्वारा अनुवाद।

मारवाड़ी, पंजाबी आदि भाषाओं का प्रभाव पड़ने से उस भाषा को *सधुक्कड़ी* कह देना अनुचित न होगा।[1]

इस बात से सभी विद्वान सहमत हैं कि लाभानन्द एक श्वेतांबर साधु थे[2] लेकिन जैनों के किसी गच्छ में उनकी कोई रुचि नहीं दिखाई देती।[3] गच्छातीत ही नहीं सम्प्रदायातीत स्थिति तक पहुँच चुके थे और उन में संतों के काव्य से अभेद-भाव की अभिव्यक्ति अनेक स्थलों पर हुई है[4]–

राम कहौ रहिमान कहौ कोउ, कान्ह कहौ महादेव री।
पारसनाथ कहौ कोउ ब्रह्मा, सकल ब्रह्म स्वमेव री ॥ राम॰ ॥ 1 ॥
भाजन भेद कहावत नाना, एक मृत्तिका रूप री।
तैसे खंड कलपनारोपित, आप अखंड सरूप री ॥ राम॰ ॥ 2 ॥

आनंदघन के भाव मध्यकालीन निर्गुण संतों के भावों के समीप है और वे जैनधर्मी बनारसीदास के अध्यात्मवाद से अत्यधिक प्रभावित थे[5]। फिर भी विद्वानों में मतभेद है कि आनंदघन ने किस गच्छ में दीक्षा ली थी। तपागच्छ के उपाध्याय यशोविजय से सम्पर्क तपागच्छ की ओर उन्मुख होने का संकेत करता है और श्री बुद्धिसागरसूरि ने लाभानन्द को तपागच्छ में दीक्षित बताया है।[6] बाद में श्री अगरचंद नाहटा ने निम्नलिखित तीन तर्कों के आधार पर उन्हें खरतरगच्छ में दीक्षित सिद्ध किया।

1. आनंदघन का उपासरा मेरते में विद्यमान है जो खरतरगच्छ के अधीन है।

2. नाम के अंत में 'आनंद' लगाने की प्रवृत्ति खरतरगच्छ में अधिक है, तपोगच्छ में कम।

3. लाभानंद के समय की एक चिट्ठी में इस बात का उल्लेख है कि उन्होंने खरतरगच्छ के पं॰ सुगुणचन्द्र को *अष्टसहस्री* नामक पुस्तक पढ़ाई। अगरचंद नाहटा का कहना है कि "उस समय मुनिगण अपने ही गच्छ के विद्वान से पढ़ते थे।"[7] परवर्ती विद्वान भी इस पर्यालोचन में किसी एक पक्ष का समर्थन करने के लिए अपने

---

1. शुक्ला पृ॰ 134।
2. दे॰ अगरचंद नाहटा 1974 पृ॰ 19; शुक्ला पृ॰ 131 आदि।
3. दे॰ अगरचंद नाहटा 1974 पृ॰ 21; शुक्ला पृ॰ 131; भंवरलाल नाहटा (सं॰) पृ॰ XXI आदि।
4. पद संख्या 65; दे॰ ख़ारैड पृ॰ 159।
5. बुद्धिसागरसूरी पृ॰ 151; भँवरलाल नाहटा (सं॰) पृ॰ X-XI।
6. जैन पृ॰ 206।
7. अगरचंद नाहटा 1974 पृ॰ 21-22।

तर्क देने लगे।[1] इनमें से श्री भँवरलाल नाहटा द्वारा दिया हुआ यह तर्क अवश्य विचारणीय है—"खरतरगच्छ वस्तुतः कोई सम्प्रदायवाद नहीं किंतु वह एक आचार" था। इस गच्छ की औदार्यपूर्ण दृष्टि के कारण "जैनेतर ग्रंथों पर जितनी जैन टीकाएँ बनीं, अधिकांश खरतरगच्छ की हैं।"[2]

विद्वान आमतौर पर यह बताते हैं कि जैनधर्मी आनंदघन (लाभानंद) की दो रचनाएँ हैं—*आनंदघन बहत्तरी* या *पदावली* जो उनके पदों का संग्रह है[3] तथा *आनंदघन चौबीसी* जिसमें चौबीस जिनों के स्तवन हैं। इन स्तवनों में से बाईस ही आनंदघन द्वारा रचित कहे जाते हैं[4] और इस रचना का पुराना नाम *आनंदघन बावीसी* रहा होगा। इसी पर उपाध्याय यशोविजय ने *आनंदघनजी बावीसी बालावबोध* टीका लिखी जो अनुपलब्ध है।[5] इसके अलावा आनंदघन के स्तवनों पर दो पुरानी महत्त्वपूर्ण टीकाएँ लिखी गयी हैं। संवत् 1769 (सन् 1712) में आचार्य ज्ञानविमलसूरी ने भी बालावबोध अर्थात् भाषा-टीका लिखी है।[6] इसके बाद श्रीमद् ज्ञानसार ने संवत् 1866 (सन् 1809) में टीका लिखी। श्रीमद् ज्ञानसार ने अपने काम के बारे में यह लिखा है "संवत् 1829 से मैंने आनंदघन जी के स्तवनों पर चिंतन करना प्रारंभ किया। 37 वर्ष तक चिंतन चलता रहा, अनेकों से पूछा, पर संतोष नहीं हुआ। अंत में वृद्धावस्था आने लगी देखकर संवत् 1866 में किशनगढ़ में चौमास करते हुए आनंदघन जी के बावीस स्तवनों पर बालावबोध लिखा।"[7] तीनों टीकाकारों को केवल बाईस स्तवन प्राप्त थे। पार्श्वनाथ और महावीर के जो दो-दो स्तवन आनंदघन के नाम से आजकल प्राप्त होते हैं उनमें से दो ज्ञानविमलसूरी के रचे हुए बताए जाते हैं। लेकिन ज्ञानसारजी के विवेचन में स्पष्ट लिखा है कि वे श्रीमद् देवचंद्र जी के रचे हुए हैं। श्री अगरचंद नाहटा के विचार में बाकी दो स्तवन उपाध्याय यशोविजय द्वारा रचित हो सकते हैं।

---

1. साध्वी सुदर्शनाश्री ने अपनी पुस्तक *आनंदघन का रहस्यवाद* में अगरचन्द नाहटा के तर्कों के खंडन करने की कोशिश की है। (सुदर्शनाश्री पृ. 76-79) और भँवरचंद नाहटा साध्वी सुदर्शनाश्री के तर्कों का ही खंडन करते हैं। दे. भँवरलाल नाहटा पृ. XXXI-XXXVII।
2. भँवरलाल नाहटा पृ. XXII-XXIII।
3. मिश्र 1945 पृ. 333-407; मिश्र 1952 *'वाङ्मुख'* पृ. 53, 55; जैन पृ. 207; शुक्ला पृ. 131-132; बुद्धिसागरसूरी पृ. 147-148।
4. खारैड पृ. 6।
5. संवत् 1767 में यशोविजय की रचनाओं की सूची का एक पत्र लिखा गया था जिसमें *आनंदघन जी बावीसी बालावबोध* का भी नाम है। दे. अगरचंद नाहटा पृ. 23।
6. भंवरलाल नाहटा (सं.) *'प्रकाशकीय'* पृ. 1।
7. अगरचंद नाहटा 1974 पृ. 25-26।

इन बाईस स्तवनों की रचना के संबंध में एक किंवदंती प्रचलित है जिसके अनुसार यशोविजय अन्य साधुओं के साथ—जिनमें ज्ञानविमलसूरी भी थे—आनंदघन के दर्शनार्थ उन्हें ढूँढते हुए आबू के पास के मंदिरों में गये। इनको आनंदघन एक मंदिर में चौबीस तीर्थंकरों की स्तवना में मग्न दिखाई पड़े। वे लोग चुपचाप एक ओर खड़े होकर स्तवना सुनने लगे। उपाध्याय यशोविजय की स्मरणशक्ति इतनी तेज थी कि वे एक बार सुनी हुई बात कभी नहीं भूलते थे। बाईस तीर्थंकरों की स्तवना पूर्ण हो गयी और आनंदघन पार्श्वनाथ की स्तवना आरंभ करने वाले थे कि उन्हें अपने पीछे कुछ खटका सुनाई दिया। वे पीछे की ओर देखने लगे और एक कोने में यशोविजय नजर आये। आनंदघन तत्काल उठकर उनके पास आये।[1]

श्री बुद्धिसागरसूरी का कहना है कि आनंदघन ने पहले गुजराती भाषा में *चौबीसी* रची और उसके बाद हिन्दुस्तान, मारवाड़ आदि देशों के लोगों के उपयोगार्थ ब्रजभाषा में पदों की रचना की।[2] इस निष्कर्ष को कुछ अन्य विद्वानों ने भी स्वीकार किया है।[3] लेकिन मोतीचंद गिरधरलाल कापड़िया ने इस संभावना को अस्वीकार करते हुए कहा है कि *चौबीसी* का अधूरी होना तथा उसकी भाषा, विषय-निरूपण आदि में प्रौढ़ता इस बात को प्रमाणित करते हैं कि आयु की "उत्तर अवस्था के भी अंतिम भाग में इन स्तवनों की रचना हुई है। यदि ये उत्तर अवस्था के अंतिम भाग में न रचे गये होते तो *चौबीसी* को श्री आनंदघन जी दो स्तवनों के लिए कभी अधूरी नहीं छोड़ते।"[4] उमरावचंद जरगड तथा महताब चन्द्र खारैड आनंदघन के पदों को एक साथ न रचे जाने का विचार प्रस्तुत करके *चौबीसी* के रचनाकाल के संबंध में लिखते हैं कि "स्तवनों की गंभीरता भी यही प्रकट करती है कि वह पूर्ण वयस्क तथा साधनारत थे। यह संवत् 1700 के आसपास अथवा इससे कुछ अधिक का होना चाहिए।"[5]

आनंदघन बहत्तरी आनंदघन की *पदावली* को कहा जाता है। आनंदघन के पदों में भक्ति, वैराग्य, उपदेश, ज्ञान, योग, प्रेम, विरह, ईश्वर, आध्यात्मिकता, रहस्य, दर्शन आदि की अपूर्व सुसंयोजित अभिव्यक्ति हुई है। पदों की शैली के उदाहरण के रूप में दो पद नीचे दिये जा रहे हैं। पहले में सांसारिक समय की घड़ी को बजाने

---

1. दे. खारैड पृ. 79; भँवरलाल नाहटा (सं.) पृ. XIV। बुद्धिसागरसूरी इस घटना को शत्रुंजय पर्वत पर हुई कहते हैं। दे. बुद्धिसागरसूरी पृ. 196-197 और खारैड पृ. 9-10।
2. बुद्धिसागरसूरी पृ. 147-148।
3. दे. शुक्ला पृ. 131।
4. मोतीचंद गिरधरलाल कापड़िया (सं.) *श्री आनंदघनजी ना पदो भाग–1* (महावीर जैन विद्यालय, बंबई, 1955) पृ. 80-86 जरगड और खारैड के अनुवाद के आधार पर उद्धृत। दे. खारैड पृ. 7।
5. खारैड पृ. 11।

वाले को संबोधित कर कवि कहता है कि उसे वही घड़ी पसंद है जो हृदय में आत्मानुभव रस से भरी है–

राग विलाउल, इकतारी

रे घरियारे बाउरे, मत घरीय बजावै।
नर सिर बाँधे पाघरी, तू क्यों घरीय बतावै ॥ रे घरि॰ ॥ 1 ॥
केवल काल कला कलै, पै तू अकल न पावै।
अकल कला घट में घरी, मुझ सो घरी भावै ॥ रे घरि॰ ॥ 2 ॥
आतम अनुभव रस भरी यामें और न मावै।
आनंदघन अविचल कला, विरला कोई पावै ॥ रे घरि॰ ॥ 3 ॥

(–पदावली 2)

एक दूसरे पद में कवि अनुभव के महत्त्व को दिखाने के लिए कहता है कि मेरा गुरु तो जगत है–

राग आसाउरी रामगिरि

जगत गुरु मेरा, मैं जगत का चेला, मिट गया वाद-विवाद का घेरा ॥ ज॰ ॥ 1 ॥
गुरु के रिधि सिधि सम्पति सारी, चेरे के घर में खपर अंधारी ॥ ज॰ ॥ 2 ॥
गुरु के घर सब जरित जरावा, चेरे की मढ़िया में छप्पर छावा ॥ ज॰ ॥ 3 ॥
गुरु मोहि मारे संबद की लाठी, चेरे की मति अपराधनि काठी ॥ ज॰ ॥ 4 ॥
गुरु के घर का मरम न पावा, अकथ कहानी आनंदघन बावा ॥ ज॰ ॥ 5 ॥

(–पदावली 6)

आनंदघन की *पदावली* का नाम *आनंदघन बहत्तरी* बताया जाता है। लेकिन *बहत्तरी* के अलग-अलग संग्रहों में पदों की संख्या और क्रम समान नहीं है। किसी पांडुलिपि में 77 पद हैं तो किसी में 80-82 और 89। श्री भीमसिंह माणेक ने कई पांडुलिपियों को मिलाकर 108 पदों का संग्रह किया और सन् 1887 में उसे *आनंदघन बहत्तरी* नाम से प्रकाशित किया। परवर्ती अनेक संपादकों ने इसी संख्या और क्रम को अपनाया। ऐसा मालूम पड़ता है कि उन्नीसवीं शताब्दी में ही *बहोत्तरी नाम* प्रसिद्ध हो गया था। आनंदघन की पुरानी पांडुलिपियों में *बहोत्तरी* का उल्लेख नहीं है। सबसे पुरानी प्रति जि में *'बहुत्तरि'* लि... है संवत् 1871 (सन् 1814) की है।[1] उमरावचन्द जरगड और महताब चन्द्र खारैड का मत है कि समय-समय पर अलग-अलग स्थानों पर ये पद रचे गये थे–"श्री आनंदघनजी ने जहाँ जहाँ भी यात्राएँ कीं, वहाँ-वहाँ

1. दे॰ अगरचंद नाहटा 1974 पृ॰ 25।

जन समूह को उपदेश देने और अपने अनुभव व्यक्त करने के लिए गूढ़ार्थ पदों की रचना समय-समय पर की।"[1]

यह ध्यान देने की बात है कि आनंदघन के पद गाने के लिए ही लिखे गये हैं सो इनके साथ राग और ताल भी दिये जाते थे। संग्रह करनेवालों ने जैसे-जैसे सुना वैसे-वैसे ही लिखकर संग्रह कर लिया। इसीलिए आनंदघन के पदों का क्रम सब संग्रहों में समान नहीं है और न ही उनकी संख्या। यही कारण है कि आनंदघन की शैली से मिलते-जुलते और भिन्न शैली के अन्य कवियों के पद आनंदघन के नाम से प्रसिद्धि पा गये।[2] कबीर[3], द्यानतराय[4] आदि के पद तक आनंदघन की छाप से भी मिलते हैं।

विरह और प्रेम जैनधर्मी आनंदघन के पदों का भी मुख्य विषय है। लेकिन वह हमेशा स्पष्ट रूप से आध्यात्मिक है। उनकी शैली सुजान-प्रेमी आनंदघन के कबित्तों तथा पदों की शैली से भिन्न है। यही कारण है कि दोनों आनंदघनों की रचनाओं का सम्मिश्रण कहीं नहीं हुआ यद्यपि यह नामसाम्य के कारण बहुत संभव था। जैनधर्मी आनंदघन के 'प्रेमकाव्य' की बानगी के रूप में एक पद नीचे दिया जाता है। इस पद में खंडिता स्त्री का वचन है। लेकिन सौत को "जगत की चेरी" कहने के कारण इस पद का संदर्भ स्पष्ट रूप से आध्यात्मिक बन जाता है–

राग जैजैवंती

मेरी सूं मेरी सुं मेरी सुं मेरी सौं मेरी री।
तुम्ह तै जु कहा दुरी कहो नै सवेरी री ॥ मेरी॰ ॥ 1 ॥
रूठे देखि कै मेरी मनसा दुख घेरी री।
जाके संग खेलो सो तो जगत की चेरी री ॥ मेरी॰ ॥ 2 ॥
सिर छेदी आगै धरै ओर नहीं तेरी री।
आनंदघन की सूं जो कहु हुं अनेरो री ॥ मेरी॰ ॥ 3 ॥

(–पदावली 51)[5]

4. नानक के टीकाकार आनंदघन

टीकाकार आनंदघन ने *जपजी* पर पछाई भाषा में टीका लिखी है। टीका का रचनाकाल संवत् 1854 (सन् 1797) है–

1. खारैड पृ॰ 10-11।
2. खारैड पृ॰ 4-5।
3. दे अगरचन्द नाहटा का लेखः *संत कबीर और संत कवि आनंदघन* (1978)।
4. जैन पृ॰ 208; शुक्ला पृ॰ 132।
5. खारैड पृ॰ 116-117।

गुरू नानक जपजी कियौ निजमत कौ निधार।
आनंदघन टीका करै ताको अर्थ विचार।
संमित पुराण सति अर्ढसत युगम अधिक है जासु।
मानुमासु संकुपुरि कीन्ह्यौ लिखत विलासु।[1]

रचना के आरंभ और अंत में कुछ पद्य भी हैं। डॉ॰ केसरीनारायण शुक्ल ने इस बात की संभावना प्रकट की है कि आनंदघन की पदावली में मिलने वाले पंजाबी पद नानक के टीकाकार आनंदघन के हो सकते हैं।[2] पर मनोहरलाल गौड़ इस संभावना को स्वीकार नहीं करते।[3]

5. खूस उपनाम के आनंदघन

अठारहवीं शताब्दी की फारसी लिपि में आनंदघन नाम 'आनंदखन' रूप में मिलता है।[4] आनंदखन 'खूस' ने काशी के धार्मिक स्थलों के एक संस्कृत विवरण का अनुवाद *'तरजुमा-ई-काशी-खंद'* नाम से फारसी में किया है। यह पुस्तक एक अँग्रेज, जोनाथन डंकन के लिए लिखी गयी थी और उपलब्ध प्रति का प्रतिलिपिकाल 1207-1208 हिजरी (सन् 1787-1788) है।[5] इस पुस्तक का रचनाकाल ईस्ट इंडिया कंपनी के शासन के शुरू होने (सन् 1757) के बाद का प्रतीत होता है।

6. आनंद (कृष्णानंद) उपनाम के गंगाराम

नागरीप्रचारिणी सभा के *हस्तलिखित हिन्दी ग्रंथों का संक्षिप्त विवरण* में[6] कृष्णानंद के बारे में लिखा है कि वे काशी निवासी सारस्वत ब्राह्मण थे। उनकी जन्मभूमि दिल्ली थी जहाँ से वे पहले वृन्दावन गये, अनंतर काशी में रहने लगे। वे संवत् 1835 (सन् 1778) के लगभग वर्तमान थे। इनकी सात पद्य-रचनाओं का उल्लेख मिलता है : *अर्जुन गीता, आनंदानुभव, दानलीला, प्रबोधचन्द्रोदय नाटक, भगवद्‌गीता, भागवत दशमस्कंध भाषा, रासपंचाध्यायी।*

7. 'आनंदघन दूसरे'

मिश्रबंधु-विनोद में अज्ञात कालिक कवियों के बीच एक 'आनंदघन दूसरे' का भी

---

1. गौड़ पृ॰ 37 के आधार पर उद्धृत। संवत् 1854 का हिसाब : पुराण (18) सौ अर्ढसत (50), युग (4)।
2. के॰ ना॰ शुक्ल पृ॰ 279।
3. गौड़ पृ॰ 36-37।
4. प्रो॰ इरफ़ान हबीब का शोधकर्ता से वार्तालाप।
5. इवानोव पृ॰ 777 तथा पृ॰ 829।
6. कृष्णदेवप्रसाद गौड़ (सं॰) पृ॰ 63।

उल्लेख मिलता है जिन्हें मिश्रबंधुओं ने "राधावल्लभीय बेटी के वंशज" कहा है। इस आनंदघन के भी कुछ फुटकर पद मिलते हैं।[1]

8. सुजान-प्रेमी आनंदघन

आनंद या आनंदघन नाम के विभिन्न लेखकों और कवियों की चर्चा ऊपर की गयी है। लेकिन इस शोध के कबित्तों के लेखक सुजान-प्रेमी आनंदघन हैं, जो अपने जीवन के उत्तरकाल में वृन्दावन में रहे और अहमदशाह अब्दाली के आक्रमण में मारे गये।

कवि का असली नाम

सुजान के प्रेमी आनंदघन को हमारी शताब्दी में 'घनानंद' या 'घनआनंद' नाम से जाना जाता है।[2] इसका आधार यह है कि लय के कारण सवैयों में कवि ने अपनी छाप *'धन आनँद'* लिखी। यह भगणाश्रित (ऽ।।) या सगणाश्रित (।।ऽ) लय के अनुसार है। लेकिन जिस *'घनआनंद'* नाम से आचार्य विश्वनाथप्रसाद मिश्र ने इनकी कृतियों को प्रकाशित किया है, उसमें इस लय का अनुसरण नहीं है और कवि के नाम का यह रूप उसके कबित्तों में प्रायः नहीं मिलता। इस 'घनआनंद' का प्रचलित विकृत रूप, 'घनानंद' या 'घनानन्द' कवि का असली नाम कतई नहीं है। उन्होंने अपने कबित्तों में अपनी छाप 'घनआनँद' या 'अनंदघन' रखी। ये दोनों रूप कबित्तों की लय का अनुसरण करते हैं। कवि ने पदावली में और अन्य कृतियों में अपनी छाप 'आनँदघन' या कभी-कभी 'आनंदघन' के रूप में रखी। पुराने हस्तलिखित ग्रंथों में और आनंदघन के समकालीनों की कृतियों में जहाँ लय की आवश्यकता नहीं होती थी, वहाँ उनका नाम आनंदघन उल्लिखित है।

कवि के नाम के पुराने उल्लेख इस तरह हैं–

संवत् 1784 (सन् 1727)	:	अथ कबत्त आनंदघनकृत लिष्यते ॥ इति श्री आनंदघनकृत कबित्त संपूर्ण।[3]
संवत् 1786 (सन् 1729)	:	अथ आनंदघन के कबित्त लिष्यते। इति श्री आनंदघन कृत कबित्त संपूर्ण।[4]
सवंत् 1800 (सन् 1743)	:	अथ छूटक कबित्त आनंदघनकृत लिष्यते। इति श्री छूटक कबित्त आनंदघनकृत संपूर्ण।[5]

1. मिश्रबंधु, खंड 3-4 पृ. 5, संख्या 1578।
2. नाम के विस्तृत विवेचन के लिए दे. गौड़ 26-32।
3. जयपुर के पोथीखाने की पांडुलिपि, ग्रंथ संख्या 2537 (4)।
4. राजस्थान प्राच्यविद्या प्रतिष्ठान (जोधपुर) की पांडुलिपि, ग्रंथ संख्या 9431 (2)।
5. राजस्थान प्राच्यविद्या प्रतिष्ठान (अलवर) की पांडुलिपि, ग्रंथ संख्या 4789 (4)।

संवत् 1807 (सन् 1750) के आस-पास	:	घन जी के कबित्त ॥ 1 ॥
		समुझे कबिता घन आनँद की ॥ 2 ॥ (सवैया)
		कबित्त घन जी के ॥ 3 ॥
		सुघन ॥ 4 ॥ (श्लेष)
		घन आनँद बानी ॥ 5 ॥ (सवैया)
		घन आनँद बानि ॥ 6 ॥ (सवैया)
		कबिता घन आनँद की ॥ 7 ॥ (सवैया)[1]
संवत् 1810 (सन् 1753) (?)	:	घन (?)[2]
संवत् 1812 (सन् 1755) से पहले (?)	:	(कायथ आनंदघन)
		मुड़िया अनंदघन ॥ 2 ॥ (कवित्त)
		अनंदघन ॥ 3 ॥ और ॥ 4 ॥[3] (कवित्त)
संवत् 1817 (सन् 1760)	:	आनंदघन को ख्याल इक गायो ॥ 6 ॥
		आयौ हौं आनंदघन बास तो ॥ 10 ॥
		धन्य आनंदघन गाई सोइ करी है ॥ 178 ॥[4]
संवत् 1837 (सन् 1780)	:	इति श्री र र क भी न आनंदघनविरचिता इश्कलता संपूर्णा।[5]
संवत् 1846 (सन् 1789)	:	आनंदघनकृत कबित्त।[6]
संवत् 1835 तथा 1860 (सन् 1778-1803) के बीच	:	बानी आनंदघन दई नृप प्रताप के हाथ।[7]
सवंत 1867 (सन् 1810)	:	आनंदघन हरिजन सिरताज[8]

1. ब्रजनाथ : *प्रशस्ति।* दे. मिश्र 1950 पृ. 1 और पृ. 233-234। इस *प्रशस्ति* का समय-निर्धारण आगे किया जाएगा।
2. सूदन कवि कृत *सुजान विलास* दे. किशोरीलाल गुप्त (सं.) 1977 पृ. 19।
3. *भड़ुवा छंद*। दे. मिश्र 1952 *'वाङ्मुख'* पृ. 66-67। गौड़ (पृ. 7) के अनुसार *भड़ुवा छंद* का रचनाकाल संवत् 1812 (सन् 1755) से पहले है लेकिन इन छंदों से पहले जुड़ी हुई पंक्तियों में "कायथ आनंदघन" की मृत्यु का उल्लेख है जो संवत् 1813 (सन् 1757) में हुई।
4. वृंदावनदास : *श्री हरिकलाबेली* ; दे. ठा. पृ. वर्मा (सं.) पृ. 223-224 ओर 229।
5. रस भारती संस्थान (वृन्दावन) ग्रंथ क्रमांक 224।
6. राजस्थान प्राच्यविद्या प्रतिष्ठान (जोधपुर की) पांडुलिपि, ग्रंथ संख्या 5374।
7. जयपुर पोथीखाने के 3469 संख्या वाले ग्रंथ का अंतिम पन्ना। जिस 'नृप प्रताप' का ज़िक्र किया गया है, वे जयपुर के महाराजा सवाई प्रताप सिंह हैं जिनका शासनकाल सन् 1778-1803 है।
8. सुन्दरदास : *सुन्दरश्याम-विलास*; सूकर क्षेत्र शोध संस्थान (डॉ. नरेशचन्द्र बंसल के संग्रह) में बिना संख्या का हस्तलिखित ग्रंथ, पन्ना 202।

संवत् 1883 (सन् 1826) से पहले	:	अथ आनंदघनकृत सुजानहित निबंध लिख्यते। इति श्री आनंदघनकृत सुजानहित निबंध संपूर्णम्। घन आनँद की कबिता की। (सवैया)[1]
संवत् 1881 (सन् 1824) या संवत् 1895 (सन् 1838)	:	आनंदघन[2]
सवंत् 1887 (सन् 1830) या पहले	:	इति श्री प्रेमपत्रिका आनंदघन जी कृत संपूर्ण[3]
संवत् 1892 (सन् 1835) के आसपास	:	आनंदघन के कवित्त।[4]
संवत् 1881-95 (सन् 1824-38) के आसपास	:	कृपाकंद आनंदकृत परवीनि[5] काती पाति प्रेम की घरी घन आनंदवार। हिये सुजाननि के हरै लषी नवीन रिझवार।[6] घन मन सीची अतिहरित यह बियोग की बेली। जिह नवीन चित तरू चढ़ै लहै सदा फल केलि।[7]
संवत् 1908 (सन् 1851)	:	इति प्रेम पत्रिका आनंद घन कृत[8]
संवत् 1910 (सन् 1853)	:	इति श्री सुजानविलास आनँदघनकृत संपूर्ण।[9]
संवत् 1927 (सन् 1870)	:	आनंद घन[10]

1. मैनचेस्टर विश्वविद्यालय, जोन रिलेंड्स पुस्तकालय, ग्रंथ संख्या 'संस्कृत 8' (दूसरी रचना)।
2. नवीन कवि ने *'प्रबोधरस-सुधासागर'* नामक संग्रह सन् 1824 और सन् 1838 में दो बार संकलित किये (दे॰ भगीरथ मिश्र पृ॰ 67)। इसमें आनंदघन का नाम बार-बार आता है। इस बृहत् संग्रह की एक पांडुलिपि श्री संजय शर्मा संग्रहालय (जयपुर) में देखने को मिली। (इस पांडुलिपि की संख्या नहीं थी।)
3. श्री संजय शर्मा संग्रहालय (जयपुर) के 319 संख्या वाले ग्रंथ में यह चौथी रचना है। यद्यपि इसमें लिपिकाल नहीं दिया गया है, लेकिन इसके ठीक बाद शुरू होनेवाली *निकुंज पत्रिका* के अंत में लिपिकाल संवत् 1887 (सन् 1830) दिया गया है।
4. हिन्दी साहित्य सम्मेलन (प्रयाग) के संग्रहालय में एक पांडुलिपि में चौथी रचना। इस पांडुलिपि में संग्रहित पहली रचना का प्रतिलिपिकाल संवत् 1887 (सन् 1830) तथा दूसरी का संवत् 1892 (सन् 1835) है। इस पांडुलिपि का विवरण किशोरीलाल गुप्त 1977 पृ॰ 35-36 पर मिलता है।
5. फ्रीडलेंडर पृ॰ 200। यह 'नवीन' कवि का पद्य है।
6. फ्रीडलेंडर पृ॰ 201। यह 'नवीन' कवि का दोहा है।
7. फ्रीडलेंडर पृ॰ 201। यह भी 'नवीन' कवि का दोहा है।
8. फ्रीडलेंडर पृ॰ 201।
9. श्री नेमीचंद शर्मा (बयाना, भरतपुर) के पास सुरक्षित पांडुलिपि।
10. हरिश्चन्द्र (सं॰) : *सुजान शतक* ; दे॰ किशोरीलाल गुप्त 1977 *'भूमिका'* पृ॰ 60।

संवत् 1928 (सन् 1871) : Anand Ghan[1]
संवत् 1933 (सन् 1876) : कल्यानदेव हित कमल दृग नरवाहन आनंदघन[2]
संवत् 1947 (सन् 1890) : आनंदघन[3] (तीन बार)

इस सूची से स्पष्ट है कि जहाँ भी लय की आवश्यकता नहीं हुई वहाँ 18वीं-19वीं शताब्दी के लेखकों ने आनंदघन नाम का ही उल्लेख किया है।

यह बड़े अफसोस की बात और एक विडंबना ही है कि हिन्दी के अधिकतर साहित्यकार आज भी 18वीं शताब्दी के प्रमुख कवि का विकृत नाम लिखते हैं।

कवि का सखीनाम

निम्बार्क सम्प्रदाय में–जिसमें सखीभाव की उपासना होती है–आनंदघन को ऊँचे आध्यात्मिक स्तर पर पहुंचने के कारण 'सखीनाम' भी मिला : 'बहुगुनी'। इसका उल्लेख आनंदघन की दो भक्तिपरक रचनाओं में मिलता है–

नीको नावँ बहुगनी मेरो। बरसाने ही सुंदर खेरो॥ 9॥
राधा नावँ बहुगुनी राख्यो। सोई अरथ हियैं अभिलाख्यो॥ 15॥
(–वृषभानुपुर सुषमा वर्णन)

राधा धरयो बहुगुनी नाऊँ। टरि लगि रहौं बुलाएँ जाऊँ॥ 25॥
(–प्रियाप्रसाद)

बहुगुनी सदा श्रीराधा के साथ रहती है अथवा श्रीराधा बहुगुनी का साथ नहीं छोड़ती। बहुगुनी राधा की सखियों में 'तान-गान' में प्रवीण है।[4]

रचनाओं में कवि की छाप

आनंदघन की सबसे अधिक प्रचलित छापें तीन हैं : 1. आनँदघन, 2. घन आनँद, 3. अनंदघन।

इन छापों के अलावा कवि ने 'आनंद' और 'बादल' के पर्यायवाची शब्दों का प्रयोग कर अन्य 18 तरह की छापों का प्रयोग किया है।[5]

---

1. तासी III पृ. 459।
2. हरिश्चन्द्र : *उत्तरार्द्ध भक्तमाल* 175। दे. हेमंत शर्मा (सं.) *भारतेन्दु समग्र* पृ. 79।
3. जयलाल : *छप्पन भोग चंद्रिका। नागर समुच्चय* पृ. 15, 23, 25 के आधार पर मिश्र 1952 *'वाङ्मुख'* पृ. 55 पर उद्धृत।
4. मिश्र 1952 *'वाङ्मुख'* पृ. 79।
5. गौड पृ. 27 में 21 छापों की एक सूची बनाई गयी है।

आनंदघन नाम का अर्थ

'आनंदघन' या 'घन आनंद' शब्दों के दो अर्थ निकाले जा सकते हैं : 1. आनंद का बादल, 2. घनीभूत आनंद स्वरूप।[1] आनंद के बादल का अर्थ है 'आनंद बरसानेवाला बादल' अर्थात् 'आनंददाता'। इस छाप की यह विशेषता है कि आनंदघन की कविता में नाम का भी अपना अर्थ होता है। आमतौर पर यह छाप प्रिय या प्रिया का विशेषण है। आनंदघन ने रीतिकाल के कवियों की तरह 'भूषन भनत' या 'कहै पद्माकर' की शैली का अनुकरण नहीं किया।[2] कवि का नाम *मुद्रा अलंकार* के रूप में मिलता है और कवित्त-सवैयों में अनेक बार *परिकर अलंकार* के रूप में भी।

---

1. गौड़ पृ॰ 28।
2. गौड़ पृ॰ 134।

स्रोत

आनंदघन का जीवनवृत्त लिखने से पहले उसके स्रोतों और आधारों पर विचार करना जरूरी है क्योंकि इनको बिना परीक्षा के स्वीकार या अस्वीकार करने से कवि के जीवनवृत्त में बहुत गड़बड़ी आयी है। यद्यपि इन स्रोतों की परीक्षा-निरीक्षा से मिले निष्कर्ष नयी जानकारियों का आधार बन सकते हैं तथापि यह संभव नहीं है कि इन आधारों पर कवि के जीवन का सुनिश्चित क्रम निर्धारित किया जा सके। इसीलिए स्रोतों व आधारों की परीक्षा का क्रम जीवन-क्रम से अलग है।

आनंदघन के जीवनवृत्त के स्रोतों को तीन वर्गों में रखा जा सकता है।

1. अंतःसाक्ष्य

अंतःसाक्ष्य सबसे अधिक विश्वसनीय सामग्री है। फिर भी सतर्कता बरतने की आवश्यकता है। मसलन जब किसी कविता में आनंदघन प्रथम पुरुष में बोलते हैं तो वह अधिकतर नायक या नायिका का वचन होता है। इससे यह भ्रम पैदा हो सकता है कि ऐसी पारंपरिक उक्तियों को कवि की अपनी उक्ति मान लिया जाय। जैसे संयोग या वियोग की कविता का यह अर्थ नहीं निकाला जा सकता कि कवि उसी समय प्रेमिका के साथ था या जुदा। संयोग के समय में भी प्रेम की गहराई को प्रकट करने के लिए वियोग की कविता लिखना संभव है। और क्या मरता हुआ कवि ही केवल ऐसी कविता लिख सकता है जिसमें वह अपने को मरनेवाले के रूप में प्रस्तुत करे ? कविता किसी कवि की मानसिक अनुभूति व्यक्त करती है, उसकी बाह्यावस्था नहीं।

2. समकालीनों द्वारा आनंदघन का उल्लेख

इस वर्ग में मुख्यतया ऐसे व्यक्तियों की रचनाएँ आती हैं जिनका आनंदघन से किसी-न-किसी तरह का संबंध था या ऐसे लोगों से परिचय था जो आनंदघन से मिले थे। ये सब 18वीं शताब्दी की कृतियाँ हैं और अपेक्षाकृत विश्वसनीय हैं। इसके

साथ आनंदघन की रचनाओं की पुरानी पांडुलिपियों पर तथा आनंदघन के उपलब्ध दो चित्रों पर भी विचार किया जाएगा। फिर कुछ ऐसी रचनाओं में आनंदघन का उल्लेख न होने की समीक्षा की जाएगी, जिनमें उनकी चर्चा अपेक्षित थी।

इस प्रकार की सामग्री कम मिलती है और यह कवि के पूरे जीवन की नहीं, एकाध घटना की ही जानकारी देती है।

3. 19वीं शताब्दी में आनंदघन के उल्लेख और किंवदंतियाँ

इस वर्ग की अधिकांश सामग्री 19वीं शताब्दी की पांडुलिपियों के कुछ उल्लेख और संकेत तथा उत्तरार्ध की कुछ मुद्रित पुस्तकों के रूप में है। इन उल्लेखों में आनंदघन से संबंधित किंवदंतियाँ मिलती हैं जिनसे कवि पर एक विहंगम दृष्टि डाली जा सकती है, लेकिन इनसे आनंदघन के जीवन की विशेष घटनाओं पर ज्यादा प्रकाश नहीं पड़ता। बहरहाल कवि की जीवनी को किंवदंतियों का आवरण आच्छादित किये रहता है। इसलिए किंवदंतियों के विषय के साथ-साथ उनकी उत्पत्ति के कारणों की भी परीक्षा करना आवश्यक है।

आनंदघन की कृतियों का साक्ष्य

मुरलिका मोद

मुरलिका मोद 48 या 51 चौपाइयों की भक्तिपरक रचना है जिसकी तीन हस्तलिपियाँ मिलती हैं–वृंदावन में, लंदन में और जयपुर में। ऐसा प्रतीत होता है कि आचार्य विश्वनाथप्रसाद मिश्र ने वृंदावन वाली पांडुलिपि के आधार पर *'ग्रंथावली'* में पाठ दिया था। इसमें 51 चौपाइयाँ एक साथ मिलती हैं।[1] लंदनवाली पांडुलिपि में चौपाई संख्या 48 के बाद ''इति श्री मुरलिका मोद संपूर्ण'' लिखा गया है और इसके बाद उसमें बिना संख्या के वे तीन चौपाइयाँ मिलती हैं, जो *'ग्रंथावली'* में 49-51 संख्या के रूप में दर्ज हैं[2]–

श्री बृंदावन श्री जमुना-तट। जुगल घाट सब बिधि सुख संघट ॥ 49 ॥
गोप मास श्री कृस्न पच्छ सुचि। संबत्सर अठानबें अति रुचि ॥ 50 ॥
मुरली-सुर-सुख कहत न आवै। सो जानै जो सुनि गुनि गावै ॥ 51 ॥

यह ''अठानबे'' संवत् 1798 (सन् 1741) ही हो सकता है। इन पंक्तियों से ऐसा प्रतीत होता है कि सन् 1741 में आनंदघन वृंदावन में मौजूद थे और भक्ति-भावना में लीन होकर कविता लिखते थे।

1. मिश्र 1952 पृ॰ 310-311।
2. के॰ ना॰ शुक्ल पृ॰ 274।

लंदन वाली पांडुलिपि इन तीन चौपाइयों की प्रामाणिकता पर कुछ शंका पैदा करती है। आनंदघन अपनी कृतियों में रचनाकाल का उल्लेख नहीं करते जैसे उनके समकालीन 'नागरीदास' या 'चाचा' वृंदावनदास करते थे। ये चौपाइयाँ *मुरलिका मोद* के किसी प्रतिलिपि-कर्ता द्वारा भी लिखी हुई हो सकती हैं जो बाद में आनंदघन की चौपाइयाँ समझ ली गयी हों। फिर भी इन पंक्तियों के भाव और शैली को देखकर इस बात की संभावना है कि *मुरलिका मोद* को पूरा करने के बाद ये चौपाइयाँ स्वयं आनंदघन ने ही लिखी हों।

परमहंस वंशावली और भोजनादि धुन

इन कृतियों में आनंदघन ने अपनी गुरु-परंपरा का वर्णन किया है। इनसे मालूम पड़ता है कि वे निंबार्क सम्प्रदाय के अनुयायी थे। *परमहंस वंशावली* में निंबार्क सम्प्रदाय की गुरु-परंपरा का विवरण है—वृंदावनदेवाचार्य के उत्तराधिकारी जयरामदास शेष के परिवार तक। वृंदावनदेवाचार्य को आनंदघन का गुरु माना जाता है, जो निबांर्क सम्प्रदाय की सलेमाबाद स्थित मुख्य गद्दी पर सन् 1697 से 1740 तक विराजमान थे।[1]

'वंशावली' के अंत में आनंदघन ने लिखा है कि 'कासीबासी सेषगन' अर्थात् शेष परिवार से उन्हें गुरु-परंपरा मिली। निंबार्क संप्रदाय के मूर्धन्य विद्वान ब्रज-वल्लभशरण विद्याभूषण ने अपने एक लेख में जयराम शेष का उल्लेख किया है, जिनके निरीक्षण में जयपुर में निंबार्कीय मठ-मंदिरों का प्रबंध रहा और जो वृंदावनदेव के शिष्य और प्रकाण्ड विद्वान थे।[2] वे सन् 1740 से सन् 1743 तक वृंदावनदेवाचार्य के उत्तराधिकारी रहे।[3]

आनंदघन के नाम से एक *भोजनादि धुन* का पद मिलता है जिसमें फिर गुरु-परंपरा का विवरण है। इसमें वृंदावनदेवाचार्य के बाद शेष का उल्लेख नहीं है लेकिन गोविंददेवाचार्य का नाम आता है जो सन् 1743 से 1757 तक सलेमाबाद की गद्दी पर विराजमान थे—

श्रीवृंदावनदेव सनातन। चातक रसिकन को आनंदघन।
जो यह भोजनादि धुनि गावै। श्री गोविन्ददेव-पद पावै ॥[4]

1. एंट्विस्टल पृ. 193; मीतल पृ. 356।
2. ब्रजवल्लभशरण 1933 *'दो शब्द'* पृ. 3।
3. नारायणदत्त शर्मा पृ. 62; मीतल पृ. 360।
4. दे. मिश्र 1952 *'वाङ्मुख'* पृ. 76।

पदावली का 687 संख्या का पद

इस पद में कवि अपनी पुरानी कृतियों का निरादर करके भक्ति का महत्त्व दिखाता है–

राग धनासिरी। चौताला

रसना गुपाल के गुन उरझी।
बहुत भाँति छलछंद-बंद बकवाद-फंद तैं सुरझी।
ब्रजमोहन-रस-चसकैं बीधी हिलग-जाल गसि गुरझी।
आनँदघन रसपान-चातकी आन-कथा-रुचि मुरझी ॥

ऐसा प्रतीत होता है कि आनंदघन ने अपने कृतित्त्व को दो भागों में बाँटा। भक्तिपरक रचनाएँ और उनसे इतर "छलछंद-बंद बकवाद-फंद" जिसमें श्रीकृष्ण का स्पष्ट उल्लेख नहीं है। अर्थात् आनंदघन ने अपने जीवन के पूर्वार्ध के काव्य को बाद में भक्तिमूलक नहीं माना। भक्ति से इतर रचनाओं में कवि की रुचि खत्म हो गयी–"आन-कथा-रुचि मुरझी"।

सुजानहित का 54 संख्या का कवित्त

किंवदंती के अनुसार आनंदघन अपने अंतिम क्षणों तक सुजान के प्रेम में लीन रहते थे और जब मुसल्मान सैनिकों ने उनको मार डाला तो कवि ने अपने रक्त से निम्नांकित कवित्त लिखा[1]–

बहुत दिनान के अवधि-आस-पास परे
खरे अरबरनि भरे हैं उठि जान कौ।
कहि-कहि आवन सँदेसो मनभावन को
गहि गहि राखति ही दै दै सनमान कौ।
झूटी बतियानि की पत्यानि तें उदास ह्वै कै
अब न घिरत घन आनँद निदान कौ।
अधर लगे हैं आनि करि कै पयान प्रान
चाहत चलन ये सँदेसो लै सुजान कौ ॥

लेकिन यह कवित्त कवि के जीवनवृत्त के लिए प्रासंगिक नहीं है, क्योंकि यह उनकी मृत्यु के समय नहीं लिखा गया था। आनंदघन का देहांत संवत् 1813 (सन् 1757) में हुआ, और यह कवित्त उनकी रचनाओं की संवत् 1784 (सन् 1727),

1. रामचंद्र शुक्ल पृ. 185।

संवत् 1786 (सन् 1729) तथा संवत् 1800 (सन् 1743) में लिखित तीनों पांडुलिपियों में मिलता है। अर्थात् यह कवित्त आनंदघन के यौवनकाल की रचना प्रतीत होता है जिसमें कवि एक साहित्यिक परंपरा का अनुसरण करता है और अपने को प्रेम के लिए मर-मिटनेवाले प्रेमी के रूप में प्रस्तुत करता है।

18वीं शताब्दी में आनंदघन के उल्लेख, पांडुलिपियाँ एवं चित्र

सूदन कवि कृत सुजान चरित्र

सूदन कवि, भरतपुर-नरेश सुजान सिंह उपनाम सूरजमल (जीवनकाल सन् 1707-1763) के दरबारी कवि थे। कवि सूदन ने नरेश सूरजमल की कीर्ति को अक्षय बनाये रखने के लिए *सुजान चरित्र* नामक बृहत् काव्य लिखा, जिसमें संवत् 1802 से 1810 तक (सन् 1745-1753) की घटनाओं का वर्णन मिलता है अतः *सुजान चरित्र* का रचनाकाल संवत् 1810 के लगभग मानना चाहिए।[1]

सुजान चरित्र के प्रारंभ में सूदन कवि ने छह छंदों में 175 कवियों के नाम लिखकर उन्हें प्रणाम निवेदन किया है।[2] इससे यह ज्ञात होता है कि प्रणम्य 175 कवि सूदन के पूर्ववर्ती या समकालीन थे। कवि-सूची प्रायः वर्णानुक्रम से है और उसमें 'घ' वर्ण वाले तीन कवि हैं–

घन घनश्याम घासीराम नरहर नैन
नाइक नवल चंद निपट निहारे हैं।

डॉ॰ किशोरीलाल गुप्त के अनुसार इस पंक्ति का "घन" आनंदघन का ही सूचक हो सकता है। ब्रजनाथ ने भी आनंदघन को "घन जी" नाम से स्मरण किया है।[3] घन नाम के और किसी कवि का पता नहीं चलता। यह एक विचारणीय बात है कि सूदन ने प्रचलित आनंदघन नाम क्या केवल छंद की संगति के कारण नहीं लिखा ? इस उल्लेख से ऐसा मालूम पड़ता है कि आनंदघन को अपने जीवन काल में हिन्दी के श्रेष्ठ कवियों के बीच स्थान मिला था।

'चाचा' वृंदावनदास कृत हरिकलाबेली

राधावल्लभ संप्रदाय के हित वृंदावनदास सभी संप्रदायों में सबसे ज्यादा उर्वर लेखक मालूम पड़ते हैं। किंवदंती के अनुसार उन्होंने एक लाख पद्य रचे हैं। इन पद्यों में

1. भगीरथ मिश्र (सं॰) पृ॰ 408।
2. ये छंद किशोरीलाल गुप्त 1967 पृ॰ 74-75 पर प्रकाशित है।
3. किशोरीलाल गुप्त (सं॰) 1977 पृ॰ 18-19।

से बीस हजार से भी अधिक शोधकर्ताओं को मिले हैं।[1] सन् 1738 और 1787 के बीच वृंदावनदास ने लगभग दो सौ कृतियों की रचना की। दीर्घ जीवन के कारण लोग उन्हें 'चाचा' कहने लगे थे।[2] उन्होंने *हरिकलाबेली*[3] की रचना संवत् 1817 (सन् 1760) में भरतपुर में की—

ठारह सै सत्रहौं वर्ष यह जानिये।
आषाढ़ बदी हरिबासर बेलि बखानिये॥ 186॥

लिखी भरथपुर ग्राम, जहाँ नृप विदित सुजान सिंह।
बेलि हरिकला नाम, वृंदावन हित श्याम प्रिय॥ 191॥

हम पहले कह आये हैं कि सुजानसिंह भरतपुर के महाराजा सूरजमल जाट (शासनकाल : सन् 1756-1763) का दूसरा नाम था।[4]

हरिकलाबेलि में 192 छंदों में अहमदशाह दुर्रानी के ब्रज पर दो आक्रमणों का वर्णन है—

ठारह सै तेरह औ अठारह सै सत्रह वर्ष
दुहूँ बार आय यवन जननि ताप दयौ है॥ 184॥[5]

इस पद में उल्लिखित समय के विषय में सतर्क होना आवश्यक है क्योंकि इतिहास ग्रंथों के अनुसार वृंदावन पर पहला आक्रमण 1757 में 6 मार्च को हुआ था[6] यानी संवत् 1813 के अंत में। संवत् 1813 का अंतिम दिन 20 मार्च सन् 1757 था। लगभग तीन वर्ष बाद फिर 6-7 फरवरी 1760 में[7] वृंदावन से लगभग 40 किलोमीटर दूर दीग (अथवा डीग) नामक किले को एक दिन के लिए घेरा गया था। इसके बाद फिर 5 मार्च से 7 अप्रैल तक अहमदशाह की फौज ने अलीगढ़ को घेरा।[8] विक्रम संवत् 1814 की शुरुआत 14 मार्च 1760 को हुई अर्थात् वृंदावनदास का छंद अलीगढ़ के घेरे की ओर ही संकेत करता है।

---

1. कृष्णदेवप्रसाद गौड़ पृ. 640।
2. एंट्विस्टल पृ. 212-213।
3. श्री हरिकलाबेलि दे. ठा. प्र. वर्मा (सं.) पृ. 224-231।
4. भगीरथ मिश्र पृ. 408।
5. इस चरण में चार अक्षर अधिक हैं।
6. ऐंट्विस्ट्ल पृ. 197; नटवर सिंह, पृ. 62-71; गंगा सिंह पृ. 193-194; उपेन्द्र शर्मा पृ. 316-317; याज्ञवल्क्य पृ. 56-58; कानूनगो पृ. 53-58।
7. ऐंट्विस्ट्ल पृ. 198; नटवर सिंह पृ. 78; गंगा सिंह पृ. 206।
8. गंगा सिंह पृ. 207-208; चांडावत पृ. 163।

हरिकलाबेली में ब्रज के क़त्ले-आम में मारे गये प्रमुख साधुओं के बारे में एक-एक कवित्त या छप्पय मिलता है। एक कवित्त आनंदघन के बारे में भी है।

बिरह सौ तायौ तन निबाह्यो बन सांचौ पन,
धन्य आनंदघन गाई सोई करी है।
ऐहो ब्रज कुँवर धन्य धन्य तुम हूँ कौं
कहा नीकी अति प्रभुता यह जग में बिस्तरी है।
गाढ़ौ बृज उपासी जिन देह अंत पूरी पारी,
रज की अभिलाषा सौ तहाँ ही देह धरी है।
वृंदावन हित रूप तुम हूँ हरि उड़ाई धूरि
ऐ पै साँची निष्ठा जन ही की लखि परी है ॥ 178 ॥

भडुवा छंद

आनंदघन के विरोधियों ने कवि पर चार छंद लिखे हैं। ये छंद *जस कबित्त* नामक ग्रंथ में संकलित हैं।[1] मनोहरलाल गौड़ को यह पुस्तक लखनऊ में श्री भवानीशंकर याज्ञिक से प्राप्त हुई थी। श्री भवानीशंकर याज्ञिक शुरू में गोकुल के गोकुलनाथ मंदिर के पुजारी थे। संभवतः यह ग्रंथ उनको गोकुल में मिला होगा। मनोहरलाल गौड़ का मत यह है कि यह पुस्तक संवत् 1812 (सन् 1755) की लिखी हुई है। आनंदघन से संबंधित *भडुवा छंद* नीचे दिये जा रहे हैं–

कायथ आनंदघन महा हरामजादा हो। सु ब्रज की कटा मैं आयौ परन्तु अपजस वाकौ थिर है। ताकौ बर्नन–

कबहूंक खुजावत मैं छुवती तिहि आनँद कौं तब हौं सरतौ।
तब रेंगतौ केहुक अंगन पै निज देह तिहीं रस सौं भरतौ।
कहुँ चौंकि कै भागनि मो गहती तब हौं उन हाथन सौं मरतौ।
वह ईस कहूँ घन आनँद कौं जौ सुजान-इजार की जूँ करतौ ॥ 1 ॥

करै गुरनिंदा वह हुरकिनी कौ बंदा महा
निरघिनी गंदा खात पनीर औ नान है।
बैन कौं चुरावै ताकौ मजमून लावे कूर
कबिता बनावै गावै रिजौली सी तान है।

---

1. मिश्र 1952 *'वाङ्मुख'* पृ. 66-67; गौड़ पृ. 7-9। शोधकर्ता को डॉ. मनोहरलाल गौड़ से वार्तालाप से मालूम पड़ा कि *जस कबित्त* नागरीप्रचारिणी सभा के 'याज्ञिक-संग्रह' में मिलता है लेकिन सन् 1997 में यह पुस्तक नागरीप्रचारिणी सभा में ढूँढ़ने पर नहीं मिली।

सुरा-घट-सोखी देह माँस ही सों पोखी, बिप्र
गैयन की दोषी रूप धरे अभिमान है।
पाप को भवन करै अगम-गमन ऐसौ
मुड़िया अनंदघन जानत जहान है ॥ 2 ॥

डफरी बजावै, डौम ढाढ़ी सम गावै काहू
तुरकैं रिझावै तब पावै झूठो नाम है।
हुरकिनी सुजान तुरकिनी को सेवक है
तजि राम नाम वाकौं पूजै काम धाम है।
लोहा ज्यौ लगाम जैसे चलनी को चाम है
...
पीवै भंगकुंडा संग राखे...गुंडा...
भसुंडा अनंदघन मुंडा सरनाम है ॥ 3 ॥

मुदित अनंदघन कहत विधाता सों यों
खाल को आसन दीजौ गारी मोहि गावैगी।
मो मुख को पीकदान करियौ, सुजान प्यारी
हुरकिनी तुरकिनी थुक्कै सुख पावैगी।
धोती को इजार दुपटी को पेसवाज और
देहुगे रूमाल ताकौ पूछना बनावैगी।
पगिया-पायंदाज कीजियौ गरीबनिवाज
भरि गयें मो मन पलिंग पर आवैगी ॥ 4 ॥

इन छंदों से मालूम पड़ता है कि आनंदघन जाति के कायस्थ थे और वे सुजान नाम की एक वेश्या पर आसक्त थे। वे साधु थे ("मुड़िया अनंदघन") और ब्रज के कत्लेआम में मारे गये। उक्त छंदों का लेखक यह मानता है कि आनंदघन का "अपयश स्थिर" है। इससे यह ध्वनित होता है कि छंद लेखक आनंदघन संबंधी इन धारणाओं को अपनी ही नहीं दूसरों की भी मानता है।

छंद में जिस तरह की भाषा इस्तेमाल की गयी है वह किसी सच्चे भक्त की भाषा नहीं हो सकती। छंद लेखक यह मानता है कि आनंदघन वैष्णव धर्म के विरोधी हैं और मुसलमानों जैसा जीवन जीते हैं। पनीर, नान और माँस खाते हैं, यहाँ तक कि ब्राह्मणों और गायों के प्रति विद्वेषी ("दोषी") हैं (अर्थात् आनंदघन के खिलाफ विष्णु का फिर से अवतार लेना आवश्यक है)। लेखक आनंदघन व्यक्ति पर ही नहीं उनकी कविता पर भी आपत्ति करता है।

बैन कौं चुरावै ताकौ मजमून लावै कूर,
कबिता बनावै गावै रिजौली सी तान है।

भड़ुवा छंद का लेखक आनंदघन की कविता को डोम और ढाढ़ियों के गान की तरह निम्नकोटि का मानता है ("डफरी बजावै डोम ढाढी सम गावै"), इसके साथ यह भी लिखा कि आनंदघन की कविता मुसलमानों को अच्छी लगती है और इसके कारण उनका यश भी फैल गया है ("काहू तुरकै रिझावै तब पावै झूठो नाम है")। मुसलमानों से आनंदघन के संबंधों पर व्यंग्य करने के लिए *भड़ुवा छंदों* की भाषा भी फारसी-प्रधान रखी गयी है।

गौड़ का विचार है कि मुहम्मदशाह के मीर मुंशी या किसी अन्य उच्च पद के अधिकारी होने की किंवदंती प्रामाणिक नहीं लगती। यदि यह सत्य होती तो *भड़ुवा छंद* के लेखक के लिए वह उपयुक्त सामग्री होती। छंदों में इसका प्रकारांतर से निश्चय ही उल्लेख होता।[1]

ब्रजनाथ

आनंदघन के सबसे अधिक लोकप्रिय संकलन, *घनआनंद-कबित्त* को ब्रजनाथ नामक एक सज्जन ने बनाया। यह संग्रह *सुजानहित, कृपाकंद निबंध, दानघटा* और *सुजान विलास* के आधार पर संकलित किया गया है। इन रचनाओं में से बहुत सारे स्पष्ट रूप से भक्ति प्रकट करने वाले कवित्त-सवैयों को छोड़कर नया संग्रह बनाया गया जिसमें शृंगार की प्रधानता है[2], चाहे वह लौकिक हो या अलौकिक। ब्रजनाथ ने *घनआनंद-कबित्त* के शुरू और अंत में आठ कवित्त-सवैये जोड़े हैं जो आनंदघन की *प्रशस्ति* बताये जाते हैं। इन कबित्तों की शैली आनंदघन की शैली से इतनी मिलती-जुलती है कि ये छंद बहुत-सी पांडुलिपियों में आनंदघन के कबित्तों से अलग नहीं माने गये। कई पांडुलिपियों में तो आनंदघन के कबित्तों के बीच रख लिये गये।[3] यहाँ तक कि 'रत्नाकर'[4] और अमीर सिंह[5] जैसे साहित्यकारों ने भी इनको अलग नहीं रखा और ब्रजनाथ को अलग लेखक नहीं माना। ध्यान देने की बात यह है कि ब्रजनाथ स्वयं इतने अच्छे कवि थे कि उनकी कृतियां आनंदघन जैसे उच्चकोटि के कवि की मानी जा सकती थीं।

ब्रजनाथ द्वारा लिखी गयी *प्रशस्ति* आनंदघन के काव्य की सबसे अच्छी और पुरानी आलोचना है जिसके प्रारंभिक दो सवैये आनंदघन की बहुत सारी मुद्रित पुस्तकों

---

1. गौड़ पृ॰ 1।
2. दे॰ *घनआनंद-कबित्त* का विवरण पृ॰ 147-153।
3. जयपुर के पोथीखाना की पांडुलिपि संख्या 3513 और 3645। पहली में छंद संख्या 507 से लेकर 512 तक ब्रजनाथ के कबित्त-सवैये मिलते हैं फिर आनंदघन के। दूसरी में छंद संख्या 508-513 ब्रजनाथ के कबित्त हैं फिर 514-531 आनंदघन के। जोधपुर के राजस्थान प्राच्यविद्या प्रतिष्ठान की संख्या 5347 की पांडुलिपि भी ऐसी ही है।
4. दे॰ 'रत्नाकर' (सं॰) : *सुजान सागर*।
5. दे॰ अमीर सिंह पृ॰ 41।

के शुरू में उपलब्ध हैं। **ब्रजनाथ की दृष्टि में आनंदघन वैसे भक्त नहीं थे जैसे 'चाचा'** वृंदावनदास की दृष्टि में। ब्रजनाथ के लिए वे 'नेही महा' और 'सुछंद' थे। *प्रशस्ति* में उन्होंने आनंदघन की भक्ति की कोई सीधी बात नहीं लिखी।[1]

प्रशस्ति में इस बात का भी उल्लेख मिलता है कि आनंदघन की कविताएँ पाने के लिए ब्रजनाथ को बहुत कष्ट उठाना और सहना पड़ा।

कहै ब्रजनाथ बहु जतननि आए हाथ...॥ 4 ॥

इन कबित्तों को पाने में ब्रजनाथ को तो अपनी लज्जा, बड़ाई और स्वभाव तक खोना पड़ा। विडंबना यह है कि अन्य लोग उनके पास आकर आनंदघन के कबित्तों को लुक-छिप कर लिखवा लेते थे–

मैं अति कष्ट सौँ लीने कबित्त ये लाज बड़ाई सुभाय कोँ खोय कै।
सो दुख मेरो न जाने कोऊ लै बखाने लिखाइयै मोहू कोँ गोय कै ॥ 8 ॥

आनंदघन को अपयश मिला, जिसका कारण यह है कि कुछ लोगों ने उनके साहित्य को बिलकुल न समझ कर उसकी चर्चा की। आनंदघन के विषय में निम्नांकित उक्तियाँ इस बात की प्रमाण हैं–

त्यों घन आनँद बानि बखानत मूढ़ सुजाननि आनि सतावै ॥ 5 ॥

पूँछ बिषान बिना पसु जो सु कहा घन आनँद बानी बखानै ॥ 6 ॥

नागरीदास

किशनगढ़ नरेश सावंत सिंह 'नागरीदास' (जीवनकाल सन् 1699-1764) का जीवनवृत्त लिखते हुए किशनगढ़ के परवर्ती राजकवि जयलाल ने *छप्पन भोग चंद्रिका* (सन् 1890) में आनंदघन का तीन बार उल्लेख किया है।[2] इन उल्लेखों से ऐसा जान पड़ता है कि नागरीदास आनंदघन को ऊँचे स्तर का संत मानते थे–

सुनि सुबोधिनि सहित भागवत भाष्य श्रवन किय।
पुष्टि मार्ग सिद्धांत समझि सुनि सुनि हिय भर लिय।
आनंदघन हरिदास आदि संतन बच सुनि सुनि।
धमारादि में कही वहै नहिं कही सु शुक मुनि... ॥ 7,1 ॥[3]

1. ब्रजनाथ के काव्यादर्श के विश्लेषण के लिए दे. गौड़ पृ. 242-244 और इस पुस्तक में पृ. 118-121।
2. दे. मिश्र 1952 *'वाङ्मुख'* पृ. 55; बहुगुना पृ. 4-5।
3. *नागरसमुच्चय* पृ. 15 (बहुगुना पृ. 4 के आधार पर उद्धृत)।

अथ सत संगति महिमा उदाहरण श्री नागरीदास जी में–

> **विप्रन सों सुनि बेद भागवत अर्थ सुधारयो।**
> **हरिदास हितमान कही सो ही अनुसारयो।**
> **मुरलीदास अरु बंसिदास सो समय गुजारयो।**
> **आनंदघन को संग करत तन मन को वारयो।**
> **नर्तित गुपाल मिलि जान यों सतसंगति नागर करिय।**
> **गो पद समान सुख मान कै भवसागर को लहि तरिय॥ 50 ॥**[1]

जयलाल ने आनंदघन के साथ हरिदास नामक भक्त का नाम भी दिया है। लेकिन *नागरसमुच्चय* में हरिदास का तो बार-बार नाम मिलता है किंतु आनंदघन का कहीं नहीं मिलता।[2] इसी कारण *नागरसमुच्चय* के उल्लेख की विश्वसनीयता संदिग्ध मालूम पड़ती हैं। नागरीदास ने अपनी *पद मुक्तावली* में आनंदघन के चार पद उद्धृत किये हैं जिनमें से एक *घनआनंद (ग्रंथावली)* में नहीं मिलता।[3]

डॉ॰ मनोहरलाल गौड़ का कहना है कि "इनकी पदमुक्तावली में 493 : 10 पर चार पद हैं। 59; 10 पृ॰ 142 तथा 77 पर 2 कबित्त हैं। उनमें पहला है *प्रीतम सुजान, मेरे हित को निधान* आदि तथा दूसरा है *तब तो छबि पीवत जीवत है* इत्यादि। वैराग्य सागर 51; 10 पृ॰ 169 तथा 170 पर दो पद हैं। इसी प्रकार 234; 42 पर इनके छह पद हैं।"[4] लेकिन *नागरीदास (ग्रंथावली)* के संपादक डॉ॰ किशोरीलाल गुप्त कहते हैं कि "नागरसमुच्चय में ये छंद खोजने पर भी मुझे नहीं मिले।"[5]

यह एक विचारणीय बात है कि आनंदघन के कबित्तों की दो पुरानी पांडुलिपियाँ नागरीदास के शहर रूपनगर में लिखी गयी थीं तथा इन कबित्तों के साथ नागरीदास की भी रचनाएँ मिलती हैं, लेकिन जिस रूप में नागरीदास की कृतियाँ आजकल उपलब्ध हैं, उनमें आनंदघन के कबित्त नहीं केवल प्रकट भक्तिपरक पद उद्धृत है।

आनंदघन और नागरीदास के संबंध पर और अधिक प्रकाश डालना जरूरी लगता है।

---

1. *नागरसमुच्चय* पृ॰ 25 (बहुगुना पृ॰ 5 के आधार पर उद्धृत)। *छप्पन भोग चंद्रिका* में आनंदघन का तीसरा उल्लेख *नागरसमुच्चय* के पृ॰ 23 में मिलता है। दे॰ बहुगुना पृ॰ 4।
2. वशिष्ठ पृ॰ 12; बहुगुना पृ॰ 6; किशोरीलाल गुप्त 1977 *'भूमिका'* पृ॰ 20।
3. किशोरीलाल गुप्त 1965 (सं॰) पृ॰ 314। यह पद परिशिष्ट में दिया जा रहा है। बाकी तीन पद *पद-मुक्तावली* के 69, 80, 233 संख्या के छंद हैं जो *घनआनंद (ग्रंथावली)* की *पदावली* में क्रमशः 836, 1031 और 1054 संख्या के पद हैं।
4. गौड़ पृ॰ 19।
5. किशोरीलाल गुप्त 1977 पृ॰ 20।

आनंदघन की पुरानी पांडुलिपियाँ

आनंदघन की रचनाओं की तीन ऐसी पांडुलिपियों का पता चला है जो उनके जीवनकाल में लिखी गयी थीं–

संवत् 1784 (सन् 1727)	'आनंदघनकृत कबित्त'–खासमोहर संग्रह, पोथीखाना, जयपुर, संख्या 2437 (4)।
संवत् 1786 (सन् 1729)	'आनंदघनकृत कबित्त'–राजस्थान प्राच्यविद्या प्रतिष्ठान, जोधपुर शाखा, संख्या 9431(2)।
संवत् 1800 (सन् 1743)	'छूटक कबित्त आनंदघन कृत'–राजस्थान प्राच्यविद्या प्रतिष्ठान, अलवर शाखा, संख्या 4789 (4)।

इनके अलावा 18वीं शताब्दी ईस्वी की पाँच और ऐसी पांडुलिपियाँ मिलती हैं जिनमें कुछ रचनाओं के लिपिकाल का भी उल्लेख है–

संवत् 1837 (सन् 1780)	*इश्कलता* – रसभारती संस्थान, वृंदावन, क्रमांक 224।
संवत् 1843 (सन् 1786) और इसके आस-पास	आनंदघन की 23 विविध रचनाओं का संग्रह, ब्रिटिश म्यूजियम, लंदन।
संवत 1843 (सन् 1786)	*सुजानहित, प्रेमपत्रिका, सरस वसंत, प्रीति पावस, सुजान के दोहा*–राजकीय पुस्तकालय, दतिया (मध्य प्रदेश)।
संवत् 1846 (सन् 1789)	'आनंदघन कृत कबित्त' (*घनआनंद कबित्त* की प्रति) राजस्थान प्राच्यविद्या प्रतिष्ठान, जोधपुर, संख्या 5374।
संवत् 1855 (सन् 1798)	30 निबंध-रचनाएँ तथा *पदावली, छंदाष्टक और सुजानहित*– खासमोहर संग्रह, पोथीखाना, जयपुर, संख्या 3349।

संवत् 1784 का हस्तलिखित ग्रंथ

जयपुर के पोथीखाने के 2437 (4) संख्या वाला ग्रंथ आनंदघन की कविताओं का उपलब्ध सबसे पुराना हस्तलिखित संग्रह है। इसमें आनंदघन के कबित्त प्रियादास नागरीदास, सूरदास आदि कवियों की भक्तिपरक रचनाओं के बीच एक स्वतंत्र संग्रह के रूप में उपलब्ध हैं। इसके शुरू में लिखा गया है "अथ कबित्त आनंदघनकृत लिष्यते : ॥" और अंत में "इति श्री आनंदघन कृत कबित्त संपूर्ण। सं॰ 1784 अषाढ़ सुदी 5 सोमवासरे ॥ लिपिकृतं ॥।॥" अर्थात् लिपिकाल सन् 1727 है। इसमें आनंदघन के 219 कवित्त-सवैये हैं। प्रतिलिपिकार ने काम बहुत ध्यानपूर्वक नहीं किया, क्योंकि एक कवित्त को दो बार लिया गया है (संख्या 3 और संख्या 188–"डगमगी डगनि

धरनि छबि ही के भार...")। इसके अलावा संख्या 43 दो बार अलग-अलग छंद के साथ लिखी गयी है ("सोवत भाग जगे सजनी..." और "है निसवादिल जात रसौ मन...")। प्रतिलिपिकार की लापरवाही के कारण अंतिम छंद की संख्या 218 पड़ती है।

इस संग्रह में 'आनंदघनकृत कबित्त' के साथ आठ और रचनाएँ मिलती हैं :

रचना	लेखक	लिपिकाल संवत्	लिपिकार	लिपिस्थान
1. अनन्यमोदिनी	प्रियादास	1783	स्वेतांबर हेमराज	रूपनगर
2. मनोरथमंजरी (रचनाकाल संवत् 1780)	"महाराजाधिराज महाराज कुंवर श्री साँवंत सिंघजी" (नागरीदास)	1783	स्वेतांबर हेमराज	
3. पदसंग्रह	सूरदास	–	–	–
4. आनंदघनकृत कबित्त	आनंदघन	1784	–	–
5. रूप सौभाग्य सागर (राधाकृष्ण का लीला संग्रह)	आलम, लाल आदि	–	–	–
6. रूपमंजरी	नंददास	1785	स्वेतांबर राय	–
7. कवित्त फुटकर	हरिदास, बिहारनीदास आदि	–	–	–
8. रस सार	रसिकदास	1786	–	–
9. मजलिस मण्डन	"महाराज कुंवर श्री सामंत सिंघजी" (नागरीदास)	1791	–	–

इन ग्रंथों के लिपिकार स्वेतांबर हेमराज और दूसरे लोग हैं। संभवतः सभी रचनाएँ किशनगढ़ राज्य की पुरानी राजधानी रूपनगर में लिखी गयी हैं। इसीलिए इनमें नागरीदास की दो रचनाएँ हैं। नागरीदास संवत् 1804 में बैशाख सुदी 5 को रूपनगर की गद्दी पर बैठे। संवत् 1783 और संवत् 1791 में वे महाराजकुमार ही थे जैसा कि उनकी दो रचनाओं की पुष्पिकाओं में उनका आदरपूर्वक उल्लेख मिलता है। यह ध्यान देने की बात है कि *मनोरथमंजरी* के रचनाकाल और लिपिकाल में केवल तीन साल का ही अंतर है। इन नौ ग्रंथों में भक्तिपरक रचनाएँ ही हैं।

आनंदघनकृत कबित्त में छंदों का क्रम *सुजानहित* से थोड़ा-बहुत मिलता-जुलता है। इसके संख्या 70 और संख्या 71 के कवित्त *सुजानहित* में नहीं मिलते। बाकी 216 छंद *सुजानहित* संख्या 1 और 240 के बीच में से हैं।

ऐसा प्रतीत होता है कि पोथीखाने के *आनंदघनकृत कबित्त* की मूल प्रति *सुजानहित* के पूर्वार्ध (संख्या 1-240) का भी आधार थी।

अब इसके शुरू के कबित्तों के क्रम तथा विषय की चर्चा करें—

आनंदघनकृत कबित्त	सुजानहित	विषय
1	(32 प्रकीर्णक)	राधा-स्तुति
2	82	वृंदावन-स्तुति
3 (188 भी यही है)	197	गोपाल-सौंदर्य
4	130	राधा-स्तुति
5	1	सुजान-पूर्वराग
6	5	सुजान-विरह
7	6	सुजान-विरह
8	7	सुजान-विरह
9	8	सुजान-विरह
10	16	सुजान के प्रति आसक्ति
11	17	सुरतांत
12	18	सुजान के नयनों का वर्णन

पोथीखाने के ग्रंथ के पहले चार छंद लिपिकार ने ही आदर्श प्रति से इधर-उधर से चुन-चुनकर शुरू में लिख डाले हैं। मूल संग्रह में उनका स्थान कहीं और रहा होगा। जैसे लिपिकार ने छंद संख्या 3 को तो अपने स्थान पर लिखा ही, 188वीं संख्या में भी उसे पुनः लिख दिया। ऐसा प्रतीत होता है कि आदर्श प्रति में छंद संख्या 3 की असली जगह 188 ही रही होगी, लेकिन लिखते-लिखते संख्या 188 तक पहुंचकर लापरवाह प्रतिलिपिकार भूल गया होगा और उसने पुनरावृत्ति कर दी। इस भूल को देखते हुए यह अनुनान लगाया जा सकता है कि प्रतिलिपिकार ने आदर्श प्रति का यांत्रिक अनुकरण नहीं किया बल्कि उस पर अपने अभिप्राय का आरोपण किया। यह अभिप्राय क्या था ? शुरू के पद्यों का बड़ा महत्व है, क्योंकि इनसे पूरे संग्रह के विषय का संकेत मिलता है। यही कारण है कि शुरू में चुन-चुनकर चार भक्तिपरक पद्यों को रखा गया। (संग्रह के शुरू में भक्तिपरक रचनाओं को देना एक परंपरा भी था। रहीम के *बरवै,* बिहारी की *सतसई* के शुरू में भी भक्तिपरक छंद दिये गये हैं यद्यपि ये भक्तिपरक संग्रह नहीं हैं।)

5-9 संख्या वाले छंद विरह के बारे में हैं, फिर छंद संख्या 10 से संयोग-वर्णन शुरू हो जाता है। यहाँ लौकिक शृंगार अधिक मालूम पड़ता है और प्रत्यक्ष भक्ति कम।

पोथीखाने के संग्रह के कबित्त-सवैयों की शैली चमत्कारपूर्ण और विकसित है। लेकिन इस संग्रह में आनंदघन के सबसे प्रसिद्ध सवैये जैसे "हीन भएँ जल मीन अधीन..." "अति सूधौ सनेह को मारग है...", "इत बाँट परी सुधि, रावरी भूलनि..." आदि नहीं मिलते। यह मानना अनुचित नहीं होगा कि संग्रह में संकलित रचनाएँ आनंदघन के यौवनकाल की रचनाएँ हैं।

इस संग्रह की एक दूसरी विशेषता है कि इसमें "सुजान", "जान" शब्दों को हटाने की कोशिश की गयी है और इन शब्दों के तरह-तरह के पाठांतर मिलते हैं। निम्नलिखित सूची में *घनआनंद (ग्रंथावली)* में प्रकाशित *सुजानहित* और पोथीखाने की पांडुलिपि का पाठ दिया जा रहा है जिनमें कुछ पाठांतर एकदम प्रकट हैं–

सुजानहित	पोथीखाना
16 अलबेली सुजान के पायनि पानि	10 अलबेली सु लाड़िली पांयन पानि
18 करैं फिरि दान सुजान खरे भरे	12 करैं फिरि दान सु प्यारी बरे
20 एरी सुजान	14 राधे सुजान
22 सुजान सु जानि सकौं	16 जु स्याम सु जानि सकौं
23 सुजान	17 सु प्यारी
31 सुंदर महा सुजान	22 सुंदर पियारी प्रान
34 जान के जी की	65 स्याम के जी की
36 घन आनंद प्यारे सुजान	26 घन आनंद मीत सुजान
37 मन मेरो महावर चायनि च्वै तुव पायनि लागि	29 मन मेरो महाउर चायनि च्वै प्रिय पायनि लागि
50 सुजान	55 पै स्याम
54 आवन सँदेसो मनभावन को	40 आवन छबीले मनभावन को
59 सुजान घन आनँद	45 सु प्यारी घन आनँद
63 जान	43(2) स्याम
64 दरस सुजान	48 दरस मुकुंद
66 प्यारी सुजान	50 राधे सुजान
68 सुजान घन आनँद	52 सु प्यारी घन आनंद
69 जान प्यारे	56 स्याम प्यारे
73 मीत सुजान	62 स्याम सुजान
74 कैसे सुहाति सुजान	60 कैसे सुहात है स्याम
77 सुजान	74 सु प्यारी
79 जान	76 स्याम
80 जान	66 स्याम
81 जान प्यारी	77 प्रानप्यारी

83 सुजान	78 सु प्यारी
85 सुजान	80 हे प्यारी
87 जान प्यारे	82 स्याम प्यारे
88 सुजान	83 सु प्यारी
90 जान प्यारे	84 स्याम प्यारे
133 जान प्यारे	67 स्याम प्यारे

पोथीखाने (रूपनगर) की इस पांडुलिपि का पाठ बिगड़ा हुआ है। इन सब परिवर्तनों से आनंदघन की "सुजान" शब्द को अनेकार्थों में प्रयुक्त करने की जो शैलीगत विशेषता है, वह नष्ट हो जाती है। इसके अलावा परिवर्तन से एक बार *सभंगयमक* नष्ट हो गया है जैसे "सुजान सु जानि सकौं" (सुजानहित 22) "जु स्याम सु जानि सकौ" (16)। "सुजान" और "जान" शब्द को दो दिशाओं में परिवर्तित कर दिया गया है : प्रत्यक्ष भक्ति–"स्याम" "मुकंद" आदि (14 बार) और स्पष्ट शृंगार 'सु प्यारी' आदि (10 बार)। सुजान दो बार राधा का विशेषण बन गया है।

संवत् 1786 का हस्तलिखित ग्रंथ

राजस्थान प्राच्यविद्या प्रतिष्ठान की जोधपुर शाखा में संख्या 9431(2) पर संवत् 1786 (सन् 1729) में लिखी हुई 37 पन्नों की एक पांडुलिपि मिलती है जिसमें वे ही 218 छंद हैं जो पोथीखानेवाली पांडुलिपि में भी प्राप्त हैं। यहाँ तक कि दोनों में छंदों का क्रम और पाठांतर भी एक ही है। अर्थात् जोधपुर का यह ग्रंथ पोथीखाने की रूपनगर वाली पांडुलिपि की प्रतिकृति प्रतीत होता है। जैसे संवत् 1784 (सन् 1727) की पांडुलिपि में "डगमगी धरनी डगनि के भार..." वाला कबित्त दो बार संख्या 3 तथा संख्या 188 पर लिया गया है। संवत् 1786 (सन् 1729) के ग्रंथ के प्रतिलिपिकार ने भी वैसा ही किया। संवत् 1784 (सन् 1727) की पांडुलिपि में संख्या 43 दो बार अलग-अलग छंदों के साथ लिखी गयी है ("सोवत भाग जगे सजनी..." और "है निसवादिल जात रसौ मन")। संवत् 1786 की प्रति में प्रतिलिपिकार ने इस भूल को सुधार कर 'है निसवादिल जात रसौ मन..." वाले सवैये के बाद संख्या 44 लिखी और उन छंदों के बाद जो जयपुर की प्रति में संख्या 44 और 45 की हैं, क्रमशः 45 और 46 लिखा। लेकिन मूल प्रति के यांत्रिक अनुकरण करने के कारण उसके 46 संख्या वाले छंद के बाद प्रतिलिपिकार ने भी संख्या 46 लिखी। इसी प्रकार जोधपुर की प्रति में संख्या 46 के दो अलग-अलग छंद प्राप्त हैं।

आनंदघन के संग्रह के शुरू में लिखा गया है : "श्री गणेशाय नमः अथ आनंदघन के कबित्त लिष्यते।" और अंत में : "इति श्री आनंदघनकृत कबित्त संपूर्ण संवत् 1786 मिति फागुन बदी 2"। इस पन्ने में पुष्पिका के नीचे जो जगह खाली थी,

उस पर एक दूसरे हाथ ने *सुजानहित* के प्रथम दो छंद लिखे हैं। इन छंदों से पहले केवल इतना लिखा गया है –"अथ सुजानहित ग्रंथ को लिषन ॥" इन दो छंदों का लिपिकाल संवत् 1786 (सन् 1729) के बाद का है, लेकिन कब का, यह निर्धारित नहीं किया जा सकता।

चर्चित पांडुलिपि में *आनंदघनकृत कबित्त* कुछ फुटकर पद्यों के साथ निम्नलिखित रचनाओं के बीच मिलता है–

	ग्रंथ (रचनाकाल संवत्)	लेखक	लिपिकाल (संवत्)	लिपि स्थान
1.	5 फुटकर कबित्त	आनंदघन आदि	–	–
2.	कबित्त (शुरू में खंडित)	नागरीदास	–	–
3.	सतसइया	बिहारी	–	
4.	30 कबित्त	आनंदघन आदि	–	–
5.	आनंदघनकृत कबित्त	आनंदघन	1786 फागुन बदी	–
6.	रसिकरत्नावली (1782)	महाराजकुंवर सावंतसिंह जी (नागरीदास)	–	–
7.	देहदसा	नागरीदास	–	–
8.	वृंदावनसत भाषा (1707)	भगवंत मुदित	1786 श्रावण शुक्ल 11	शाहजहानाबाद
9.	कबित्त श्री गंगा जू के	गंग	–	–
10	प्रेममंजरी/रूपमंजरी	–	–	–
11.	राधिकास्तोत्र (खंडित)	–	–	–

इस ग्रंथ के शुरू में जो पाँच फुटकर कबित्त मिलते हैं, उनमें से पाँचवाँ आनंदघन का ही है जो *सुजानहित* में 249 संख्या का सवैया है। इससे पहलेवाले, चौथे सवैये में 'सुजान' शब्द मिलता है, लेकिन आनंदघन की छाप नहीं–

आन सो लाग रह्यौ पिय तो मन काहे ईतै जू ईतौ दुख दीजै।
जानत हो सब प्रीत की रीत तजौxx[1] बानति ही तन छीजै।
हाहा सुजान xxय परौ उत कौ हित छाड़ इतै हित की(जै।)
हौ मनमोहन सुंदर स्याम काहे जू इती (विन)ती सुन लीजै ॥

---

1. पांडुलिपि के इन पन्नों के हाशिये के हिस्से कीड़ों ने नष्ट कर दिये हैं इसलिए चार स्थानों पर एक या दो अक्षर गायब हैं। हमने अनुमान लगाकर जो पाठ-प्रत्यावर्तन किया वह कोष्ठक में दिया गया है। अन्यथा प्रत्येक गायब अक्षरों की जगह पर एक x चिह्न लगाया गया है।

दो नंबर की रचना में नागरीदास की छाप बराबर आती है लेकिन इसमें पुष्पिका नहीं है और यह शुरू में खंडित है। इस रचना का शुरू में खंडित होना इस बात की ओर संकेत करता है कि इस पांडुलिपि में कई ग्रंथ एक जिल्द में बांधे गये थे।

4 नंबर के संग्रह में पुष्पिका नहीं है। इसमें अधिकतर आनंदघन के कबित्त हैं। ये क्रमशः *सुजानहित* में संख्या 197, 16, 17, 19, 23, 29, 31, 36, 37, x,s x,s x,s 99, 97, 87, x,s 140, 219, 216, 47, x,s 243, x,s x,s x,s 151, 68प्र, 113 के छंद मिलते हैं।[1]

8 नंबर की रचना चैतन्य संप्रदाय के भगवंत मुदित का *वृंदावनशतक* है। इस रचना के अंत में यह पुष्पिका है "श्री वृंदावनसत भाषा भगवंतकृत सम्पूर्ण। साहजानाबाद मध्ये संवत् 1786 श्रावण शुक्ल पक्ष तिथौ ॥ शुक्रवार शुभ्र भवतु कल्या" लिपिकाल केवल *आनंदघनकृत कबित्त* एवं *वृंदावनशतक* के अंत में दिया गया है। दोनों में पाँच महीने का अंतर भी नहीं है। यह इस बात को प्रमाणित करता है कि ये दो रचनाएँ तथा इनके बीच में लिखित *रसिकरत्नावली* और *देहदसा* एक दूसरे के बाद एक ही पुस्तक में लिपिबद्ध रचनाएँ हैं, एक जिल्द में बांधे गये अलग-अलग ग्रंथ नहीं हैं। शाहजहानाबाद कई हैं। उनमें से सबसे मशहूर तो पुरानी दिल्ली ही है। संभवतः इन रचनाओं की प्रतिलिपि दिल्ली में हुई हो।

रूपनगर का संवत् 1800 का हस्तलिखित ग्रंथ

राजस्थान प्राच्यविद्या प्रतिष्ठान की अलवर शाखा की संख्या 4789(4) की पांडुलिपि के शुरू में लिखा गया है—"श्री गणेशायनमः। श्री राधा-कृष्णो जयति। अथ छूटक कबित्त आनंदघनकृत लिष्यते।" और अंतिम पुष्पिका में—"इति श्री छूटक कबित्त आनंदघनकृत संपूर्ण ॥ सं 1800 मिति पोस सुदि 13 रविवासरे लिषतं स्वेतांबर हेमराज रूपनगर मध्ये ॥ श्री राम राम।"

ग्रंथ के शुरू में मुद्रा-छाप है जिस पर लिखा गया है "राजभवन पुस्तकशाला अलवर संवत् 1957"। इसका मतलब यह हुआ कि रूपनगर में लिखी हुई यह पुस्तक बाद में अलवर के महाराजाओं की पुस्तकशाला को प्राप्त हुई।

1. *घनआनंद (ग्रंथावली)* में न मिलने वाले छंदों के स्थान पर x लिखा गया है। एक छंद (68 प्रकीर्णक) *सुजानहित* में नहीं बल्कि *'ग्रंथावली'* के *प्रकीर्णक* प्रकरण में मिलता है।

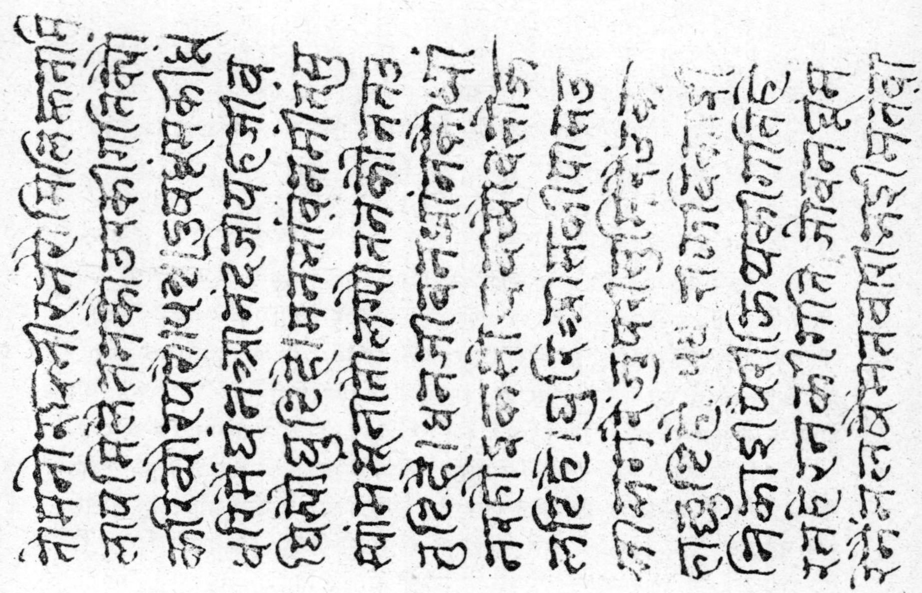

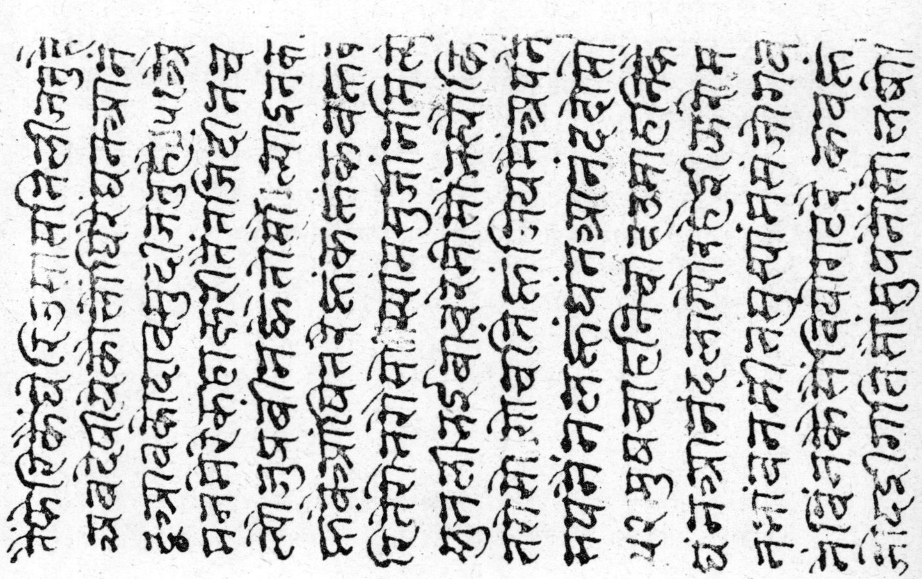

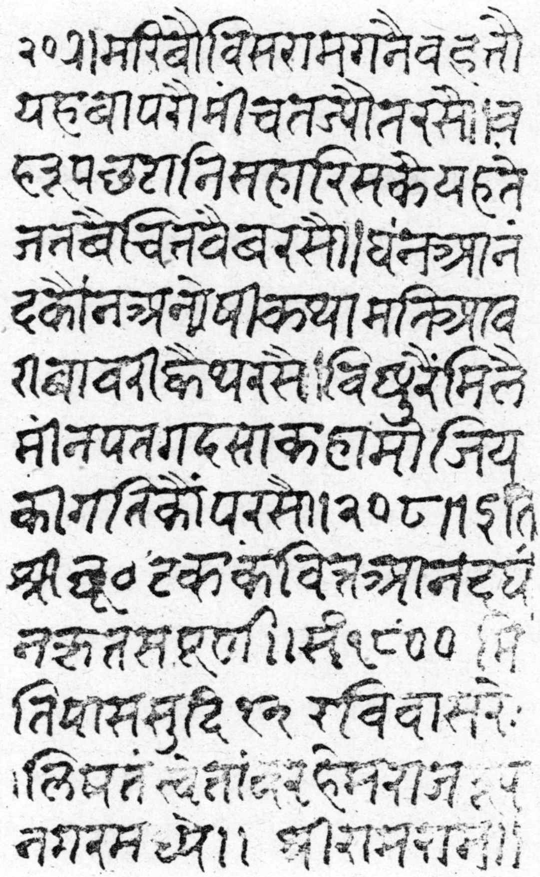

आनंदघन के जीवनकाल में, (सन् 1743 में) रूपनगर में श्वेतांबर हेमराज द्वारा लिखित पांडुलिपि के मध्य के दो पृष्ठ तथा अंतिम पृष्ठ। सामने के दो पृष्ठों में *सुजानहित* में उपलब्ध, (अपूर्ण), 73, 72, 15, 34(अपूर्ण) संख्या के कबित्त तथा ऊपर *सुजानहित* में 240 संख्या पर प्राप्त सवैया है। सामनेवाले पृष्ठों पर प्रतिलिपिकार का 'सुजान' शब्द को हटाने का प्रयत्न भी दिखाई पड़ता है। (सौजन्य–राजस्थान प्राच्यविद्या प्रतिष्ठान, अलवर शाखा।)

आनंदघन के *छूटक कबित्त* यहाँ भी अधिकतर भक्तिपरक रचनाओं के बीच पाये जाते हैं। आनंदघन की कविताओं से पहले जो तीन निम्नलिखित रचनाएँ संकलित हैं, उनमें दो भक्तिपरक हैं।

1. छूटक-कबित्त (राधावल्लभी सहचरि सुख आदि के कबित्त)
2. अलंकार माला
3. भोरता-लीला (नागरीदास)।

इस संग्रह में आनंदघन के 208 कबित्त मिलते हैं। छंदों का क्रम वही है जो जयपुर पोथीखाने और राजस्थान प्राच्यविद्या प्रतिष्ठान (जोधपुर) की पांडुलिपियों में है। लेकिन इन पांडुलिपियों के शुरू के 11 छंद छोड़ दिये गये हैं। पोथीखाना या ज़ोधपुर वाली पांडुलिपि अथवा उनकी एक प्रतिलिपि इस संग्रह की आदर्श प्रति थी।

इस पांडुलिपि में 'सुजान' शब्द को हटाने की पहले से भी ज्यादा कोशिश की गयी है। पोथीखाना की पांडुलिपियों के प्रारंभिक सौ छंदों में "सुजान" या "जान" की जगह "जु स्याम", "सु प्यारी" आदि 25 बार मिलते हैं, जबकि अलवर की प्रति के प्रारंभ के सौ छंदों में 51 बार।

भरतपुर का बृहत् संग्रह[1]

यह ग्रंथ लंदन संग्रहालय के हस्तलेख विभाग में है। इसमें कुछ दूसरे कवियों की कृतियों के साथ आनंदघन की 23 भक्तिपरक रचनाएँ मिलती हैं। तीन कृतियों का लिपिकाल संवत् 1839 और 1843 (सन् 1782 और 1786) के बीच है। हिन्दी *भागवत्* के अंत में यह पुष्पिका मिलती है—"लिपिकृत काश्मीरी पंडित भास्करेण, श्रीमंत श्रीमहाराजाधिराज, श्री ब्रजेन्द्र, श्री रणजीतसिंहपाठनार्थं। संवत् 1838 पौष कृष्णाष्टभ्यां लिषितं।"

यह पांडुलिपि भरतपुर के राजा रणजीत सिंह (शासनकाल सन् 1777-1805) के लिए लिखी गयी थी। फिर अँग्रेज 1826 में भरतपुर पर कब्जा करने के बाद राजपुस्तकालय से यह ग्रंथ इंगलैंड लाये। यह पुस्तक राजदरबारों में आनंदघन की ख्याति का संकेत देती है।

सुजानहित निंबध की भरतपुरवाली प्रति

सुजानहित की यह भरतपुरवाली प्रति भी इंग्लैंड में है। मैनचेस्टर विश्वविद्यालय के जोन रिलैंड्स पुस्तकालय में 'संस्कृत 8' के संख्या के ग्रंथ में यह दूसरी रचना है। इसमें *सुजानहित* से पहले शिवनाथ की *नायिकाभेद* की अपूर्ण प्रतिलिपि है। *सुजानहित* के बाद "माथुर कवि सोमनाथ" की *कृष्णलीलावलीपंचाध्यायी* लिखी गयी है, जिसका रचनाकाल

---

1. इस ग्रंथ के विस्तृत विवरण के लिए दे॰ केसरीनारायण शुक्ल पृ. 269-279।

संवत् 1800 (सन् 1743) है। इन दोनों अंतिम रचनाओं का प्रतिलिपिकार एक ही है, जिससे यह मालूम पड़ता है कि *सुजानहित* की प्रतिलिपि कहीं संवत् 1800 (सन् 1743) के आसपास या उसके बाद हुई है। ग्रंथ के पहले पन्ने पर अँग्रेजी में यह लिखा है – "PH Jan. 18/26 'Loot' on my getting into the citadel of Bhurtpur after the storm! P.J.B."(?) अर्थात् कोई अँग्रेज सैनिक ले गया यह ग्रंथ भरतपुर के 1826 वाले आक्रमण के समय।

सुजानहित में वे ही 497 कबित्त तथा 10 दोहे-सोरठे हैं जो *घनआनंद (ग्रंथावली)* में प्रकाशित *सुजानहित* में भी है और क्रम भी वही है। इसके शुरू में लिखा है– "श्री रामचंद्राय नमः। अथ आनंदघनकृत सुजानहित निबंध लिख्यते।"–अंत में "इति श्री आनंदघनकृत सुजानहित निबंध संपूर्णम॥" इसके बाद प्रतिलिपिकार ने एक सवैया लिखा–

सोधि धर्‌यौं रसपुंज सकेलि कैं बानी बिलास रही फबि ताकी।
कौंन करैं सम याकी विचारि करी घन आँनद की कबिता की।
औंर बडौं गुन हैं हरि कौं जससार बनाय लसी छबि ताकी।
सो बलदेव कँवार के काज लिष्यौं रुचि स्वामी हियैं करि ताकी॥

सवैयाकार बलदेव का कहना है कि आनंदघन के सवैयों को संशोधित करके संकलित किया और किसी राजकुमार के लिए लिख दिया। इस पांडुलिपि में सुजान शब्द को हटाने का प्रयत्न नहीं किया गया है।

जयपुर पोथीखाने का 3469 संख्या वाला ग्रंथ

यह ग्रंथ राजदरबारों में आनंदघन की प्रसिद्धि का एक और प्रमाण है। इसमें *कृपाकंद निबंध, ब्रजप्रसाद, प्रेम पद्धति, सुजानहित* के शुरू के 50 छंद, 52 फुटकर पद और *मनोरथमंजरी* हैं। ग्रंथ के अंत में किसी ने यह दोहा लिखा है–

बानी आनंदघन दई नृप प्रताप के हाथ।
पाउं बृजनिधि दरस नित भजन सुनाऊँ साथ॥

महाराजा सवाई प्रतापसिंह (शासनकाल सन् 1778-1803) हिन्दी के विख्यात कवि थे, जो 'ब्रजनिधि' नाम से कविता लिखते थे। उनके पढ़ने के लिए यह पांडुलिपि लिखी गयी थी। 'ब्रजनिधि' ने अपने *ब्रजनिधि पद संग्रह* में अन्य कवियों के पदों के साथ आनंदघन के भी पाँच पदों का उद्धरण दिया था। ये पाँच पद ब्रजनिधि पद संग्रह के 142, 143, 144, 192, 211 संख्या के छंद हैं[1] जिनकी आनंदघन की पदावली में क्रमशः 61, 43, 1045, 667 और 1046 संख्या है।

---

1. दे. पुरोहित हरिनारायण शर्मा (सं.) पृ. 225, 237, 240।

दतिया की संवत् 1843 की पांडुलिपि

श्री उदयशंकर दुबे ने अपने एक लेख में दतिया (मध्य प्रदेश) में संवत् 1843 (सन् 1786) में लिखित एक पांडुलिपि का विवरण किया है।[1] इस पांडुलिपि में आनंदघन के *सुजानहित, प्रेमपत्रिका, सरस वसंत, प्रीति पावस* तथा *सुजान के दोहा* नामक ग्रंथ हैं।

यद्यपि सिर्फ *सुजानहित* के अंत में लिपिकाल संवत् 1843 दिया गया है, तथापि पूरी प्रति की लिखावट, स्याही और कागज एक होने से ऐसा प्रतीत होता है कि बाकी चार रचनाओं का लिपिकाल भी इसी समय के पास का है। इस पांडुलिपि में उपलब्ध *सुजान के दोहा* नामक रचना, जिसमें 54 छंद हैं, *घनआनंद (ग्रंथावली)* में संकलित नहीं हैं।

घनआनंद-कबित्त की पुरानी प्रतियाँ

जयपुर के पोथीखाने की संख्या 3469 की तथा संख्या 3513 की और राजस्थान प्राच्यविद्या प्रतिष्ठान, जोधपुर की संख्या 5374 की पांडुलिपियाँ *घनआनंद-कबित्त* की प्रतियाँ हैं। *घनआनंद-कबित्त* आनंदघन के कबित्तों का ब्रजनाथ द्वारा संकलित एक पुराना संग्रह हैं। राजस्थान की इन प्रतियों के अंत में ऐसे कई कबित्त मिलते हैं जिन्हें ब्रजनाथ ने अपने संग्रह में नहीं लिया। इन कबित्तों के क्रम को देखकर ऐसा प्रतीत होता है कि जोधपुर का ग्रंथ पोथीखाने के 3645 संख्या वाले ग्रंथ के आधार पर लिखा गया है। जोधपुर के इस ग्रंथ के अंत में यह लिखा है "आनंदघनकृत कबित्त संपूर्ण। लिखि व्यासोपनामक रोमेश्वरस्यात्मज गोपीनाथेन त्रवाडीत्युपनामक श्रीकृष्णस्यात्मज नंदकिसोरस्य पठनार्थ। शुभंभवतु ॥ श्रीरस्तु ॥ शुभभूयात् संवत् 1846 ॥ 0 ॥ चैत शुक्ले 9 भृगुवासरे।"

श्री उदयशंकर दुबे ने *घनआनंद-कबित्त* की संवत् 1852 (सन् 1795) में लिखित एक ऐसी प्रति का उल्लेख किया है जिसमें 547 छंद संकलित हैं। यह पुस्तक दतिया (मध्य प्रदेश) के निवासी श्री किशोरीशरण गोस्वामी के पास सुरक्षित है।[2]

पुराने संग्रहों में आनंदघन के छंद

किशोरीलाल गुप्त ने *सुजान शतक* की भूमिका में आठ ऐसे पुराने काव्य-संग्रहों का उल्लेख किया था, जिनमें आनंदघन के पद या कबित्त मिलते हैं।[3] इनके साथ हमें जो संग्रह मिलते हैं उन्हें जोड़कर जो तालिका बनायी जा रही है उसमें[4] केवल ऐसे संग्रहों

1. दुबे पृ॰ 132-137।
2. दुबे पृ॰ 133 नोट 1।
3. दे॰ किशोरीलाल गुप्त 1977 *'भूमिका'* पृ॰ 37-47।
4. आधुनिक काव्य-संग्रहों एवं इतिहास-ग्रंथों में संकलित आनंदघन के कबित्तों की तालिका के लिए दे॰ किशोरीलाल गुप्त 1977 *'भूमिका'* पृ॰ 48-55।

का उल्लेख किया जाएगा जिनके रचनाकाल के संबंध में स्पष्ट जानकारी मिलती है। इनके अलावा पांडुलिपि रूप में बहुत सारे संग्रह मिलते हैं जिनमें आनंदघन के छंद भी हैं। (चिह्नित संग्रह किशोरीलाल गुप्त को भी मिले हैं)

सवंत् (सन्)	ग्रंथ का नाम	संग्रहकर्ता	आनंदघन के पदों की संख्या
1821 (1764) से पहले	*पद मुक्तावली**	नागरीदास	4 पद
1860 (1803) से पहले	*ब्रजनिधि पद-संग्रह**	'ब्रजनिधि'	5 पद
1867 (1810)	*सुंदरश्यामविलास*	सुंदरदास	1 पद
1875 (1818)	*हजारा**		7 कबित्त
1884 (1827)	*सिलेक्शंस...*	विलियम प्राइस	2 पद
1895 (1838)	*सुधासर**	'नवीन'	30 कबित्त
1900 (1843)	*रागकल्पद्रुम**	कृष्णानंद व्यास	8 या अधिक पद[1]
1905 (1848)	*शृंगार संग्रह**	सरदार	66 कबित्त
1919 (1862)	*दिग्विजय भूषण**	गोकुल प्रसाद 'ब्रज'	3 कबित्त
1925 (1868)	*सुंदरी तिलक**	भारतेन्दु हरिश्चन्द्र	14/16/35 कबित्त[2]
1828 (1871) या पहले	*उक्त-जुक्त-रस-कौमुदी*	'निज'	24 या अधिक कबित्त[3]

आनंदघन के पुराने चित्र

आनंदघन के दो पुराने चित्र उपलब्ध हैं। इन में से एक में कवि अकेला बैठा है।[4] आचार्य विश्वनाथप्रसाद मिश्र का कहना है कि "यह चित्र कृष्णगढ़ से प्राप्त हुआ है और मुझे निंबार्क संप्रदाय के वृंदावनवासी ब्रह्मचारी श्री ब्रजवल्लभशरण जी वेदांताचार्य से मिला है। इस चित्र पर यह छप्पय भी अंकित है–

सकल गुन सुजान स्वामीजी श्री आनंदघन जी–
बृंदाबन में अटल ह्वै बास कियो आनंदघन।
रचैं कटीली काव्य स्तुति कछु परत न गाई।
अनुपम अधर जटित चोज चेटक सरसाई।

---

1. मिश्र 1952 पृ॰ 580-582 पर संख्या 1036 से 1043 तक आठ ऐसे पद हैं जो *रागकल्पद्रुम* से लिये गये हैं। ये आठ पद आचार्य मिश्र को आनंदघन की पांडुलिपियों में नहीं मिले। *रागकल्पदुम* के आनंदघनवाले उन पदों का जो पांडुलिपियों में भी प्राप्त हैं, अलग से उल्लेख नहीं हुआ।
2. इस ग्रंथ के तीनों संस्करणों में आनंदघन के छंदों की संख्या अलग-अलग है। दे॰ किशोरीलाल गुप्त 1977 *'भूमिका'* पृ॰ 44-47।
3. इस संग्रह की संवत् 1928 (सन् 1871) में लिखी एक खंडित पांडुलिपि शोधकर्ता को सूकर क्षेत्र शोध संस्थान, कासगंज (डॉ॰ नरेशचंद्र बंसल के संग्रह) में देखने को मिली।
4. दे॰ मिश्र 1950 *'प्रस्तावना'* पृ॰ 32 के सामने या मिश्र 1952 *'प्रस्तुत ग्रंथावली'* पृ॰ 2 के सामने।

विश्वनाथप्रसाद मिश्र को मिला हुआ आनंदघन का चित्र

श्रवन परत हिय द्रवै छकनि झूलै सब झूलै।
मानौ मोहन मंत्र महा सुधि की सुधि भूलै।
गान कला में अति कुसल सुनत बढ़े आह्लाद मन।
बृंदावन में अटल है बास कियौ आनंदघन ॥

एक दूसरे चित्र में आनंदघन नागरीदास और ब्रजानंद नाम के एक तीसरे भक्त के साथ वृंदावनदेवाचार्य के सामने निंबार्की तिलक लगाए हुए बैठे हुए हैं। यह चित्र सर्वप्रथम *श्रीसर्वेश्वर* पत्रिका में सन् 1952-53 में प्रकाशित हुआ[1] जहाँ इसके नीचे लिखा है "श्री वृंदावनदेवाचार्य जी महाराज अपने शिष्य श्री बृजानंद जी तथा आनंदघन जी एवं महाराजकुमार श्री सावन्तसिंह जी (किशनगढ़) को संगीत की शिक्षा दे रहे हैं। यह जीर्ण-शीर्ण चित्र श्रीनिकुंज वृंदावन में प्राप्त हुआ है।"

श्रीसर्वेश्वर पत्रिका से मालूम पड़ता है कि यह चित्र 1950 के आसपास वृंदावन में श्रीजी की बड़ी कुंज में सुरक्षित था। श्रीजी कुंज निंबार्क संप्रदाय की सलेमाबादवाली मुख्य गद्दी से संबंधित है। सलेमाबाद राजस्थान में किशनगढ़ के निकट है। हो सकता है कि नागरीदास का चित्र 1897 के आसपास किशनगढ़ में या सलेमाबाद में था क्योंकि ऐसा लगता है कि किशनगढ़ के जयलाल कवि ने इसी का जिक्र किया जब उन्होंने एक पत्र में राधाकृष्णदास को यह लिखा "हमारे यहाँ एक अत्यन्त प्राचीन चित्र है जिसमें नागरीदास जी और घनआनंद जी एक साथ विराजते हैं।"[2] *श्रीसर्वेश्वर* पत्रिका के इस अंक के पृष्ठ 100 पर सम्पादक ब्रजवल्लभशरण के लेख में इसी चित्र के उल्लेख से एक समस्या पैदा हुई है। इस लेख में कहा गया है "किशनगढ़ नरेश महाराजा साहब श्री समेरसिंह जी ने अपने राजकीय चित्रकोश से आचार्यचरण एवं महाराजकुमार श्री सावंतसिंह जी, श्री ब्रजानंद जी, प्रसिद्ध कविवर आनंदघन जी के चित्र एवं तवारीख से उनके इतिवृत्त देखने की स्वीकृति प्रदान कर अनुपम सहायता प्रदान की।" अब कौन बताएगा कि श्री ब्रजवल्लभशरण को उक्त चित्र श्रीनिकुंज वृंदावन से या किशनगढ़ के राजकीय चित्रकोश से मिला ?

परमहंस वंशावली के आधार पर आनंदघन वृंदावनदेवाचार्य के शिष्य प्रतीत होते हैं। इसलिए ऐसा चित्र मिलना स्वाभाविक लगता है। लेकिन उपलब्ध दोनों चित्रों में आनंदघन एक ही मुद्रा में बैठे दिखाई पड़ते हैं इसलिए एक चित्र दूसरे की प्रतिकृति मालूम पड़ता है।

आजकल अधिकांश विद्वान नागरीदास को वृंदावनदेवाचार्य का शिष्य नहीं मानते बल्कि उनको वल्लभ संप्रदाय में दीक्षित बताते हैं। अगर उनकी मान्यता सही है तो

1. *श्रीसर्वेश्वर* : माघ संवत् 2009—श्रावण संवत् 2010 पृ. (आठ)। इस चित्र की प्रतिकृति कई पुस्तकों में प्राप्त है। मसलन मीतल पृ. 355; गोस्वामी पृ. 582।
2. दे. श्यामसुंदरदास (सं.) पृ. 172।

आनंदघन, ब्रजानंद, नागरीदास और वृंदावनदेवाचार्य का चित्र।

यह चित्र भी अप्रामाणिक होगा। अगर हम नागरीदास की निंबार्क संप्रदाय के अनुयायी बतानेवाले ब्रह्मचारी बिहारीशरण, ब्रजवल्लभशरण वेदांताचार्य आदि निंबार्की विद्वानों का मत स्वीकार करते हैं तो यह चित्र प्रामाणिक भी हो सकता है।

आनंदघन का अनुल्लेख

भक्तमाल-साहित्य

रघुराजसिंह की *रामरसिकावली* के अलावा 18वीं तथा 19वीं शताब्दी के किसी महत्वपूर्ण भक्तमाल में आनंदघन का उल्लेख नहीं मिलता। डॉ॰ कैलाशचंद्र शर्मा ने अपनी पुस्तक, *भक्तमाल और हिन्दी काव्य में उसकी परंपरा* में विभिन्न भक्तमालों में वर्णित पौराणिक तथा भक्ति-संप्रदायों से संबंधित साधकों, आचार्यों तथा भक्तों का सर्वेक्षण किया[1] लेकिन इसमें आनंदघन का नाम कहीं नहीं आया है।

मुहम्मदशाह का दरबार

एक किंवदंती आनंदघन को मुहम्मदशाह 'रंगीले' का मीर मुंशी बताती है। लेकिन मुहम्मदशाह 'रंगीले' से संबंधित किसी इतिवृत्त में आनंदघन का नाम नहीं मिलता। मुहम्मदशाह का तो कुछ दिनों का *रोजनामचा* भी उपलब्ध है उसमें भी आनंदघन का कोई जिक्र नहीं मिलता। यदि ये मीर मुंशी जैसे उच्च पदस्थ कर्मचारी होते और राजदरबार से संबंधित कोई घटना इनसे जुड़ी होती तो उसका उल्लेख किसी दरबारी ग्रंथ में होना संभव था।[2]

आनंदघन या सुजान का उल्लेख मुहम्मदशाह के दरबार के *तारीख़-ए-शाक़िर-ख़ानी,*[3] आनंदराम मुखलिस के *सफ़रनामा*[4] और *उमरा-ए-हुनूद*[5] आदि प्रमुख विवरणों में भी नहीं मिलता।

भिखारीदास का काव्य-निर्णय

आचार्य भिखारीदास ने *काव्य-निर्णय* ग्रंथ अरबर देशाधीश के अनुज हिंदूपति सोमवंशी ठाकुर के लिए रचा था और उसका रचनाकाल संवत् 1803 (सन् 1746) है—

---

1. दे॰ कैलाशचंद्र शर्मा पृ॰ 160-290।
2. गौड़ पृ. 11। इस रोजनामचा का अंग्रेजी अनुवाद हेनिएड ड्यूसेन की *'मेडिईवल हिस्ट्री'* नामक पुस्तक में मिलता है—डॉ॰ मनोहरलाल गौड़ से शोधकर्ता का वार्तालाप।
3. दे॰ शाक़िर खाँ।
4. दे॰ एस. अज़हर अली (सं॰)।
5. दे॰ मुंशी मुहम्मद सैयद, पृ॰ 379-380

अट्ठारह सै तीन है सम्वत् आश्विन मास।
ग्रंथ काव्य निर्णय रच्यो बिजै दसे दिन दास ॥[1]

इस रचना के प्रारंभ में एक कवित्त में आचार्य दास ने ब्रजभाषा के सर्वोत्कृष्ट कवियों का श्रद्धापूर्वक स्मरण किया–

सूर, कैसौ, मंडन, बिहारी, कालिदास, ब्रह्म
चिंतामणि, मतिराम, भूषन सो जानिए।
लीलाधर, सेनापति, निपट, नेवाज, निधि,
नीलकंठ, मिश्र सुखदेव, देव मानिए।
आलम, रहीम खानखाना, रसलीन, वली,
सुंदर अनेक गन गनती बखानिए।
ब्रजभाषा हेत ब्रज सब कीन अनुमान,
एते एते कबिन की बानिहु ते जानिए ॥[2]

काव्य-निर्णय के व्याख्याकार, जवाहरलाल चतुर्वेदी का कहना है कि भिखारीदास ने "ब्रजभाषा के कमनीय कवि और उसकी शुद्धता के प्रतीक श्री नंददास (अष्टछाप) और प्रेम की पीड़ के नये चातक 'आनंदघन' (सं॰ 1746 वि॰) का नाम नहीं लिया है। इन्हें इस श्रेणी में नहीं गिनाया है। क्यों ... कारण अज्ञात है।"[3]

आनंदघन का ब्रज साहित्य में योगदान सूर और बिहारी से कम नहीं है और सन् 1746 तक उनकी रचनाएँ तो काफी प्रचार पा गयी थीं। इसलिए भिखारीदास के इस कवित्त में आनंदघन का नाम सहज ही अपेक्षित था।

19वीं शताब्दी में आनंदघन का उल्लेख और किंवदंतियाँ

सुंदरदास कृत सुंदरश्यामविलास

सुंदररश्यामविलास संवत् 1867 (सन् 1810) में रची हुई अप्रकाशित पुस्तक है[4] जिसमें विभिन्न भक्तों की चर्चा के साथ उनकी कविताओं के भी उदाहरण मिलते हैं। इसमें आनंदघन के विषय में सुंदर ने लिखा है–

1. किशोरीलाल गुप्त 1967 (सं.) पृ॰ 347।
2. जवाहरलाल चतुर्वेदी (सं.) पृ॰ 7।
3. जवाहरलाल चतुर्वेदी (सं.) पृ॰ 8।
4. यह पुस्तक सूकर क्षेत्र शोध संस्थान में डॉ॰ नरेशचंद्र बंसल के पास है जिनके सौजन्य से यह शोधकर्ता को देखने को मिली। उद्धृत छंद इसमें पन्ना 202 पर है।

आनंदघन हरिजन सिरताज। आनंद रस रंग को कियो राज।
अति अचरज अद्भुत करि बानी। दंपत्ति परम प्रेम में सानी॥
परम रसिक औरंग के सागर। देस देस में बहुत उजागर।
तिनके गुण कछु कहे न जाइ। एक पद तिनकों इहा लिखाई।

सुंदरदास के छंद में इस बात के अलावा कि आनंदघन राधा-कृष्ण के युगल रूप के उपासक भक्त थे और उनका नाम 'देश-देश' में ज्ञात था, और कोई जानकारी नहीं मिलती। फिर भी यह उल्लेख ऐसे समय का है जब आनंदघन के बारे में अन्य कवि मौन थे। इसका दूसरा महत्व यह है कि सुंदरदास द्वारा उद्धृत आनंदघन का पद आज तक अप्रकाशित था।[1]

दयानिधि और कुंवर जवान सिंह 'ब्रजराज'

कविवर गोस्वामी दयानिधि कुछ समय तक उदयपुर के राजा महाराणा भीमसिंह (सन् 1778-1828) के दरबार में रहे। महाराणा भीमसिंह के पुत्र कुंवर जवान सिंह 'ब्रजराज' (जीवनकाल सन् 1800-1838) दरबार में दयानिधि से प्रायः विरह-कविता सुना करते थे। एक बार 'ब्रजराज' ने दयानिधि से अनुरोध किया कि "कब आनंद को घन बरसायहो" वाले कवित्त पर एक अष्टक बनाएँ[2]–

सुधर शिरोमणि श्री कुंवर जवान सिंघ
एक दिन विरह कबित्त मो सों सुनि सुनि।
"आय कब आनंद को घन बरसायहो" या
कबित्त पै अष्टक बनै यों कही पुनि पुनि।
बचन प्रमान दयानिधि ने बखान किये
बरन बियोग के हिये जो बाखे चुनि-चुनि।
गुन-गुन भीमनंद पाय हो अनंद त्यों
सराहिहैं बियोगी रीझि-रीझि माथा धुनि-धुनि॥[3]

इस कवित्त में *कुंवर* जवान सिंह का उल्लेख है। जवान सिंह सन् 1828 में उदयपुर की गद्दी पर बैठे, अर्थात् यह घटना इस साल से पहले हुई होगी। विरह कविता से मुग्ध होने के लिए कुंवर जवान सिंह की उम्र 14-15 साल से अधिक होनी चाहिए। इससे अनुमान लगता है कि अष्टक का रचनाकाल सन् 1814 और 1828 के बीच होगा।

---

1. दे. परिशिष्ट (क) पृ. 168।
2. उमारानी बंसल पृ. 26-227।
3. उमारानी और नरेशचंद्र बंसल पृ. 10। अष्टक पृ. 123-127 पर है।

समस्यापूर्ति के लिए जिस कवित्त का ब्रजराज ने उल्लेख किया था वह *सुजानहित* में 24 संख्या का छंद है और इसका अंत इस प्रकार है–

विरह नसाय दया हिये में बसाय आय
हाय, कब आनँद को घन बरसायहौ ॥

दयानिधि के अष्टक के पाँच कबित्तों के अंत में यही पंक्ति मिलती है। यह रचना राजदरबारों में आनंदघन की कविता की लोकप्रियता और प्रभाव का एक और प्रमाण है। इसके अलावा उस तथ्य को भी प्रमाणित करता है कि जहाँ कवि की छाप मिलती है, वह कभी-कभी उन्हीं की रचना नहीं होती। आनंदघन का प्रभाव साहित्य में कैसे बढ़ा यह भी इस घटना से प्रकट होता है। उमारानी बंसल के अनुसार आनंदघन के काव्य में जैसी विकलता, हृदय-द्रावक मर्मांतक पीड़ा है वैसी ही दयानिधि के कबित्तों में भी पाई जाती है–''कवि ने घनानंद की कवि-प्रतिभा को आत्मस्थ किया है।''[1] आनंदघन का यह प्रभाव यहीं तक सीमित नहीं है : 'ब्रजराज' भी अपने काव्यगुरु गोस्वामी दयानिधि के पद चिह्नों पर चले[2] और उन्होंने अनेक कबित्त, सवैये, पद आदि रचे हैं। उनका संग्रह *ब्रजराज काव्य-माधुरी* नाम से उदयपुर शोध संस्थान से प्रकाशित हो चुका है।[3]

श्रीधर

मनोहरलाल गौड़ को *ब्रज भारती* पत्रिका (आषाढ़ संवत् 1998 पृ॰ 8) में श्रीधर कवि का एक ऐसा छंद मिला जिसमें आनंदघन और सुजान के प्रेम का उल्लेख है–

चिंतामणि होकरियाँ उस विल्वमंगल छो सुरझाया।
रूपमंजरी रूप धर्‍या तब नंददास उरझाया।
फिर सुजान महबूब खूब से अनंदघन मन भाया।
श्री हरिदेव सुजान सखी अब श्रीधरनू अपनाया ॥[4]

नवीन कवि कृत *प्रबोधरस सुधासागर (सुधासर)* संग्रह में श्रीधर का एक दूसरा छंद प्राप्त होता है–

सवैया श्रीधर जू कौ–
जानत हौ न सनेह लगाइ सिषाइ सुषाइ फसाइ निकारत।
जड़ कहा सुष पाइ सिहाइ सुहाइ बिकाइ निकाइ निहारत।

---

1. उमारानी बंसल पृ॰ 228।
2. उमारानी बंसल पृ॰ 229।
3. उमारानी व नरेशचंद्र बंसल पृ॰ 10, नोट 2।
4. गौड़ पृ॰ 45।

श्री हरिदेव सुने ही हौ श्रीधर प्रानन पोषन पारत।
चारौं चुगाई चकौरैन चाइ बिना ही बिचारै बिचारै को मारत ॥[1]

नवीन कवि ने यह संग्रह संवत् 1895 (सन् 1838) में तैयार किया।[2] इससे यह प्रकट है कि श्रीधर कवि सन् 1838 में या उससे पहले जीवित थे।

श्रीधर ने ही *भडुवा छंद* के बाद आनंदघन के सुजान-प्रेम का सबसे पुराना उल्लेख किया है।

शिवसिंह-सरोज में एक 'प्राचीन' श्रीधर कवि का उल्लेख मिलता है जिनके बारे में केवल इतना बताया गया है कि वे संवत् 1789 में मौजूद थे और "उनके शृंगार के सरस कवित्त हैं।" इसके साथ उनका एक सवैया भी उद्धृत किया गया है—[3]

श्रीधर भावते प्यारी प्रवीन के रंग रँगे रति साजन लागे।
अंग अनंग तरंगन सो सब आपने आपने बाजन लागे।
किंकिनि पायल पैजनियाँ बिछिया घुंघुरू घन गावन लागे।
मानो मनोज महीपति दरबार मरातिब बाजन लागे ॥

क्या यह 'प्यारी प्रवीन' और 'सुजान सखी' एक ही हैं ? अगर एक हैं तो 'सुजान सखी' के प्रेमी श्रीधर आनंदघन के समकालीन सिद्ध हो जाते हैं और सुजान की वास्तविकता का भी एक और प्रमाण मिल जाता है। लेकिन राधाकृष्णदास और किशोरीलाल गुप्त ने यह सवैया *जंगनामा* के रचयिता श्रीधर मुरलीधर का सिद्ध किया है और इस प्राचीन श्रीधर का अस्तित्व स्वीकार नहीं किया है।[4]

श्रीधर मुरलीधर प्रयाग-निवासी ओझा ब्राह्मण थे जिन्होंने *भाषा-भूषण* संवत् 1767 (सन् 1710) तथा *जंगनामा* संवत् 1769 (सन् 1712-13) में रचे। इनके काव्य में बराबर श्रीधर मुरलीधर छाप आती है और किशोरीलाल गुप्त द्वारा उद्धृत इनके छंद शैली की दृष्टि से 'श्रीधर प्राचीन' के सवैये से मेल नहीं खाते।

श्रीधर नाम के किशनगढ़ के एक राजपंडित का भी पता चलता है जिनके पुत्र सलेमाबादनिवासी किसनलाल गौड़ ने *नागरसमुच्चय* जयलाल कवि से संशोधित करवाकर संवत् 1955 (सन् 1898) में बंबई में ज्ञानसागर यंत्रालय से प्रकाशित करवाया

---

1. श्री संजय शर्मा संग्रहालय (जयपुर) की बिना संख्या की पांडुलिपि, पन्ना 275।
2. किशोरीलाल गुप्त 1967 पृ. 383।
3. किशोरीलाल गुप्त 1967, पृ. 722। यह सवैया भारतेंदु हरिश्चन्द्र द्वारा संग्रहीत *सुंदरीतिलक* में संख्या 43 पर भी मिलता है : दे. हरिश्चन्द्र 1937 पृ. 10।
4. किशोरीलाल गुप्त 1967 पृ. 722।

था।[1] किसनलाल गौड़ का समय देखकर इस बात की संभावना कम लगती है कि उनके पिता श्रीधर सन् 1838 से पहले कविता लिखते होंगे।

भड़ुवा छंद के संबंध में मनोहरलाल गौड़ ने यह प्रश्न उठाया कि क्या इसके रचयिता कहीं श्रीधर मुरलीधर तो नहीं हैं ? ''जंगनामा ग्रंथ के रचयिता श्रीधर उपनाम मुरलीधर भडुवा छंद लिखा करते थे। वे घनानंद के समकालीन थे और मुहम्मदशाह 'रंगीले' के दरबार में बताये जाते हैं।''[2]

विलियम प्राइस का हिन्दी एंड हिन्दुस्तानी सिलेक्शंस

विलियम प्राइस का 'सिलेक्शंस' हिन्दुस्तानी सिपाहियों से संबंध रखने वाले अँग्रेज दुभाषियों के लिए फोर्ट विलियम कॉलेज में तैयार किया गया था और सन् 1827 में प्रकाशित हुआ। इसमें हिन्दुस्तानी अर्थात् उर्दू तथा ब्रजभाषा के व्याकरण की रूपरेखा के साथ अनेक हिन्दी रचनाएँ उदाहरण के रूप में 168 पृष्ठों में दी गयी हैं। इन उदाहरणों में *वेताल-पंचविंशति* का भाषानुवाद, *बेतालपच्चीसी, भक्तमाल* के कुछ पद्य, कबीर के छंद, तुलसीदास के *रामचरितमानस* के *सुंदरकांड* का एक हिस्सा, हिन्दी किस्से और ''साधारण हिन्दी गान'' दिये गये हैं।

विलियम प्राइस फोर्ट विलियम कॉलेज के हिन्दी विभाग के अध्यक्ष थे। इन रचनाओं का संपादन तारिणीचरण मित्र ने किया, जो उस समय हिन्दी विभाग के मुख्य मुंशी थे।[3] इस पुस्तक में अलबत्ता यह उल्लेख नहीं मिलता कि ये रचनाएँ कहाँ से ली गयी हैं लेकिन टेक को दोहरा-दोहराकर लिखने से ऐसा लगता है कि संकलित 'गान' पांडुलिपियों के आधार पर नहीं बल्कि गवैयों से सुनकर दिये गये हैं। ''साधारण हिन्दी गान'' के अंतर्गत हिन्दू और मुस्लिम कवियों की रचनाएँ दी गयी हैं जिनमें सूरदास, रसरंग, परमानंददास, तुलसीदास, कबीर, चंद्रसखी, विष्णुदास द्विज, मीराँ बाई, तानसेन, हरिदास, केशवदास, लालदास आदि हिन्दू कवियों के साथ आलम, निज़ामुद्दीन औलिया, अहमदशाह, मुहम्मद शाह 'रंगीले', सदारंग, शोरी मियाँ, हसैन आदि मुसलमान कवियों के छंद भी मिलते हैं। हिन्दू कवि तो अधिकतर भक्त कवि हैं जबकि अधिकांश मुसलमान कवि प्राइस के जमाने के लोकप्रिय कवि मालूम पड़ते हैं, जिनको बाद में साहित्य में महत्वपूर्ण स्थान नहीं मिला। इन 'गानों' के बीच आनंदघन के भी दो गेय पद हैं, जो *घनआनंद (ग्रंथावली)* में प्रकाशित नहीं हैं।[4]

---

1. बहुगुना पृ. 4।
2. गौड़ पृ. 9।
3. प्राइस पृ. 1।
4. दे. परिशिष्ट (क) पृ. 168।

तासी की *Histoire de la littérature hindoui et hindoustani* (इस्त्वार द ला लितेरतूर ऐंदुई ऐ ऐंदुस्तानी) नामक फ्रांसीसी भाषा की पुस्तक का पहला खंड सर्वप्रथम सन् 1839 में प्रकाशित हुआ। इस पुस्तक के हिन्दी साहित्य से संबंधित अंशों का अनुवाद लक्ष्मीसागर वार्ष्णेय ने *हिन्दुई साहित्य का इतिहास* शीर्षक से प्रकाशित किया है। इस पुस्तक में लोकप्रिय गीतों के रचयिता आनंद नामक कवि का उल्लेख मिलता है। गौड़ के अनुसार हो सकता है कि तासी द्वारा उल्लिखित आनंद आनंदघन हों और लोकप्रिय गीतों की रचना आनंदघन की *पदावली* हो।[1] के॰ पी॰ बहादुर ने इस संभावना को अपनी अंगरेजी पुस्तक में दोहराया है।[2]

तासी[3] ने आनंद के संबंध में यह लिखा है–

Anand* est un auteur de chants populaires dont plusieurs ont été mis en lumière par W. Price dans ses "Hindee and Hindoostanee Selections", Broughton a cité un raçadik, p. 70 de ses "Selections of Hindoo Poetry".

* (note) : Je crois pour Anand-kand "Racine de Joie" c'est à dire "Vishnou".

इसका हिन्दी अनुवाद इस प्रकार है–

आनंद* लोकप्रिय गीतों के रचयिता हैं जिनमें से अनेक डब्ल्यू॰ प्राइस द्वारा 'हिन्दी एंड हिन्दुस्तानी सेलेक्शन' में प्रकाश में लाये गये हैं। ब्राउटन ने उसका एक रसादिक उद्धृत किया है, सेलेक्शन्स ऑव हिंदू पोयट्री पृ॰ 70।

* (नोट) : मेरे विचार से आनंदकंद ''आनंद की जड़'' अर्थात् 'विष्णु'[4] के लिए (प्रयुक्त)।

जैसा हम कह आये हैं विलियम प्राइस की पुस्तक में वैष्णव भक्त सुजान-प्रेमी आनंदघन के दो पद उद्धृत हैं।[5] प्राइस ने इन दो पदों को ''साधारण हिन्दी गान'' के अंतर्गत मीराँ, सूर, तुलसी, आलम आदि कवियों के साथ रखा है। उन्होंने ''साधारण हिन्दी गान'' का अंग्रेजी अनुवाद ''पॉप्युलर हिन्दी सॉग्स'' किया है जिसे तासी के अनुवादक लक्ष्मीसागर वार्ष्णेय ने लोकप्रिय गीत समझा। तासी ने जिस ब्राउटन का उल्लेख किया है, उनकी पुस्तक के पृष्ठ 70 पर अंग्रेजी लिपि में आनंद का वह सवैया मिलता है जो हमारी पुस्तक में पृष्ठ 23 पर उद्धृत हो चुका है। सवैये की शैली

1. गौड़ पृ॰ 1।
2. बहादुर पृ॰ 1।
3. तासी I पृ॰ 213।
4. वार्ष्णेय 1953 पृ॰ 9।
5. प्राइस पृ॰ 241 और पृ॰ 257।

और भाव से स्पष्ट है कि वह आनंदघन की रचना कतई नहीं है। अगर उसमें 'आनंद' शब्द कवि की छाप है, तो उसका रचयिता आनंद नाम का कोई दूसरा कवि होगा।

तासी के विवरण से आनंद के संबंध में कोई मौलिक बात नहीं मिलती और ऐसा मालूम पड़ता है कि यह ब्राउटन के आनंद को तथा प्राइस के आनंदघन को मिलाकर तासी की एक नयी सृष्टि है। तासी की पुस्तक का द्वितीय फ्रांसीसी संस्करण 1870-71 में प्रकाशित हुआ और उसके परिशिष्ट में आनंदघन का अलग उल्लेख है जो पहले संस्करण में नहीं था। तासी ने फ्रांसीसी भाषा में लिखा है–"**Sujan satak** "Les centaines de l'intelligent" –ouvrage hindi en vers (dont le Babu Hari Chandra a publié un choix a Benares en 1870) par Anand Ghan, Kayath, habile poète et musicien munschi de Muhammad Schah, qui périt lors du sac de Mathura par Nadir Schah."[1]

इसका अनुवाद इस प्रकार है–सुजान शतक (बुद्धिमान के सौ छंद)–यह पद्य में आनंदघन की हिन्दी रचना है (जिसका एक संचयन 1870 में बनारस में बाबू हरिश्चंद्र ने प्रकाशित किया)। आनंदघन कायस्थ, निपुण कवि और संगीतकार तथा मुहम्मदशाह के मुंशी थे और वे नादिर शाह द्वारा मथुरा की लूट में मारे गये।[2] तासी ने यह विवरण सन् 1870 में भारतेन्दु हरिश्चंद्र द्वारा प्रकाशित *सुजान शतक* के आधार पर दिया है।

'नवीन' कवि

'नवीन' कवि[3] जिनका वास्तविक नाम गोपाल राय या गोपाल सिंह था, वृंदावन निवासी कायस्थ थे। वे जयपुर वाले ईस कवि के शिष्य थे और नाभा-नरेश मालवेन्द्र महाराज जसवंत सिंह तथा उनके पुत्र देवेन्द्र सिंह के आश्रित दरबारी थे। नवीन कवि की कई रचनाएँ मिलती हैं, जिनमें से *रंगतरंग* और *प्रबोधरस सुधासागर* उल्लेख योग्य है।

कवि ने *रंगतरंग* संवत् 1899 (सन् 1842) में मालवेन्द्र देव सिंह की आज्ञा से लिखा और यह संवत् 1900 (सन् 1843) में मुरादाबाद से छपा।

प्रबोधरस सुधासागर या *सुधारस* या *सुधासर* संवत् 1895 (सन् 1835) में संकलित किया गया था–

---

1. तासी, भाग III पृ॰ 459।
2. यह शोधकर्ता द्वारा किया गया अनुवाद है। वार्ष्णेय के अनुवाद में (वार्ष्णेय 1953 पृ. 379) हरिश्चंद्र की पुस्तक का उल्लेख गायब है।
3. दे॰ डॉ॰ नगेन्द्र 1958 (सं॰) पृ॰ 477; डॉ॰ कृष्णदेवप्रसाद (सं॰) पृ॰ 484; किशोरीलाल गुप्त 1967 पृ॰ 383।

प्रभु सिधि कवि रस तत्व गिन संवत्सर अबरेख।
अर्जुन शुक्ल पंचमी सोम सुधासर लेख ॥[1]

इस ग्रंथ में 257 पुराने कवियों के ढाई हजार से भी ज्यादा छंद संग्रहीत हैं जिनमें से तीस कबित्त आनंदघन के हैं।[2]

कवि 'नवीन' ने आनंदघन के कबित्त *नायिका भेद* के उदाहरण के रूप में प्रयुक्त किये हैं, मसलन—

पृष्ठ			
131	प्रोढ़ा प्रोषितपतिका	*तब तो छवि पीवत...*	(सु. 36)
131	परकीया प्रोषितपतिका	*घनआनँद प्यारे सुजान...*	(सु. 319)
157	स्वाधीनपतिका	*देखि धौं आरसी लै...*	(सु. 79)
236	स्वयंदूतिका नायिका	*अति सूधो...*	(सु. 267)
236	पूर्वानुराग	*चंद ही चकोर करै...*	(सु. 297)
238	परकीया प्रणपूर्वा	*रूप गुन मद...*	(सु. 52)
240	प्रोषितपतिका अथवा प्रोषितपति का पत्र आदि	*बधिकौ सुधि लेत...*	(सु. 258)

'नवीन' ने आनंदघन के कबित्तों को रीतिकाल के अन्य कवियों की रचनाओं के बीच रसशास्त्र के भेदों के उदाहरणरूप में प्रस्तुत किया है। नवीन का यह प्रयत्न एकाकी नहीं है। शोधकर्ता को प्राप्त गोस्वामी कृष्णचैतन्यदेव 'निज' कवि कृत *उक्त-जुक्त-रस-कौमुदी* के अपूर्ण भाग में आनंदघन के 24 कबित्त इसी तरह उदाहरण के रूप में दिये गये हैं।[3]

'नवीन' ने आनंदघन की कई रचनाओं के बारे में कुछ छंद भी लिखे हैं जो आनंदघन की निबंध-रचनाओं की एक पांडुलिपि में उनकी विभिन्न रचनाओं के बाद मिलते हैं। *प्रेमपत्रिका* के अंत में लिपिकाल संवत् 1908 (सन् 1851) भी दिया गया है।[4]

---

1. किशोरीलाल गुप्त 1967 पृ. 383। 'प्रभु' 1, 'सिधि' 8, 'रस' 9 और 'तत्व' 5 अंक के लिए लिखा गया है।
2. गौड़ पृ. 79।
3. *उक्त-जुक्त-रस-कौमुदी* के पहले चार *'उल्लासों'* की संवत् 1928 (सन् 1871) में लिखित एक खंडित पांडुलिपि शोधकर्ता को कासगंज सूकर क्षेत्र शोध संस्थान में (डॉ. नरेशचंद्र बंसल का संग्रह) में देखने को मिली। डॉ. नरेशचन्द्र बसंल को यह पांडुलिपि भारतेन्दु हरिश्चन्द्र के दौहित्र, श्री ब्रजभूषण शरण से भेंट में प्राप्त हुई थी। डॉ. बंसल का कहना है कि आधी पांडुलिपि श्री ब्रजरत्नदास के वंशजों के पास है।
4. "संवत 1908 मिति बैसाष वदी 13 मंगलवार ॥ शुभम ॥ अक्षर राधका दास के।" फ्रीडलैंडर पृ. 201।

कृपाकंद निबंध के अंत में लिखा गया[1]–

छप्पै नवीन को **कृपाकंद आनंद कृत प्रतपरवीनी।**
पढ़ै लाई चित जु हित मानि नित कै पन पीनौ।
कृष्ण कृपा रस रंग रहै सो रंगीनौ।
घनस्याम ह्रदय सुख सेज पर सुचि सुनिग्ध सोहै कुपा।
अब यातै या संसार में सार सार को है कृपा ॥[2]

प्रेमपत्रिका के अंत में[3]–

काती पाती प्रेम की धरी घन आनंदवार।
हिये सुजाननि के हरै लषी नवीन रिझवार ॥

वियोगवेली के अंत में[4]–

दोहा ॥ नवीन को ॥

घन मन सीची अति हरित येह बियोग की बेली।
जिह नवीन चित तरू चढ़ै लहे सदा फल केली ॥

महादेवप्रसाद कृत साहित्यभूषण

आनंदघन की जीवनी का सबसे पहला विवरण इस पुस्तक में मिलता है, लेकिन यह अनुपलब्ध है। महादेवप्रसाद के अनुसार आनंदघन कायस्थ थे और मुहम्मदशाह के मुंशी थे। मृत्यु से पहले वे वृंदावन चले गये थे, जहाँ नादिरशाह के मथुरा वाले घेरे में मारे गये। महादेवप्रसाद के इस विवरण का उपयोग बाद में ग्रियर्सन ने किया।[5]

महाराजा रघुराज सिंह का नवभक्तमाल

रघुराज सिंह (सन् 1823-1879) रीवां के महाराजा थे। उन्होंने *रामरसिकाबली* या *नवभक्तमाल*[6] सन् 1869 में लिखी। पुस्तक के रूप में यह सबसे पहले 1889 में वेंकटेश्वर प्रेस, बंबई से प्रकाशित हुई। रघुराज सिंह ने अपनी रचना में आनंदघन

1. वैलकॉम इंस्टीट्यूट, पांडुलिपि संख्या : हिन्दी 365.06। दे. फ्रीडलैंडर पृ. 200।
2. यह छंद मात्रा तथा पंक्तियों की दृष्टि से छप्पय नहीं है और इसमें व्याकरण की भी बहुत गलतियाँ हैं।
3. वैलकॉम इंस्टीट्यूट, पांडुलिपि संख्या : हिन्दी 365.08। दे. फ्रीडलैंडर पृ. 200।
4. वैलकॉम इंस्टीट्यूट, पांडुलिपि संख्या : हिन्दी 365.07। दे. फ्रीडलैंडर पृ. 201।
5. किशोरीलाल गुप्ता 1961 पृ. 216।
6. *हिन्दी साहित्य कोश* : भाग–2, ज्ञानमंडल लिमिटेड, वाराणसी, 1986 पृ. 469।

की चर्चा मथुरा की जनश्रुतियों के आधार पर की है[1]–

ब्रज में विदित कथा यह सारी। संक्षेपहि इह लिख्यो बिचारी ॥

महाराज रघुराज सिंह की दृष्टि में आनंदघन परम भक्त थे–

एक भक्त का पुनि कहौं घन आनँद इतिहास।
घन आनँद है नाम जिन सुनत हरत भवत्रास ॥ 1 ॥

रीवाँ नरेश रघुराज सिंह कहते हैं कि आनंदघन *वंशीवट* के पास बैठ कर *सखी-भाव* से राधा-कृष्ण की उपासना करते थे–

घन आनँद बंशीबट पाहीं। बैठे रहे भावना माहीं ॥
राधामाधव के मधि रासा। सखी रूप छबि पीवन आसा ॥

वृंदावन में बंशीवट *केशी घाट* से थोड़ी दूर में वही वृक्ष है जहाँ से कृष्ण ने वंशी बजाकर गोपियों को रास के लिए बुलाया था। पेड़ के पास श्री वंशबिहारी जी का एक छोटा सा मंदिर है जो निंबार्क संप्रदाय से संबंधित है। यह श्री भट्टजी की निवासस्थली मानी जाती है और यह एक प्राचीन रासस्थली भी है।[2] ध्रुवदास की *भक्तनामावली लीला* 6.31 में उसका उल्लेख मिलता है कि यहाँ एक घमंडदेव नाम के संत रहा करते थे।[3] घमंडदेव रासलीला के प्रवर्तक निंबार्की स्वामी माने जाते हैं।

रीवाँ-नरेश ने आनंदघन की भक्ति की गहराई का वर्णन करते हुए लिखा है कि भावना-मग्न अवस्था में आनंदघन को भगवान ने पान का बीड़ा दिया था–

सोई भावना महँ गिरिधारी। बीरी दीन्ह्यो पाणि पसारी ॥
सोइ बीरी मुख मेलियो लगे मुरावन सोय।
सोई बीरी को रागमुख प्रगट लख्यो सब कोय ॥

इसी समय मथुरा में मारकाट करनेवाले मुसलमानों ने आनंदघन के पास आकर उन पर तलवार से प्रहार किया लेकिन उनको चोट नहीं लगी। आनंदघन ने भगवान से प्रार्थना की कि वे अपने पास बुलाकर उनका जीवन ले लें–

कौन हेतु राखत संसारा। क्यों न बोलावै नंदकुमारा ॥

और आक्रमणकारियों से कहा कि वे और एक बार तलवार से प्रहार करें। इस बार आक्रमणकारियों ने उनका सिर काट डाला लेकिन उनके शरीर से रक्त नहीं निकला।

---

1. रघुराज सिंह पृ. 108-109।
2. ऐंटाविस्यूल, पृ. 414।
3. नारायणदत्त शर्मा, पृ. 151।

इस विवरण से यह जानकारी प्राप्त होती है कि आनंदघन *सखी-भाव* से राधा-कृष्ण के उपासक थे और वृंदावन में रहते थे। वंशीवट के उल्लेख से उनके निंबार्क संप्रदाय से संबंध की ओर भी संकेत किया गया है। बाकी सब तो चमत्कारी घटनाएँ मालूम पड़ती हैं। पहला चमत्कार बीड़े का है। इस संबंध में यह विचारणीय बात है कि जनगोपाल ने दादू दयाल की जीवनी में इसी प्रकार की घटना का उल्लेख किया है कि 'बाबू बूढ़ा' का रूप धारण करके भगवान ने ग्यारह वर्ष के दादू को दर्शन दिया था और उन्हें पान खिलाया था। उस पान के साथ दादू दयाल को अनंत राम-ज्ञान मिला।[1] भगवान के हाथ से पान मिलना सबसे उच्च कोटि की भक्ति का सूचक है।

दूसरी घटना आनंदघन की मृत्यु की है। इससे यह मालूम पड़ता है कि उनकी मृत्यु मुसलमानों के हाथों हुई। मृत्यु संबंधी चमत्कार का अर्थ है कि उच्च कोटि के भक्त मारे नहीं जा सकते अगर वे स्वयं मरना न चाहें। इन अद्भुत घटनाओं के विवरण से भक्तमाल के रचयिता का उद्देश्य आनंदघन को उच्च कोटि का संत साबित करना था। उन्होंने इस बात का भी उल्लेख किया है कि ब्रज में आनंदघन से संबंधित अन्य अनेक जनश्रुतियाँ प्रचलित हैं–

घन आनँद की कथा अनेका। ब्रज में विदित अहै सविवेका।
जाहि सुनन को होय हुलासा। करै सो जाय विमल ब्रजवासा ॥

रघुराज सिंह ने उन किंवदंतियों को छोड़ दिया है जो शायद आनंदघन को भक्त के रूप में प्रस्तुत नही करतीं और *भक्तमाल* के अनुकूल नहीं होती। रघुराज सिंह ने आनंदघन के काव्य की भी प्रशंसा की है–

घन आनँद के विपुल कवित्ता। अब लों हरत कविन के चित्ता ॥

राधाचरण गोस्वामी कृत छप्पय

राधाचरण गोस्वामी (सन् 1859-1925) भारतेन्दु हरिश्चंद्र के वृंदावनवासी मित्र थे। वे खड़ी बोली के विरोधी और ब्रजभाषा के पक्षधर के रूप में प्रसिद्ध हैं। रघुराज सिंह की ही तरह राधाचरण गोस्वामी ने भी ब्रज में प्रचलित किंवदंतियों के आधार पर आनंदघन के बारे में लिखा है–

दिल्लीश्वर नृप निमित्त एक धुरपद नहिं गायौ।
पै निज प्यारी कहे सभा को रीझि रिझायौ।

---

1. थोल–होर्त्समन पृ. 44।

कुपित होय नृप दिये निकास वृंदावन आए।
पर सुजान सुजान छाप पद कबित्त बनाए।
नादिरशाही ब्रज रज मिले किय न नेकु उच्चार मन।
हरि भक्ति बेलि सिंचन करो घन आनंद आनंदघन ॥[1]

यह छप्पय आनंदघन के बारे में सबसे ज्यादा प्रचलित किंवदंती पर आधारित है। कहा जाता है कि आनंदघन दिल्ली के बादशाह के दरबार में जब थे तब सुजान नाम की एक वेश्या के प्रेम में पड़ गये। एक बार दरबार में बादशाह ने उनसे गाने का अनुरोध किया तो आनंदघन ने नहीं गाया। लेकिन अपनी प्रेमिका के कहने से इतना सुंदर गाया कि दरबार में सब लोग मुग्ध हो गये। बादशाह को यह अपना अपमान जान पड़ा लिहाजा आनंदघन को दिल्ली छोड़नी पड़ी। वे वृंदावन चले गये और साधु बन गये। भक्त बनने के बाद भी वे 'सुजान' छाप से कविता लिखते रहे। राधाचरण गोस्वामी ने भी इस बात का उल्लेख किया है कि आनंदघन नादिरशाही में मारे गये। इस किंवदंती का उल्लेख बाद में लेखक बराबर करते रहते हैं। राधाचरण गोस्वामी के छप्पय के आधार पर ब्रज-साहित्य के प्रसिद्ध ज्ञाता वियोगी हरि ने भी अपने *कवि कीर्तन* में आनंदघन के बारे में यह पद्य लिखा है–

घन आनंद सुजान जान को रूप दिवानो।
वाही के रंग रंग्यो प्रेम फंदनि अरूझानो ॥

बादशाह के हुक्म पाय नहि गायो इक पद।
छप्पै सुजान चे कहे चाव सों गाए ध्रुपद ॥

बादशाह ने कोपि राज्य तें याहि निकार्‍यो।
वृंदावन में आय वेष वैष्णव को धार्‍यो ॥

प्यारे मीत सुजान जान सों नेह लगायौ।
लगन बान तें विध्यौ विरह रस मंत्र जगायौ ॥[2]

शिवसिंह सरोज

शिवसिंह सेंगर द्वारा रचित *शिवसिंह सरोज* पुस्तक का पहला संस्करण सन् 1878 में प्रकाशित हुआ। इसमें कवियों और उनकी कृतियों की सूची दी गयी है। 'घनआनंद कवि' (संख्या 1615) और 'आनंदघन कवि दिल्ली वाले' (संख्या 1715) का

---

1. वियोगी हरि 1933 पृ. 173 के आधार पर उद्धृत।
2. वियोगी हरि 1927 पृ. 33-34।

अलग-अलग उल्लेख है। घन आनंद कवि के बारे में शिवसिंह सेंगर ने लिखा है–"ये कवि लोगों में महा उत्तम हो गये हैं।"[1]

इस उल्लेख के साथ एक सवैया भी उद्धृत है ("गाइहौं देवी गनेश महेश दिनेसहिं पूजत ही फल पाइहौं...")। विश्वनाथप्रसाद मिश्र के अनुसार यह सवैया 'घनआनंद' का नहीं है।[2] मनोहरलाल गौड़ की धारणा है कि यह आनंदघन की एक प्रारंभिक रचना हो सकती है लेकिन यह अनुमान भी संदिग्ध है।[3]

आनंदघन के बारे में शिवसिंह सेंगर ने लिखा है, "इस कवि की कविता सूर्य के समान भासमान है। हमने कोई ग्रंथ इनका नहीं देखा, फुटकर उनके कवित्त प्रायः पाँच सौ तक हमारे कुतुबखाने में होंगे।"[4] विश्वनाथप्रसाद मिश्र के अनुसार आनंदघन के नाम पर जो दो छंद उद्धृत हैं उनमें से दूसरा केशव पुत्रवधू का माना जा सकता है।[5] तीनों छंद *हज़ारा* नामक संग्रह से उद्धृत हैं।[6]

भारतेन्दु हरिश्चन्द्र

भारतेन्दु हरिश्चन्द्र के काव्य पर आनंदघन का गहरा प्रभाव पड़ा।[7] भारतेन्दु ने सन् 1868 में *सुंदरी तिलक* नाम का एक संग्रह प्रकाशित किया जिसमें उन्होंने आनंदघन के भी 14 छंद लिए। फिर सन् 1869 में प्रकाशित दूसरे संस्करण में 16 छंद।[8] 1870 में भारतेन्दु ने ही *सुजान शतक* नाम से आनंदघन के 119 कवित्त प्रकाशित किये। इस *सुजान शतक* को एक टीका सहित नये संस्करण के रूप में किशोरीलाल गुप्त ने 79 पृष्ठों की भूमिका के साथ सन् 1977 में फिर से प्रकाशित किया।

हरिश्चन्द्र के *सुजान शतक* के मुखपृष्ठ पर इस बात का उल्लेख है कि *सुजान शतक* में "सुजान सागर से बाबू हरिश्चन्द्र के चुने हुए सौ प्रेम भरे कबित्त" मिलते हैं। किशोरीलाल गुप्त के शोध से मालूम पड़ता है कि इस संग्रह का मूल आधार *सुजानहित* की एक प्रति थी।[9] इस प्रकार जिस *सुजान सागर* का यहाँ जिक्र किया गया है वह असल में *सुजानहित* ही है।

ग्रंथ के आरंभ में भारतेन्दु हरिश्चन्द्र ने एक पृष्ठ की शीर्षकहीन भूमिका भी दी है, जिसमें आनंदघन की जीवनी तथा काव्य का संक्षिप्त विवरण मिलता

---

1. किशोरीलाल गुप्त 1967 पृ. 270।
2. मिश्र 1952 *'वाङ्मुख'* पृ. 54-55।
3. गौड़ पृ. 2-3।
4. किशोरीलाल गुप्त 1967 पृ. 139; किशोरीलाल गुप्त 1970 पृ. 650।
5. मिश्र 1952 *'वाङ्मुख'* पृ. 53-54।
6. किशोरीलाल गुप्त 1970 पृ. 41-42 और किशोरीलाल गुप्त 1967 पृ. 140।
7. गौड़ पृ. 445-447 तथा किशोरीलाल गुप्त 1950 पृ. 31-34।
8. किशोरीलाल गुप्त 1961 पृ. 216; किशोरीलाल गुप्त 1977 *'भूमिका'* पृ. 44।
9. किशोरीलाल गुप्त 1977 *'भूमिका'* पृ. 62-68।

है–"आनंदघन जो जाति के कायस्थ थे, और मुहम्मद शाह के मुंशी थे, गान विद्या और कविता दोनों कलाओं में बड़े कुशल थे और सच्चे प्रेमी थे, अंत समय में दिल्ली छोड़कर श्रीवृंदावन में वास करते थे। नादिरशाह ने जब मथुरा को लूटा तो उसी मारकाट में ये भी मारे गये। इनकी कविता इनके सच्चे प्रेम की परीक्षा देने के हेतु रसिक जनों के सामने निवेदित है जो सुजान सागर ग्रंथ से चुनी गयी है–हरिश्चन्द्र।"[1]

संभव है कि भारतेन्दु को आनंदघन के जीवन के संबंध में जानकारी अपने वृंदावनवासी मित्र राधाचरण गोस्वामी से प्राप्त हुई हो।

भारतेन्दु ने आनंदघन को उच्च कोटि का भक्त भी माना और उनका नाम अपने *उत्तरार्ध भक्तमाल*[2] में भी राधावल्लभी, हरिदासी और निंबार्क संप्रदाय में सखी भाव के उपासकों के बीच लिया[3]–

हित रामराय भगवान बलि हठी अली जगनाथ जन।
कही जुगल रस-केलि मधुरीदास मनोहर।
विट्ठल विपुल विनोद बिहारिनि तिनि अति सुंदर।
रसिक बिहारी त्यों ही पद बहु सरस बनाएँ।
तिमि श्री भट्टहु कृष्ण चरित गुप्तहु बहु गाए।
कल्याण देव हित कमल दृग नर वाहन आनंदघन।
हित रामराय भगवान बलि हठी अली जगनाथ जन॥

जयलाल कवि तथा राधाकृष्णदास

राधाकृष्णदास (सन् 1865-1907) भारतेन्दु हरिश्चन्द्र के फुफेरे भाई थे। उन्होंने अपनी पुस्तक *श्री नागरीदास का जीवनचरित्र* में किशनगढ़ के जयलाल कवि की एक चिट्ठी को उद्धृत किया है, जिसमें आनंदघन की नागरीदास के साथ जयपुर-यात्रा का उल्लेख मिलता है–

"सुना जाता है कि जब वृंदावन से महाराज नागरीदास जी और घनानंद कृष्णगढ़ आये थे तब पहते जयपुर आये और श्रीगोविंद के दर्शनों को गये थे। वहाँ श्री गोविंददेव के सान्निध्य में आनंदघन जी ने कीर्तन गाये। उस समय जयपुर के महाराज जी दर्शनों को आये थे सो जयपुर महाराज ने उनकी कीर्तन की प्रशंसा की। तब आनंदघन जी ने कहा कि तुम प्रशंसा करने वाले कौन ? हमारे कीर्तनों की प्रशंसा करें तो श्री गोवर्धन जी करें। यह कहकर वे वहाँ से विदा हुए और नागरीदास जी से कहा कि

---

1. किशोरीलाल गुप्त 1977 *'भूमिका'* पृ॰ 60 के आधार पर उद्धृत।
2. *हरिश्चंद्र चंद्रिका* सन् 1876-77 में प्रकाशित। दे॰ हेमंत शर्मा (सं॰) पृ॰ 67।
3. हेमन्त शर्मा (सं॰) पृ॰ 79।

हम ऐसे देश में आगे नहीं चलेंगे, पीछे ही जाएँगे सो पीछे ही मथुरा चले गये और यह भी सुना जाता है कि मथुरा में कत्लेआम करनेवालों से कहा कि मेरे पर तलवार के घाव बहुत थोड़-थोड़े बहुत देर तक दो। इनको ज्यों-ज्यों तलवार के घाव लगते गये त्यों-त्यों यह ब्रजरज में लौटते रहे, ऐसे देह त्याग किया।"[1]

"सुना जाता है" तथा "यह भी सुना जाता है" शब्दों से स्पष्ट है कि जयपुर का प्रसंग और मथुरा का प्रसंग जनश्रुति पर आधारित हैं।

जयपुर के प्रसंग में उल्लिखित श्री गोविंददेव की मूर्ति वही है जो वृंदावन स्थित गौड़ीय संप्रदाय के गोविंददेव जी के मंदिर में थी। औरंगजेब के अत्याचार के भय से उसे पहले जयपुर राज्य के कमन नामक स्थान पर और फिर सन् 1724 के आसपास आंबेर ले आया गया। सन् 1735 में महाराजा सवाई जयसिंह मूर्ति को जयपुर ले आये और अपने राजमहल के सामने उसे मंदिर में स्थापित किया।[2] गोविंददेव जी का यह मंदिर जयपुर का प्रमुख मंदिर है, जहाँ जयपुर के वर्तमान महाराजा भी आते रहते हैं।

आनंदघन को अपनी कविताओं के कारण इतना यश प्राप्त हुआ कि जयपुर के महाराजा तक उनकी प्रशंसा करते थे। लेकिन आनंदघन ने प्रशंसा को अस्वीकार किया। ऐसा लगता है कि राजाओं, बादशाहों को सम्मान न देना आनंदघन का स्वभाव ही था—"रूप धरे अभिमान है"।[3]

इस प्रसंग में आनंदघन और नागरीदास की मित्रता का उल्लेख भी महत्वपूर्ण है। यह घटना आनंदघन को भक्त के रूप में प्रस्तुत करती है।

आनंदघन की मृत्यु के बारे में दो विवरण उपलब्ध है। एक रघुराज सिंह का और दूसरा जयलाल कवि का। दोनों विवरणों में एक बात की समानता यह है कि आनंदघन तलवार के एक ही आघात से नहीं मरे और सिपाहियों को उन्होंने निर्देश दिया कि उनको कैसे मारा जाए। इस समानता का कारण यह हो सकता है कि दोनों विवरणों का स्रोत ब्रज में प्रचलित एक ही जनश्रुति हो।

आनंदघन से संबंधित किंवदंतियाँ

1. कहा जाता है कि मीर मुंशी आनंदघन ने सुजान को वचन दिया था कि वे सिर्फ उसके लिए गाएँगे।[4] मुहम्मदशाह के दरबार में आनंदघन के विरोधियों को

---

1. राधाकृष्णदास पृ. 173।
2. ऐंट्विस्टल पृ. 185 और पृ. 191-192। वृंदावन के मंदिर के बारे में दे. केस (सं.)।
3. दे. *भड़ुआ छंद* 2 मिश्र 1952 *'वाङ्मुख'* पृ. 66-67।
4. इस प्रसंग को लेकर लोकनाथ गोस्वामी ने 1976 में एक कहानी प्रकाशित की है। दे. लोकनाथ गोस्वामी पृ. 219-222।

यह पता चला तो उन्होंने एक षड्यंत्र रचा। मुहम्मदशाह को यह बताया गया कि उनके मुंशी बहुत अच्छा गाते हैं, उनको गाने के लिए कहिए। जब मुहम्मदशाह ने आनंदघन को गाने के लिए आदेश दिया तो आनंदघन ने उत्तर दिया कि उनको गाना नहीं आता। इस पर षड्यंत्रकारियों ने बादशाह से कहा कि वे सुजान को बुलाएँ क्योंकि उसके कहने से मीर मुंशी गाएँगे। सुजान के कहने पर आनंदघन ने इतना सुंदर गाया कि सब लोग मुग्ध रह गये। लेकिन मुहम्मदशाह ने अपमानित होने के कारण कुपित हो आनंदघन को दरबार से निकाल दिया। जाते समय कवि ने सुजान को अपने साथ चलने के लिए कहा, लेकिन वह नहीं गयी।[1]

अपनी प्रेमिका के कारण देश निकाले का दंड मिलना और फिर उसके वियोग में काव्य लिखना कवि बोधा के बारे में भी सुना जाता है।

2. आनंदघन जीवन भर 'सुजान' छाप से कविता लिखते रहे। लेकिन 'सुजान- का अभिप्राय श्रीकृष्ण या राधाकृष्ण बन गया। मरते समय उन्होंने "बहुत दिनान की अवधि आस-पास परे..." छंद लिखा।[2]

3. जब मुसलमानों की सेना मथुरा को लूट रही थी तब आनंदघन के विरोधियों ने सिपाहियों से कहा कि मुहम्मदशाह का मीर मुंशी वृंदावन में रहता है। सैनिक आनंदघन के पास पहुँचे और फारसी में 'जर-जर-जर' अर्थात् 'धन-धन-धन' की चीत्कार करने लगे तो भक्त कवि ने 'रज-रज-रज' कहकर उनके ऊपर ब्रजरज फेंकी। क्रोधित सैनिकों ने उनके हाथ काट डाले और आनंदघन जख्मी होकर मर गये।[3]

4. भरतपुर के महाराजा सूरजमल के दरबार में देव और आनंदघन के बीच वाद-विवाद हुआ। आनंदघन ने देव से कहा "आप जगबीती कहते हैं, मैं अपनी बीती कहता हूँ।"[4]

डॉ. कुंजबिहारीलाल गुप्त के अनुसार देव 85 वर्ष की अवस्था में अर्थात् संवत् 1815 में भ्रमण करते हुए भरतपुर आये थे और उन्होंने तत्कालीन भरतपुर-नरेश, महाराजा जवाहर सिंह जी को दो छंद सुनाये, जिनपर प्रसन्न हो जवाहर सिंह ने उन्हें पाँच हजार रुपए पुरस्कार में दिये।[5]

'जगबीती' से 'आपबीती' को श्रेष्ठ बताने वाले कई पद्य प्रचलित हैं। यहाँ उदाहरण के तौर पर कबीर की ये पंक्तियाँ दृष्टव्य हैं–

---

1. रामचंद्र शुक्ल पृ. 185। बहुगुना पृ. 1। मिश्र 1952 *'वाङ्मुख'* पृ. 56-57; गौड़ पृ. 11।
2. रामचंद्र शुक्ल पृ. 185; गौड़ पृ. 11-12।
3. रामचंद्र शुक्ल पृ. 185; गौड़ पृ. 11-12।
4. बहुगुना पृ. 3; गौड़ पृ. 7।
5. दे. भगीरथ मिश्र पृ. 411। लेकिन संवत् 1815 (सन् 1758) में भरतपुर के महाराजा सूरजमल (राज्यकाल सन् 1756-1763) थे। जवाहरसिंह सन् 1763-1768 में अर्थात् संवत् 1820 से संवत् 1825 तक **महाराजा** थे। दे. ऐंटिवेस्टल पृ. 197 और पृ. 200-202।

तेरा मेरा मनुआ कैसे इक होई रे।
मैं कहता आँखिन की देखी तू कहता कागद की लेखी।

5. लाला भगवानदीन द्वारा सुनी गयी किंवदंती के अनुसार आनंदघन का जीवनकाल संवत् 1715-1796 अर्थात् सन् 1658-1739 था और वे "दिल्ली-वासी भटनागर कायस्थ थे। वे भली भाँति फारसी जानते थे और अबुल फ़ज़ल (देहांत सन् 1602[1]) के शिष्य थे। बाद में बादशाह के खास कलम हो गये। उन्हें बचपन से ही रासलीला देखने का बड़ा शौक था। महीनों तक अपने पैसे खर्च कर दिल्ली में वे रासलीला करवाते थे। स्वयं भी किसी-किसी लीला में भाग लेते थे। इससे उन्हें हिन्दी भाषा सीखने तथा साधुओं की संगति करने का शौक लग गया, जिसके चलते वे कविता भी करने लगे। ... अभी तक उनके पद रासधारियों की मंडली में गाये जाते हैं। रास की भावना का उन पर ऐसा प्रभाव पड़ा कि वे श्रीकृष्ण की लीलाओं में ही लीन रहने के लिए दरबार तथा गृहस्थी से नाता तोड़कर वृंदावन चले आये और वहाँ पर व्यासवंश (निंबार्क संप्रदाय) के किसी साधु से दीक्षा लेकर वहीं उपासना में मग्न हो गये। प्रायः कहीं न कहीं वंशीवट के आस-पास रहा करते थे। ध्यान मग्न हो कभी-कभी तो कई-कई दिन समाधि में ही बिता देते थे। सुजानसागर ब्रजवास में ही रचा गया।"[2]

6. वृंदावन के पुराने श्मशान पानी घाट पर परिक्रमा के रास्ते के पास एक छत्ती थी जिस पर 'घन की समाधि' लिखा हुआ था। जब सन् उन्नीस सौ सत्तर के आस-पास वहाँ इमारत बनने लगी तो पत्थर के नीचे मानव-हड्डियाँ मिलीं। वृंदावनवासियों ने उसे श्रद्धा के साथ जला कर यमुना में प्रवाहित कर दिया और कहा "चाहे घनआनंद हो या नहीं उनको शांति मिले।"[3]

7. यह भी सुना जाता है कि आनंदघन की समाधि सलेमाबाद में निंबार्कतीर्थ के पास, निंबार्क संप्रदाय के अन्य महात्माओं की समाधियों के बीच मिलती है।[4] वहाँ के श्मशान में कुछ समाधियों पर लेख हैं लेकिन उनमें आनंदघन का नाम शोधकर्ता को नहीं मिला। निंबार्क संप्रदाय के महात्मा श्री रसिक मोहन जी के अनुसार लोग एक बिना लेख की समाधि को आनंदघन की समाधि कहते हैं जो आनंदघन की भी हो सकती है या किसी दूसरे महात्मा की भी। समाधि के संबंध में निंबार्क संप्रदाय के

---

1. दे॰ ऐंटिवस्टल पृ॰ 175।
2. लाला भगवानदीन (सन् 1866-1930) को अध्ययन तथा पूछताछ से मिली हुई सामग्री। दे॰ गौड़ पृ॰ 10।
3. वृंदावन शोध संस्थान के पुस्तकालयाध्यक्ष श्री गोपालघोष से शोधकर्ता का वार्तालाप। वृंदावन के अन्य बहुत लोगों को इस समाधि का ज्ञान नहीं है।
4. श्री किशोरीशरण 'अलि' तथा डॉ॰ रामप्रसाद शर्मा से शोधकर्ता का वार्तालाप।

सलेमाबाद में अनघन (आनंदघन) जी का मंदिर और उसके ठाकुर

ब्रजवल्लभशरण वेदांताचार्य लिखते हैं कि "जिस **स्थल पर बैठकर आप (आनंदघन)** भजन साधना करते थे, उसे आनंदघन की समाधि कहते हैं। आगे चलकर उन्हें ...(अपभ्रंश रूप से) अनघन कहने लग गये और समाधि का भी अनघन जी की समाधि नाम पड़ गया। जैसा कि आजकल कह रहे हैं।"[1] ब्रजवल्लभशरण के विचार के संबंध में एक प्रश्न उठता है—क्या आनंदघन की समाधि श्मशान में है, या वे किसी दूसरी जगह भजन किया करते थे ?

निंबार्कतीर्थ के पास ही एक 'आनंदघन जी का मंदिर' भी मिलता है। इस मंदिर की मूर्ति एक शालिग्राम है, जिसे 'आनंदघन' कहा जाता है और राधा-कृष्ण का प्रतीक माना जाता है। ब्रजवल्लभशरण वेदांताचार्य कहते हैं कि इस मंदिर की संस्थापना आनंदघन ने ही की।[2] लेकिन मंदिर के आसपास रहने वाले लोगों के अनुसार मंदिर की स्थापना नन्वाना बोरा नामक एक स्थानीय महाजन ने की थी और आनंदघन शब्द पुरुषवाचक रूप में प्रचलित नहीं है। उनको यह मालूम नहीं है कि आनंदघन नाम का कोई कवि हुआ था।

8. श्री उदयशंकर दुबे ने दतिया (मध्य प्रदेश) के निवासी वयोवृद्ध व्यासवंशीय साहित्यकार किशोरीशरण गोस्वामी की बातों के आधार पर एक ऐसी किंवदंती का उल्लेख किया है जिसे किशोरीशरण गोस्वामी ने अपने पिता से सुना था कि जब ब्रजनाथ गुसांई ने घनानंद के कबित्तों का संकलन किया तो तत्कालीन मथुरा के गुसांई (गोस्वामी) समाज ने उन्हें अपने समाज से बहिष्कृत कर दिया।[3] इस संबंध में श्री दुबे का कहना है कि "एक वेश्या के प्रेमी का एवं उस वेश्या से संबंधित साहित्य-संकलन का कार्य सामाजिक बंधन की कठोरता के कारण उस समय अपराध माना गया तो यह आश्चर्य की बात नहीं है।"[4]

ब्रजनाथ का निम्नलिखित वाक्य इस किंवदंती की पुष्टि करता है—

> **मैं बहु जतननि लीनौ कबित्त ये लाज बराई सुभाय को खोय कै।**
> (—प्रशस्ति 8)

हो सकता है कि उक्त किंवदंती का आधार यही पंक्ति है। लेकिन किशोरीशरण गोस्वामी के परिवार का व्यासवंश अर्थात् निंबार्क संप्रदाय से संबंध इस तत्व की ओर संकेत कर रहा है कि इस किंवदंती को बहिःसाक्ष्य के रूप में भी महत्व देना चाहिए।

---

1. ब्रजवल्लभशरण : *भक्त कविवर श्री आनंदघन जी* पृ. 287।
2. ब्रजवल्लभशरण : *भक्त कविवर श्री आनंदघन जी* पृ. 287।
3. दुबे पृ. 133।
4. दुबे पृ. 133।

आनदंघन का जीवनवृत्त

जाति

इस बात पर आम सहमति है कि आनंदघन कायस्थ थे। उनके कायस्थ होने का उल्लेख भारतेन्दु हरिश्चन्द्र[1] ने और महादेवप्रसाद के आधार पर ग्रियर्सन[2] ने भी किया है। कवि को *जस कबित्त* नाम की पुस्तक में *भडुवा छंद* की प्रस्तावना वाली पंक्तियों में भी कायस्थ कहा गया है।

जाति के अलावा उनके परिवार के बारे में हमें कुछ भी मालूम नहीं है। कायस्थ होने से तीन बातें अवश्य निकलती हैं :

1. बहुत संभव है कि आनंदघन मुंशी थे और हो सकता है कि मुहम्मदशाह 'रंगीले' के दरबार में थे, जैसा कि किंवदंती बताती है। इस शताब्दी के शुरू में भी ब्रज में 'कायथ' का अर्थ मुंशी था।

2. अगर आनंदघन मुंशी थे तो उन्हें फारसी का ज्ञान भी अवश्य रहा होगा क्योंकि 18वीं शताब्दी में प्रशासन की भाषा फारसी ही थी।

3. कायस्थ लोग ब्राह्मणों जैसे नियमों का पालन नहीं करते। आनंदघन शायद मांस खाते थे और शराब भी पीते थे। अपने काम के कारण मुसलमानों से भी संपर्क रखते थे।

जन्म

स्थान

आनंदघन के जन्म के स्थान और समय के विषय में कोई निश्चित प्रमाण नहीं मिलता। किंवदंती जन्मस्थान दिल्ली या बुलंदशहर बताती है।[3] लेकिन इसका कोई पुराना उल्लेख

1. किशोरीलाल गुप्त 1977 *'भूमिका'* पृ. 60।
2. किशोरीलाल गुप्त 1961 पृ. 216।
3. गौड़ पृ. 12-13।

कहीं भी नहीं मिलता। मनोहरलाल गौड़ के अनुसार आनंदघन के द्वारा देशी शब्दों का व्यवहार उन्हें बुलंदशहर के पूर्वी भाग का बताता है।[1] इसी तरह किशनगढ़ के विद्वान, डॉ॰ रामप्रसाद शर्मा ने आनंदघन को उनकी भाषा में किशनगढ़ की शब्दावली के समावेश के कारण किशनगढ़ का कवि बताया है।[2] लेकिन जिन देशी शब्दों का गौड़ और शर्मा ने उल्लेख किया है, वे बुलंदशहर और किशनगढ़ से दूर इलाकों में भी प्रचलित हैं। इस तरह शब्दावली के आधार पर कवि का जन्म-स्थान तय नहीं किया जा सकता।

समय

आनंदघन का जन्म कब, किस साल में हुआ इसके बारे में विद्वान सिर्फ ऐसे अनुमान लगाते हैं जिनका कोई पक्का आधार नहीं है। शिवसिंह सेंगर और लाला भगवानदीन ने आनंदघन का जन्मकाल संवत् 1715 (सन् 1658) माना है। इसके विरोध में मनोहरलाल गौड़ का कहना है कि शिवसिंह सेंगर ने साथ ही यह भी लिखा है कि संवत् 1746 (सन् 1689) में विरचित *(कालिदास)-हजारा* नामक ग्रंथ में, जो हिन्दी की अच्छी कविताओं का एक संचयन है—आनंदघन का कोई छंद नहीं है। आनंदघन जैसे अच्छे कवि इकतीस वर्ष की उम्र तक अच्छी कविता न लिखें, यह असंभव है।[3] गौड़ ने *(कालिदास)-हजारा* में आनंदघन के कबित्तों के न होने के कारण उनका संवत् 1746 (सन् 1689) के लगभग जन्म होना माना है। जैसा कि पहले मिश्रबंधुओं ने[4] और आचार्य रामचंद्र शुक्ल ने भी माना था।[5] आचार्य विश्वनाथप्रसाद मिश्र ने मिश्रबंधुओं के अनुमान पर इसलिए आपत्ति की थी कि आनंदघन की *परमहंस वंशावली* में उल्लेख मिलता है कि वृंदावनदेवाचार्य से

---

1. गौड़ पृ॰ 13।
2. डॉ॰ रामप्रसाद शर्मा से शोधकर्ता का वार्तालाप। इस संबंध में डॉ॰ रामप्रसाद शर्मा द्वारा संपादित *ब्रजदासी भागवत* की भूमिका भी द्रष्टव्य है, जहाँ ब्रजदासी के भागवत में मिशनगढ़-क्षेत्र की शब्दावली के समावेश दिखाने की कोशिश की गयी।
3. गौड़ पृ॰ 20-21। लेकिन शिवसिंह सेंगर ने कहीं नहीं लिखा है कि *हजारा* में आनंदघन की कोई कविता नहीं है। यह लिखा है : "हमने कोई ग्रंथ इनका नहीं देखा। फुटकर इनके कवित्त प्रायः पाँच सौ तक हमारे कुतुबखाने में होंगे।" गौड़ ने *(कालिदास)-हजारा* का समय भी ठीक नहीं बताया है। शिवसिंह सेंगर ने जिस *हजारा* का उल्लेख किया है, उसका संकलनकाल संवत् 1775 (सन् 1718) माना है। वास्तव में वह संवत् 1875 और 1900 (सन् 1818-1843) के बीच रचा हुआ है। दे॰ किशोरीलाल गुप्त 1970 पृ॰ 660। यही नहीं, *हजारा* में आनंदघन के सात कबित्त मिलते हैं। दे॰ किशोरीलाल गुप्त 1970 (सं॰) पृ॰ 41-42।
4. मिश्रबंधु भाग 2 पृ॰ 346।
5. शुक्ल पृ॰ 185। दे॰ गौड़ पृ॰ 21।

आनंदघन की भेंट वृंदावन में हुई थी–

जग-बोहित मोहित प्रगट हरिबिनोद निजधाम।

(–परमहंस वंशावली 44)

आचार्य विश्वनाथप्रसाद मिश्र का मत है कि आनंदघन के दीक्षागुरु, वृंदावनदेवाचार्य संवत् 1759 (सन् 1702) में वृंदावन से चले गये थे क्योंकि वे संवत् 1759 और 1800 (सन् 1702-1743) के बीच निंबार्क संप्रदाय के सलेमाबादवाली गद्दी पर आसीन रहे थे।[1] इसी आधार पर विश्वनाथप्रसाद मिश्र ने आनंदघन के दीक्षा लेने का समय संवत् 1759 (सन् 1702) से पहले माना है। आचार्य मिश्र के अनुसार दीक्षा के समय आनंदघन की वयस 25-30 रही होगी और उनका जन्म संवत् 1730 (सन् 1673) के आसपास हुआ होगा।[2]

आचार्य मिश्र के इस मत के खंडन की कोशिश लखनलाल सिंह ने की है। उनका विचार है कि मृत्यु संवत् 1817 (सन् 1760) के हिसाब से आनंदघन की आयु 87 वर्ष की ठहरती है। कहा जाता है कि कई बार प्रहार करने पर भी उनके प्राण नहीं निकले बल्कि वह ब्रजरज में सानंद लोटते रहे और अंतिम समय में उन्होंने एक पद भी गाया। मृत्यु के इस विवरण को देखते हुए उनके 87 वर्ष के होने पर विश्वास नहीं होता। मृत्यु के समय उनकी आयु अधिक से अधिक 60-70 वर्ष की मानी जाती है, जो संवत् 1746 (सन् 1689) को जन्म समय मानने पर ही संभव है।[3]

लखनलाल सिंह के अनुसार सन् 1702 में सलेमाबाद जाने के बाद वृंदावनदेव आचार्य बीच-बीच में वृंदावन लौटे होंगे और तब आनंदघन से उनकी मुलाकात हुई होगी। आनंदघन का दीक्षाकाल सन् 1702 से पहले माना जाए तो उनका मुहम्मदशाह 'रंगीले' (सन् 1719-1748) का दरबारी होना संभव नहीं है।[4]

लखनलाल सिंह के प्रायः सभी अनुमान किंवदंतियों पर आधारित हैं। उनका विचार केवल इस सीमा तक ठीक है कि आनंदघन का दीक्षा-काल सन् 1702 के बाद मानने पर कोई आपत्ति नहीं की जा सकती क्योंकि वृंदावनदेवाचार्य सन् 1702 के बाद भी वृंदावन लौटते रहे होंगे। सलेमाबाद के आचार्य श्रीजी महाराज आजकल भी अक्सर वृंदावन जाते हैं। सलेमाबाद के साधुओं के अनुसार वृंदावनदेवाचार्य भी ऐसा किया करते थे। एक और बात यह है कि आनंदघन के वृंदावन की अपेक्षा सलेमाबाद में दीक्षा लेने की अधिक संभावना जान पड़ती है।

---

1. वास्तव में श्री वृंदावनदेवाचार्य का आचार्यकाल संवत् 1754-1797 (सन् 1697-1740) है। दे. मीतल पृ. 356; ऐंट्विस्टल पृ. 193।
2. मिश्र 1952 *'वाङ्मुख'* पृ. 75।
3. सिंह पृ. 20।
4. सिंह पृ. 21।

आनंदघन की सबसे पुरानी उपलब्ध पांडुलिपि संवत् 1784 (सन् 1727) की है।[1] यह एक अनुपलब्ध ग्रंथ की प्रतिलिपि है जो आनंदघन के प्रारंभिक 218 कबित्तों का संकलन मालूम पड़ता है।[2] इसमें आनंदघन के "हीन भए जल मीन अधीन..." "अति सूधो सनेह को मारग है..." आदि उत्कृष्ट और प्रसिद्धतम कबित्त नहीं मिलते। यह अनुमान लगाया जा सकता है कि चूंकि प्रतिलिपि के समय (संभवतः रूपनगर में) आनंदघन का लिखना जारी था। संवत् 1784 वाली पांडुलिपि की आदर्श प्रति इस संग्रह के प्रतिलिपि-काल से बहुत पहले की न हो। अगर प्रतिलिपिकार को अद्यतन प्रति मिलती तो वह अपना संग्रह उसी के आधार पर बनाता। आनंदघन अपने जीवन के पूर्वार्द्ध में अधिकतर कवित्त-सवैये लिखते रहते थे और उनकी ख्याति भी हो गयी होगी। इसलिए अगर संवत् 1784 (सन् 1727) से पहले आनंदघन ने इन 218 कबित्तों से बहुत ज्यादा लिखा होता तो प्रतिलिपिकार अपनी पांडुलिपि में उनको भी निश्चय ही जोड़ता।

ऐसा प्रतीत होता है कि मूल पांडुलिपि संवत् 1777 (सन् 1720) से अधिक पुरानी नहीं होगी। संवत् 1784 (सन् 1727) के संग्रह में कबित्तों की शैली विकसित और चमत्कारपूर्ण है। ऐसी शैली का विकास कवि के प्रौढ़ होने पर ही आता है। "तब तो छबि पीवत जीवत हे..." या "उर-भौन मैं मौन के घूंघट कै दुरि..." जैसे प्रौढ़ भाव व्यक्त करने वाले सारगर्भित सवैयों को लिखने वाले कवि की उम्र 18 से कम किसी प्रकार नहीं हो सकती। संग्रह के 218 कबित्त आनंदघन के कुल कबित्त-सवैयों के एक तिहाई से भी कम हैं और आनंदघन की समग्र चार हजार से अधिक छंदों की रचना का बीसवाँ भाग है। यह अनुमान लगाया जा सकता है कि इस संग्रह के कबित्तों को लिखने के समय उनकी आयु 35 वर्ष से अधिक नहीं हो सकती। संभवतः पोथीखाने की पांडुलिपि की मूल प्रति के लिखे जाने के समय आनंदघन की उम्र 25-30 के बीच रही होगी। अगर मूल प्रति भी संवत् 1784 (सन् 1727) में लिखी गयी और कवि की उम्र उस समय केवल 18 साल थी तो आनंदघन का जन्म संवत् 1766 (सन् 1709) में हुआ होगा। संवत् 1766 (सन् 1709) के बाद तो आनंदघन का जन्म माना ही नहीं जा सकता। अगर मूल प्रति संवत् 1777 (सन् 1720) में लिखी गयी और उस समय आनंदघन 35 साल के थे तो उनका जन्म संवत् 1742 (सन् 1685) में हुआ होगा। इस साल से पहले उनका जन्म मानना असंभव लगता है। इस तरह उनका जन्म संवत् 1742 (सन् 1685) और संवत् 1766 (सन् 1709) के बीच मानना चाहिए। सबसे अधिक संभावना इस बात की है कि

1. जयपुर के पोथीखाने में पांडुलिपि संख्या 2437 (4)।
2. इस पांडुलिपि की चर्चा पहले की गयी है, देखिए पृ. 49-53।

मूल प्रति का लिपिकाल संवत् 1780 (सन् 1723) के आसपास है और उस समय आनंदघन की वयस लगभग पच्चीस साल की थी। इस तरह उनका जन्म संवत् 1757 (सन् 1700) के पास मानना चाहिए।

दरबार

क्या आनंदघन मुहम्मदशाह के मीर मुंशी थे ?

किंवदंतियाँ आनंदघन को मुहम्मदशाह 'रंगीले' (शासनकाल सन् 1719-1748) का मीर मुंशी बताती हैं। यह समय की दृष्टि से ठीक बैठता है। लेकिन इसकी संभावना कम नजर आती है कि आनंदघन मीर मुंशी जैसे ऊँचे पद तक पहुँचे होंगे क्योंकि मुहम्मदशाह 'रंगीले' से संबंधित किसी इतिवृत्त में आनंदघन का नाम नहीं आता और मुहम्मदशाह के *रोजनामचे* में भी उनका कोई उल्लेख नहीं है।[1] जैसा कि हमने पहले कहा है *उमरा-ए-हुनूद* (मुगल दरबारों में ऊँचे पद पर आसीन हिन्दुओं की सूची) में आनंदघन का उल्लेख नहीं है।[2] *तारीख़-ए-शाक़िर ख़ानी* और *बदई वकई (सफ़रनामा)* नाम की पुस्तकों में भी, जो मुहम्मदशाह के जमाने में लिखी गयी थीं और तत्कालीन प्रमुख दरबारियों के उल्लेख के कारण महत्व रखती हैं, आनंदघन या घनआनंद नाम के मीर मुंशी तो क्या किसी मुंशी तक का उल्लेख नहीं है।[3] अगर आनंदघन मीर मुंशी होते तो उनका उल्लेख जरूर मिलता क्योंकि मीर मुंशी का पद महाराजाओं जैसा ऊँचा था। मिसाल के लिए इखलास खाँ सन् 1719-20 में मीर मुंशी था और उसका मनसब 7000 सवारों का था। इन सालों में मालवा के 'गवर्नर' राजा जयसिंह का भी मनसब 7000 था और अवध के गवर्नर राजा गिरधर का सिर्फ 5000 सवारों का।[4] इसके साथ-साथ इतना कहना भी जरूरी है कि मीर मुंशी का पद क्या था, यह शोधकर्त्ता को स्पष्ट नहीं हो पाया। मुगल काल के प्रशासन के विवरणों में इसका उल्लेख भी नहीं है।[5]

आनंदघन के काव्य पर दरबारी वातावरण का प्रभाव

आनंदघन के प्रारंभिक काव्य की शैली पर दरबारों में लिखे गये रीतिकाव्य का और

---

1. गौड़ पृ. 11।
2. दे. मुंशी मुहम्मद सैयद पृ. 379-380।
3. शाक़िर ख़ाँ का *तारीख़-ए-शाक़ीर ख़ानी* (ब्रिटिश म्यूजियम की पांडुलिपि की फोटोकॉपी) और आनंदराम मुखलिस का सन् 1745 में लिखा हुआ *सफ़रनामा* डॉ. इकबाल हुसैन (अलीगढ़ मुस्लिम विश्वविद्यालय) की मदद से शोधकर्ता को देखने को मिले।
4. मलिक पृ. 420-421।
5. मलिक (पृ. 283-342) और इब्न हसन की पुस्तकों में मीर मुंशी का कोई विवरण नहीं मिलता।

उर्दू-फारसी काव्य का इतना प्रभाव पड़ा था कि उनके किसी विलासप्रिय दरबार से संबंध होने की संभावना है। *भड़ुवा छंद* में 'कायथ आनंदघन' का मुसलमानों से संपर्क के लिए मज़ाक उड़ाया गया है। इससे अनुमान लगाया जा सकता है कि वे किसी मुसलमान दरबार में रहे होंगे—"काहू तुरकैं रिझावै तब पावै झूठो नाम है"। आनंदघन अच्छी फारसी जानते थे और कायस्थ होने के कारण मुंशी का काम करते होंगे। शायद दिल्ली के दरबार में एक साधारण मुंशी रहे होंगे। काम के अलावा वे साहित्य में भी रुचि लेते थे। दरबार में और तत्कालीन उमरा के घर में[1] उन्हें हिन्दी रीतिकाव्य और उर्दू-फारसी रचनाओं को सुनने और पढ़ने का अवसर मिलता होगा। संभवतः इस वातावरण से प्रभावित हो वे स्वयं कविता लिखने लगे हों। हिन्दी रीतिकाव्य की चमत्कारपूर्ण शैली और अप्रस्तुत योजना को उर्दू-फारसी काव्य के भावों से उन्होंने मिलाया और यह सब किया अपूर्व शुद्ध ब्रजभाषा में। ब्रजभाषा के प्रिय छंद, कवित्त और सवैया आनंदघन को भी प्रिय थे। आनंदघन की प्रारंभिक रचनाओं का विषय मुख्यतः प्रेम था, लेकिन रीतिकाल के अन्य कवियों की तरह उन्होंने कुछ प्रकट भक्तिपरक पद्य भी लिखे हैं। उनको प्रसिद्धि जल्द ही मिल गयी होगी। सन् 1727 तक लोग उनकी कविताओं की प्रतिलिपि करने लगे।

भरतपुर और जयपुर के दरबारों से संपर्क की संभावना

आनंदघन का संबंध दिल्ली के अलावा दूसरे दरबारों, जैसे भरतपुर, जयपुर और किशनगढ़-रूपनगर से भी हो सकता है। संभव है कि आनंदघन दिल्ली में न रहकर इन दरबारों में से किसी में रहे हों, चूंकि किंवदंतियों के अलावा दिल्ली-वास का और कोई साक्ष्य नहीं मिलता। यह भी हो सकता है कि आनंदघन दिल्ली छोड़कर कुछ समय तक किसी दूसरे दरबार में भी रहे हों और उसके बाद संभवतः पहले सलेमाबाद में और फिर वृंदावन में रहने लगे हों।

भरतपुर-दरबार से आनंदघन के संबंध का अनुमान इस किंवदंती के आधार पर है कि वहाँ उनका विवाद देव कवि से हुआ था। आनंदघन अपने जीवन के अंत में वृंदावन में रहे जो उस समय भरतपुर राज्य के अंतर्गत था। भरतपुर के राजकवि सूदन ने अपने *सुजान-चरित्र* नामक काव्य में संभवतः आनंदघन का उल्लेख भी किया है।[2] आनंदघन की मृत्यु के बाद भी भरतपुर के महाराजा रणजीत सिंह आनंदघन की कविता में रुचि लेते थे और इसके चलते आनंदघन की कविताओं का एक बड़ा संकलन भरतपुर में तैयार हुआ था। इसके अलावा राजपुस्तकालय में *सुजानहित*[3] की एक पुरानी प्रति भी 1826 में अँग्रेजों को मिली।

---

1. मलिक पृ॰ 367-368।
2. दे॰ पृ॰ 42।
3. दे॰ *भरतपुर का बृहत् संग्रह* (पृ॰ 58) तथा *सुजानहित निबंध की भरतपुरवाली प्रति* (पृ॰ 58-59)।

जयपुर से आनंदघन के संबंध होने की और अधिक संभावना हैं। इसका प्रमाण आनंदघन के काव्य में जयपुर के महाराजाओं की रुचि हो सकती है। जयपुर के महाराजाओं के पोथीखाने में आनंदघन की बहुत सारी पांडुलिपियाँ मिलती हैं।[1] कवि के इतने सारे हस्तलिखित ग्रंथ और कहीं एकसाथ नहीं मिलते। महाराजा सवाई जयसिंह के दरबार में फारसी के अनेक कवि रहते थे। यह संभव है कि आनंदघन की कविताओं पर फारसी का प्रभाव दिल्ली दरबार के बजाय जयपुर दरबार से आया हो। एक किंवदंती के अनुसार संवत् 1813 (सन् 1757) में गोविंददेव जी के मंदिर में जयपुर के महाराजा आनंदघन से मिले और उन्होंने आनंदघन के काव्य की बड़ी प्रशंसा की।[2] इसके बाद महाराजा प्रताप सिंह (शासनकाल सन् 1778-1803) ने, जो 'ब्रजनिधि' नाम से स्वयं एक अच्छे कवि थे, आनंदघन के काव्य में विशेष रुचि ली। जयपुर में सवाई प्रतापसिंह के ही निर्देश से आनंदघन के बहुत से ग्रंथों की प्रतिलिपि की गयी। 'ब्रजनिधि' ने अपने *पद-संग्रह* में आनंदघन के पांच पद उद्धृत किये हैं।[3]

दरबारों के संबंध में फिर भी एक प्रश्न उठता है कि अगर आनंदघन को दरबार में रहते समय प्रसिद्धि मिली तो उनका उल्लेख किसी भी तत्कालीन दरबार में क्यों नहीं मिलता ?

हो सकता है कि आनंदघन जयपुर में मुंशी की हैसियत से नहीं बल्कि भक्त के रूप में रहे और यह भी संभव है कि वे पहले मुंशी थे और जयपुर में जाकर भक्त हो गये क्योंकि आनंदघन द्वारा प्रशंसित वृंदावनदेवाचार्य की सवाई राजा जयसिंह (शासनकाल सन् 1699-1743) से घनिष्ठता थी और उनके राज्य में तथा वृंदावन सहित समस्त ब्रजमंडल में निंबार्क संप्रदाय का प्रभाव था।[4] एक चित्र में आनंदघन उस ब्रजानंद के साथ बैठे हुए हैं जो उस समय जयपुर के निंबार्क मठ-मंदिरों का प्रबंध देखते थे[5]। यही नहीं, *परमहंस वंशावली* 47-49 से ऐसा मालूम पड़ता है कि आनंदघन का जयरामदास शेष के परिवार से भी व्यक्तिगत संबंध था जो जयपुर के निंबार्कीय मठ-मंदिरों के अध्यक्ष थे[6] और वृंदावनदेवाचार्य के देहांत के बाद तीन साल तक (सन् 1740-43) सलेमाबाद की गद्दी के आचार्य रहे[7]—.

---

1. बहुरा पृ. 289-290।
2. उस समय जयपुर के महाराज सवाई माधव सिंह (शासनकाल 1750-1767) थे। इस घटना के विवरण के लिए दे. इन पुस्तक में पृ. 78-79।
3. दे. पुरोहित हरिनारायण शर्मा (सं.) : *ब्रजनिधि ग्रंथावली* पृ. 225, 237, 240।
4. ब्रजवल्लभशरण 1952-53 पृ. (ख); नारायणदत्त शर्मा पृ. 61; मीतल पृ. 358।
5. मिश्र 1952 *'वाङ्मुख'* पृ. 76।
6. ब्रजवल्लभशरण 1950 पृ. 2; ब्रजवल्लभशरण : श्री वृंदावनदेवाचार्य जी पृ. 224।
7. नारायणदत्त शर्मा पृ. 62; मीतल पृ. 360।

कासीबासी सेष गन निगमागमन-प्रवीन।
निंबादित्य-अनुगम सबै परम पुनीत कुलीन॥ 47 ॥
तिनको बंस प्रसंस जग जगमग ज्यों द्विजराज।
गनमंडित पंडित बिबुध सोभित सदा समाज॥ 48 ॥
तिन करि यह निहचय करी परंपरा की रीति।
स्रुति और सुमृति पुरान की कथा पुरातम नीति॥ 49 ॥

जयरामदास शेष वृंद्रावनदेवाचार्य के प्रमुख शिष्य थे और उनका सलेमाबाद की गद्दी पर सन् 1740 में मेड़ता में अभिषेक हुआ था जिसमें महाराजा जयसिंह के प्रभाव से राजस्थान के कई राजाओं ने भाग लिया था और उपहार भी दिये थे।[1] किशनगढ़ और उदयपुर के राजाओं ने भी शेष का समर्थन किया था। अभी तक उस गद्दी के आचार्य उत्तर भारतीय वैरागी गौड़ ब्राह्मण होते थे किंतु जयरामदास दाक्षिणात्य ब्राह्मण और कदाचित गृहस्थ थे। अतः उन्हें निंबार्कीय भक्तों ने आचार्य के रूप में स्वीकार नहीं किया। राजा जयसिंह के जीवित रहते जयरामदास का विरोध करने का साहस किसी को नहीं हुआ। किंतु संवत् 1800 (सन् 1743) में जब राजा जयसिंह का देहावसान हो गया तब निंबार्कीय भक्त-समुदाय ने जयरामदास के विरुद्ध विद्रोह कर दिया और उनके स्थान पर वृंदावनदेव जी के दूसरे प्रमुख शिष्य गोविंददेव को आचार्य की गद्दी पर आसीन कर दिया। जयरामदास शेष का संवत् 1797 (सन् 1740) से संवत् 1800 (सन् 1743) तक का गद्दी-काल 'परशुराम द्वारा' के इतिहास में सम्मिलित नहीं किया गया है।[2]

श्री गोविंददेवाचार्य के उत्तराधिकारी श्री गोविंदशरणदेवाचार्य के आचार्य-काल (सन् 1757 से 1784 तक) में भी सलेमाबाद पीठ में शेष जयरामदास के समर्थकों ने षड्यंत्र किये परंतु उनके प्रयास सफलीभूत न हो सके।[3]

परमहंस वंशावली से उद्धृत पंक्तियों में व्यक्त रूप से जयरामदास शेष का उल्लेख नहीं है, केवल उनके परिवार का है लेकिन इसे जयरामदास शेष की ओर संकेत मानना गलत न होगा, क्योंकि उस जमाने के निंबार्क संप्रदाय में वे महत्वपूर्ण व्यक्ति थे। फिर भी एक प्रश्न है कि जयरामदास शेष का उल्लेख खुले रूप से क्यों नहीं किया गया।

उद्धृत पंक्तियाँ वृंदावनदेवाचार्य की प्रशस्ति के उपरांत मिलती हैं। आनंदघन ने यहाँ स्वीकार किया है कि संप्रदाय की रीति शेष जी ने तय की थी। ऐसा प्रतीत होता है कि वृंदावनदेवाचार्य आनंदघन के दीक्षा-गुरु थे और जयरामदास शिक्षा-गुरु।

---

1. नारायणदत्त शर्मा पृ. 62।
2. मीतल पृ. 360।
3. नारायणदत्त शर्मा पृ. 63।

शेष परिवार काशी का एक प्रसिद्ध दाक्षिणात्य ब्राह्मण परिवार था। इस परिवार की विद्वत्ता का बर बर उल्लेख मिलता है। इसके सदस्यों ने व्याकरण-शास्त्र को आधुनिक रूप दिया है और पंडितराज जगन्नाथ के गुरु वीरेश्वर भी इस परिवार के थे।[1]

शेष परिवार के पूर्वज 16वीं शताब्दी में गोदावरी नदी के क्षेत्र से बनारस आये और वहाँ एक सम्म नीय परिवार के रूप में प्रतिष्ठित हुए।[2] इस परिवार के सदस्य अपने को महाराष्ट्र ब्राह्मण के रूप में प्रस्तुत करते हैं।[3]

जयरामदास शेष कैसे जयपुर आये और इस परिवार का निंबार्क संप्रदाय से क्या संबंध है, यह स्पष्ट नहीं है क्योंकि परिवार के बारे में लिखने वाले रंगनाथस्वामी के अनुसार शेष परिवार अद्वैत वेदांत का अनुयायी था।[4]

रूपनगर

अगर आनंदघन मुहम्मदशाह के दरबार में रहे और उन्होंने दरबार को छोड़ दिया तो वे शायद सीधे वृंदावन नहीं गये होंगे और किसी दूसरे दरबार में चले गये होंगे। यह दूसरा दरबार संभवतः किशनगढ़ या जयपुर था। हो सकता है कि आनंदघन बीच-बीच में वृंदावन भी जाते रहे हों लेकिन शुरू में स्थायी रूप से वहाँ न रहे हों।

आनंदघन के रूपनगर (किशनगढ़) के राजघराने से विशेष संपर्क का उल्लेख सर्वप्रथम ब्रजवल्लभशरण वेदांताचार्य ने किया हालांकि उन्होंने इस संबंध में कोई भी प्रमाण नहीं दिया है।[5] अब हम उन सुरागों की समीक्षा करेंगे जो कवि के किशनगढ़ से संबंध की ओर संकेत करते हैं।

आनंदघन के समय किशनगढ़ राज्य की राजधानी रूपनगर थी। आनंदघन के जीवनकाल की तीन पांडुलिपियों में से दो किशनगढ़ में लिखी गयी थीं—एक संवत् 1784 (सन् 1727)[6] और दूसरी संवत् 1800 (सन् 1743)[7] में। दोनों पांडुलिपियों में आनंदघन को भक्त के रूप में दिखाने का प्रयत्न किया गया है। यह सोचने की बात है कि अगर आनंदघन का रूपनगर से संबंध न होता तो ऐसा प्रयास ही क्यों होता ? संवत् 1805 (सन् 1748) में आनंदघन के कवित्तों के संकलनकर्ता, ब्रजनाथ भी रूपनगर में मौजूद थे। यहीं उन्होंने ब्रजभाषा में *साहित्यसार* नामक

1. रंगनाथस्वामी पृ. 253।
2. रंगनाथस्वामी पृ. 247।
3. हरप्रसाद शास्त्री पृ. 13।
4. रंगनाथस्वामी पृ. 245-253।
5 ब्रजवल्लभशरण : *भक्त कविवर श्री आनंदघन जी* पृ. 287।
6. पोथीखाना, जयपुर, खासमोहर संग्रह, संख्या 2437(4)।
7. राजस्थान प्राच्यविद्या प्रतिष्ठान, अलवर, संख्या 4789(4)।

पुस्तक की रचना की।[1] नागरीदास से दोस्ती की किंवदंती भी आनंदघन को रूपनगर से जोड़ती है।

आनंदघन के दो पुराने चित्र मिलते हैं। इनमें से एक के बारे में विश्वनाथप्रसाद मिश्र ने लिखा है– "यह चित्र कृष्णगढ़ से प्राप्त हुआ है और मुझे निंबार्क-संप्रदाय के वृंदावनवासी ब्रह्मचारी श्री ब्रजवल्लभशरण जी वेदांताचार्य से मिला है।"[2] ब्रजवल्लभशरण वेदांताचार्य को सलेमाबाद से अपने संबंध के कारण यह चित्र सलेमाबाद के निंबार्कतीर्थ से ही मिला होगा। इसमें आनंदघन कदाचित् किशनगढ़ की शैली में चित्रित हैं।[3] दूसरे चित्र की प्रतिकृति *श्रीसर्वेश्वर* पत्रिका[4] में मिलती है। इस चित्र के बारे में बाबू राधाकृष्णदास ने लिखा है, "हमारे यहाँ एक अत्यंत प्राचीन चित्र है जिसमें नागरीदास जी (सावंत सिंह) और घनआनंद जी एक साथ विराजते हैं।"[5] इस चित्र की प्रतिकृति के नीचे *श्रीसर्वेश्वर* पत्रिका में यह लिखा है "श्रीवृंदावनदेवाचार्य जी महाराज अपने शिष्य श्री ब्रजानंद जी तथा आनंदघन जी एवं महाराज कुमार श्री सावंत सिंह जी (किशनगढ़) को संगीत शिक्षा दे रहे हैं। यह जीर्ण-शीर्ण चित्र श्री निकुंज वृंदावन से प्राप्त हुआ है।" ऐसा जान पड़ता है कि एक चित्र दूसरे की प्रतिकृति ही है। फिर भी दोनों चित्रों से आनंदघन का किशनगढ़ और महाराजा नागरीदास से संबंध सिद्ध होता है।

सुजान

किंवदंती के अनुसार दिल्ली दरबार में सुजान नामक एक नर्तकी से आनंदघन का प्रेम था। *भडुवा छंद* भी सुजान की मौजूदगी का साक्ष्य देते हैं। लेकिन आनंदघन की प्रणयानुभूति का सबसे अच्छा साक्ष्य उनका काव्य ही है। उनकी कविता की मूल प्रेरणा सुजान का प्रेम है। किंवदंती और सूफी विचारधारा के अनुसार कवि का लौकिक प्रेम (इश्क़-ए-मजाज़ी) अलौकिक प्रेम (इश्क़-ए-हक़ीक़ी) में परिवर्तित हो गया। उनके प्रेम की गहराई का एक और प्रमाण यह है कि कवि ने अपनी छाप (घन आनँद या अनंदघन) के साथ-साथ 'सुजान' भी लगायी है। इसका मतलब यह भी हो सकता है कि कवि अपने को अपनी रचनाओं का एकमात्र लेखक नहीं मानता है, बल्कि सोचता है कि उन्हें सुजान ने भी लिखा है क्योंकि काव्य में व्यक्त भावनाओं का

---

1. राजस्थान पुरातत्वान्वेषण मंदिर, जोधपुर, संख्या 2264।
2. मिश्र 1952 *'प्रस्तुत ग्रंथावली'* पृ. 2-3।
3. विश्वभारती, शांतिनिकेतन के कला भवन के भूतपूर्व अध्यक्ष प्रोफेसर दिनकर कौशिक के अनुसार जिस रूप में चित्र प्रकाशित है, उससे किसी शैली का पता नहीं चलता--शोधकर्ता से वार्तालाप।
4. श्रीसर्वेश्वर माघ सं. 2009 से श्रावण सं. 2010 (1952-53) पृ. 8।
5. राधाकृष्णदास : *श्री नागरीदास का जीवन चरित्र* : दे. श्यामसुंदरदास 1937 (सं.) पृ. 172।

मूल कारण सुजान ही है—

यों घन आनँद छावत भावत जान सजीवन ओर तें आवत।

(—सुजानहित 228)

प्रेमी और प्रेमिका के एक साथ काव्यरचना करने की धारणा उस ज़माने में दूसरे कवियों के संबंध में भी प्रचलित थी। एक ऐसी किंवदंती आलम के बारे में भी मिलती है—*आलम-केलि* और *अक्षरमालिका* के कबित्त कहीं 'आलम' छाप से और कहीं 'शेख' छाप से मिलते हैं। कहा जाता है कि आलम की प्रेमिका शेख नाम की एक मुसलिम रंगरेजिन थी और ये दोनों एक साथ कविता लिखते थे। मुंशी देवीप्रसाद और पंडित नकछेदी तिवारी ने जनश्रुति के आधार पर ऐसे कुछ छंद उद्धृत किये हैं जिनकी तीन पंक्तियाँ आलम-रचित कही जाती हैं और अंतिम पंक्ति शेख-रचित।[1]

यह बात विशेष रूप से विचारणीय है कि उन कवियों में जो 'स्वच्छंद काव्यधारा' के कवि कहलाते हैं, आलम का एक मुसलिम रंगरेजिन से और बोधा का एक मुसलिम वेश्या से संबंध बताया जाता है और ये संबंध उनकी कविता की प्रेरणा माने जाते हैं।

सुजान की वास्तविकता

आनंदघन के प्रेम की वास्तविकता तो उनकी कविता के भावों की गहराई से स्पष्ट रूप से प्रमाणित होती है। ऐसा प्रतीत होता है कि उन्होंने उन तत्वों को, जिनसे कवि की प्रणयानुभूति कविता का रूप धारण करती है जैसे प्रेम की पीर, विरोधमूलक शैली, भावों का सीधा विवरण आदि उर्दू-फारसी साहित्य से ग्रहण किया। क्या ऐसा नहीं माना जा सकता कि उर्दू-फारसी के प्रभाव के कारण ही भारतीय पाठक आनंदघन की कविता में नयापन और गहराई का अनुभव करता है ?

दरअसल् आनंदघन का अपने काव्य से इतना आत्मीय संबंध है कि उसमें वर्णित भाव अगर पहले से उनका न भी रहा हो तो उसे कविता का रूप देते वक्त वह उनका अपना भाव बन जाता है—

लोग है लागि कबित्त बनावत मोहि तो मेरे कबित्त बनावत॥

(—सुजानहित 228)

कवि के भावों की सच्चाई पर संदेह नहीं किया जा सकता। केवल इतना कुछ कहा जा सकता है कि आनंदघन ने अपने भावों को व्यक्त करने के लिए रीतिकाल की परंपरागत शैली को पर्याप्त न समझकर उर्दू-फारसी शैली का भी आश्रय लिया।

---

1. दे॰ राममूर्ति त्रिपाठी पृ॰ 11; भगीरथ मिश्र (सं॰) पृ॰ 60।

इसके साथ यह भी कहना चाहिए कि पुराने उल्लेख और किंवदंतियाँ आनंदघन के प्रेम की पात्र, नर्तकी सुजान के अस्तित्व का साक्ष्य सर्वत्र नहीं देतीं। 18वीं शताब्दी में *भडुवा छंद* के अलावा सुजान का सीधा उल्लेख नहीं मिलता। मुहम्मदशाह के समकालीन शाक़िर ख़ाँ के *तारीख़-ए-शाक़िर-ख़ानी* में मुहम्मदशाह के दरबार की आठ-दस प्रमुख नर्तकियों का उल्लेख भी है, लेकिन उनमें सुजान या सुजानराय का नाम नहीं मिलता। 20वीं शताब्दी से पहले श्रीधर कवि तथा राधाचरण गोस्वामी को छोड़कर आनंदघन के सुजान-प्रेम का उल्लेख और किसी ने नहीं किया है। सुंदरदास, रघुराज सिंह, महादेवप्रसाद, भारतेन्दु हरिश्चन्द्र, शिवसिंह सेंगर, ग्रियर्सन, तासी आदि सुजान के बारे में मौन हैं। लाला भगवानदीन ने आनंदघन के दरबार-त्याग और वृंदावनवास का कारण सुजान का प्रेम नहीं बल्कि रासलीला की ओर आनंदघन के आकर्षण को माना है।[1]

सुजानवाली किंवदंती आजकल इसलिए प्रसिद्ध है कि रामचन्द्र शुक्ल ने उसका उल्लेख किया है।[2] इसके बाद सिर्फ एक ही विद्वान ने सुजान के अस्तित्व के बारे में शंका प्रकट की है। मोहन अवस्थी ने सन् 1966 तथा 1969 में *सम्मेलन पत्रिका* में प्रकाशित दो लेखों में अपना यह विचार व्यक्त किया है कि आनंदघन की प्रेयसी का नाम सुजान नहीं था।[3] डॉ॰ अवस्थी के पहले लेख का तीन विद्वानों ने भी उत्तर दिया है[4] लेकिन सुजान की वास्तविकता के लिए वे कोई भी अकाट्य प्रमाण नहीं दे सके हैं। डॉ॰ अवस्थी ने कहा है कि किंवदंतियों पर विश्वास करना अवैज्ञानिक है और *भडुवा छंद* में मुसलमान वेश्या सुजान का उल्लेख ("हुरकिनी सुजान तुरकिनी को सेवक है") को प्रामाणिक नहीं माना जा सकता। गौड़ का मत है कि *जस कबित्त* ग्रंथ, जिसमें *भडुवा छंद* संग्रहीत है, संवत् 1812 (सन् 1755) से पहले रचित है, इसलिए *भडुवा छंद* को आनंदघन के किसी समकालीन द्वारा लिखे जाने के कारण प्रामाणिक मानना चाहिए।[5]

भडुवा छंद के शुरू में इस बात का उल्लेख है कि "कायथ आनंदघन... ब्रज की काटा में आयो। परंतु अपयश वाकौ थिर है।" अर्थात् कायस्थ आनंदघन ब्रज

---

1. दे॰ गौड़ पृ॰ 10।
2. शुक्ल पृ॰ 185।
3. डॉ॰ मोहन अवस्थी : क्या घनानंद की प्रेयसी का नाम सुजान था ? दे॰ *सम्मेलन पत्रिका* भाग 62, अंक 2। घनानंद की प्रेयसी का नाम सुजान नहीं था : दे॰ *सम्मेलन पत्रिका* भाग 65, अंक 3-4 पृ॰ 137-143।
4. तीनों लेख *सम्मेलन पत्रिका* भाग 63 संख्या 1 में प्रकाशित हैं—डॉ॰ किशोरीलाल गुप्त : घनानंद की प्रेयसी का नाम सुजान था पृ॰ 116-121; काजमी : घनानंद और उनकी प्रेमिका पृ॰ 121-132; उदयशंकर दुबे : घनानंद के सुजान विषयक अप्राप्य छंद 132-137।
5. गौड़ पृ॰ 7।

की मारकाट में मारे गये लेकिन उसका अपयश बना रहा। ब्रज की मारकाट सन् 1757 में हुई थी। इसीलिए डॉ॰ अवस्थी के अनुसार *भडुवा छंद* का साक्ष्य अप्रामाणिक है। उनका मत है कि जान शब्द और सुजान शब्द भी उर्दू साहित्य में प्रचलित संबोधन मात्र है, 'प्रिया' या 'माशूक़' के लिए। सुजान शब्द प्रतीक रूप में प्रयुक्त है, अभिधान रूप में नहीं। लेकिन इसके साथ इतना तो स्वीकार किया ही गया है कि ''घनानंद किसी के प्रेमी थे''।[1]

भडुवा छंद में इतना द्वेष भरा है कि लगता है, उसके लेखक का आनंदघन से किसी न किसी प्रकार का संबंध रहा होगा और आनंदघन के बारे में प्रचलित बातें उसको मालूम थीं।

निंदा तभी जायज होती है जब उसका कोई न कोई आधार हो फिर उसको बढ़ा-चढ़ाकर किसी के सिर पर मढ़ दिया जाता है। हो सकता है कि गौड़ ने *जस कबित्त* का रचनाकाल ठीक नहीं बताया या *भडुवा छंद* से पहले जो वाक्य गद्य में लिखे हैं, वे बाद में लिखे गये हों। ''हुरकिनी सुजान तुरकिनी को सेवक है, तजि राम नाम वाकौ पूजै काम धाम है'' इस पंक्ति का आधार समझने में सबसे अधिक सहायक यह बात हो सकती है कि कवि ने ब्रज में आकर भी 'सुजान' छाप से कविता लिखना जारी रखा और भडुवाकार को यह भक्ति के विपरीत मालूम पड़ा। भडुवाकार को यह भी मालूम रहा होगा कि सुजान एक मुसलमान वेश्या थी।

यह बात अनेक कवियों के बारे में प्रचलित है कि पहले वे वारांगनाओं के प्रेमी थे और बाद में ईश्वर-भक्त बन गये। मिसाल के लिए श्रीधर का निम्नलिखित पद देखिए[2]—

चिंतामणि होकरियाँ उस विल्वमंगल छो सुरझाया।
रूपमंजरी रूपधर्‌या तब नन्ददास उरझाया।
फिर सुजान महबूब खूब से आनंदघन मन माया।
श्री हरिदेव सुजान सखी अब श्रीधरनू अपनाया॥

'सुजान महबूब' से आनंदघन का प्रेम उसी प्रकार का था जिस प्रकार का चिंतामणि से विल्वमंगल का, रूपमंजरी से नन्ददास का तथा सुजान सखी से श्रीधर का। 'महबूब' शब्द से इस बात का भी संकेत मिलता है कि सुजान मुसलमान थी। उर्दू-फारसी साहित्य में प्रिया या प्रियतमा को महबूब कहते हैं। गौड़ के अनुसार ऊपर के पद्य में साहचर्य-नियम से यह भी ध्वनित होता है कि सुजान कोई वेश्या थी।[3]

---

1. अवस्थी 1967 पृ. 141।
2. *ब्रज भारती* पत्रिका, आषाढ़ सवंत् 1998 (सन् 1941) दे॰ गौड़ पृ॰ 45। श्रीधर की चरचा के लिए दे॰ इस पुस्तक में पृ॰ 32-33।
3. गौड़ पृ॰ 46।

विल्वमंगल के बारे में भक्तमाल-साहित्य में प्रसिद्ध है कि वे एक दाक्षिणात्य ब्राह्मण कुमार थे और चिंतामणि नाम की एक वेश्या पर आसक्त थे। चिंतामणि कृष्णा नदी के दूसरे पार पर रहती थी। जब विल्वमंगल ने बरसात की आधी रात की कोई परवाह न कर नदी को तैर कर पार किया और चिंतामणि के पास पहुंचे तो उसने उन्हें डांटकर कहा कि एक वेश्या के लिए इतना कष्ट क्यों झेला। अगर इतना प्रगाढ़ प्रेम भगवान से करते तो जीवन सार्थक होता। बाद में विल्वमंगल भक्त बनकर वृंदावन गये और संस्कृत में श्रीकृष्ण की भक्तिपरक सुंदर कविताएँ लिखने लगे।[1] (इस किंवदंती का तुलसीदास की रत्नावली संबंधी किंवदंती से बहुत साम्य है।)

नन्ददास के प्रेम के बारे में भी दो कहानियाँ प्रसिद्ध हैं। एक किंवदंती के अनुसार सिंधु नद में एक साहूकार क्षत्रिय की पत्नी पर नन्ददास आसक्त हो गये और नित्य प्रति उसके घर के चक्कर काटने लगे। जब यह चर्चा बहुत फैल गयी तो स्त्री के पति एवं श्वसुर ने उस ग्राम को छोड़कर गोकुल जा बसने का विचार किया। नंददास ने यमुना तक उनका पीछा किया, किंतु साहूकार का परिवार मल्लाह के साथ सांठ-गांठ करके पार उतर गया और नंददास इस पार बैठे रह गये। जब परिवार विट्ठलनाथ के पास पहुंचा, तो साहूकार को विट्ठलनाथ ने डांटकर कहा कि उस ब्राह्मण को दूसरे पार नहीं छोड़ना चाहिए था और स्वयं विट्ठलनाथ ने अपना आदमी भेजकर नन्ददास को बुलाया। विट्ठलनाथ के दर्शन मात्र से नन्ददास की मोहनिद्रा भंग हो गयी और वे भक्त हो गये।[2]

दूसरी कहानी भक्त नंददास का रूपमंजरी से संपर्क बताती है। रूपमंजरी के बारे में यह बताया जाता है कि वह पहले बादशाह अकबर की पत्नी थी लेकिन बाद में भक्त बन गयी। *श्री गोवर्धननाथजी की प्राकट्य वार्ता* के अनुसार नंददास की श्रीनाथ की सेविका रूपमंजरी के साथ मित्रता थी और उसी के लिए *रसमंजरी* की रचना करने का भी उल्लेख है। ''नंददास कृत रूपमंजरी काव्य की नायिका, रूपमंजरी इनकी मित्ताणी है और उसकी सहचरी इन्दुमति स्वयं नंददास हैं।''[3]

नंददास का काव्य भी किंवदंतियों का इस दृष्टि से तो समर्थन करता है कि उसमें उपपति-प्रेम के महत्व का उल्लेख मिलता है–

रसन में जो उपपति रस आहि। रस की अवधि कहत कवि ताहि ॥[4]

---

1. दे॰ नगेंद्रनाथ वसु (सं.) पृ॰ 400-401।
2. खट्टर पृ॰ 21-22।
3. ब्रजरत्नदास (सं.) 'भूमिका' पृ॰ 16।
4. ब्रजरत्नदास (सं.) 'भूमिका' पृ॰ 72।

लेकिन रूपमंजरी का अस्तित्व विवादास्पद है। श्री महावीर सिंह गहलोत ने रूपमंजरी को नंददास की मित्र तो होना क्या उसका अस्तित्व ही नहीं माना है।[1] श्री प्रभुदयाल मीतल भी अष्टछाप के कवियों की वैराग्य-वृत्ति और भक्ति-भावना को देखते हुए नंददास की रसिक मित्र के रूप में किसी स्त्री पात्र की कल्पना करने में असमर्थ हैं।[2] इसी संबंध में रमेशकुमार खट्टर का कहना है कि नंददास के दीक्षागुरु गोस्वामी विट्ठलनाथ स्वयं विवाहित थे। अतः वल्लभ संप्रदायी भक्त न तो विरक्त ही थे और न ही किसी स्त्री के साथ उनका मित्र-भाव पुष्टि-भक्ति में बाधक ही माना गया था।

नाम की समस्या

अब प्रश्न यह है कि सुजान उस मुसलमान वेश्या का असली नाम था या कवि का दिया हुआ नाम। एक ओर तो 17वीं-18वीं शताब्दी के हिन्दी-साहित्य में प्रिय के लिए भी सुजान संबोधन प्रचलित था। यही नहीं यह शब्द कृष्ण का भी एक विशेषण है। रसखान के कबित्तों के एक संकलन का नाम *सुजान रसखान* है, जहाँ सुजान शब्द कृष्ण का बोधक है। आनंदघन के जमाने में विविध कवियों की रचनाओं के शीर्षक में सुजान शब्द का व्यवहार करने की एक प्रथा भी प्रचलित थी। अनेक ग्रंथों के नामों में सुजान शब्द मिलता है जिनमें कहीं तो वह आश्रयदाता के नाम का बोध कराता है और कहीं कवि के नाम का। करौली के राजघराने के सुजानसिंह ने संवत् 1790 (सन् 1733) में *सुजान विलास* नामक एक वीरकाव्य लिखा।[3] भरतपुर के राजा बदन सिंह (शासनकाल सन् 1724-1756) के राजकवि सोमनाथ ने भी एक *सुजान विलास* लिखा।[4] इसके अलावा भरतपुर के राजा सुजान सिंह—उपनाम सूरजमल—(शासनकाल सन् 1756-1763) के चरित्र का वर्णन सूदन कवि ने *सुजान चरित* नाम से किया है।[5] आनंदघन के ही समकालीन देव की एक रचना का नाम भी *सुजान विनोद* है। डॉ॰ नगेन्द्र का मत है कि इसकी रचना संवत् 1795 के लगभग दिल्ली के कायस्थ रईस पातीराम के पुत्र श्री सुजानमणि के विनोदार्थ हुई थी।[6]

आनंदघन के परवर्ती ठाकुर और बोधा के कबित्तों में भी कभी-कभी प्रिया के संबोधन के लिए जान शब्द का प्रयोग किया गया है तथा प्रिया या प्रेमिका के

---

1. महावीर सिंह गहलोत : नन्ददास और रूपमंजरी, दे॰ *हिन्दुस्तानी* जनवरी-मार्च 1947, दे॰ खट्टर पृ॰ 13।
2. प्रभुदयाल मीतल : *अष्टछाप परिचय* पृ॰ 298; दे॰ खट्टर पृ॰ 13।
3. भगीरथ मिश्र पृ॰ 389।
4. भगीरथ मिश्र पृ॰ 406।
5. भगीरथ मिश्र पृ॰ 408-409।
6. डॉ॰ नगेन्द्र : *देव और उनकी कविता* पृ॰ 58।

अर्थ में भी सुजान शब्द प्रयुक्त हुआ है—

एक सुभान के आनन पै कुरबान जहाँ लगि रूप जहाँ को।
कैयौ सतकतु की पदवी लुटियै लखिकै मुसकाहट ताको।
सो कजरा गुजरान जहाँ कवि बोधा जहाँ उजरान तहाँ को।
जान मिलै तो जहान मिलै नहिं जान मिलै तो जहान कहाँ को ॥ 31 ॥
(–बोधाः इश्कनामा[1])

गति मेरी यही निसिबासर है चित तेरी गलीन के गाहनो है।
चित कीन्हो कठोर कहा इतनो अरी तोहि नहीं यह चाहनो है।
कह ठाकुर नेक नहीं दरसीं कपटीन को काह सराहनो है।
मन भावै सुजान सोइ करियो हमैं नेह को नातो निबाहनो है ॥
(–ठाकुर[2])

लेकिन दूसरी ओर प्रवीनराय, सुजानराय जैसे नाम वेश्याओं और नर्तकियों के नाम भी हो सकते हैं। वीरसिंह देव के समय ओरछा में एक प्रवीनराय नाम की राजनर्तकी थी। ओरछा में उसका महल आज भी मिलता है। कहते हैं कि कवि केशव ने इस नर्तकी की शिक्षा के लिए *रसिकप्रिया* लिखी थी। नर्तकी की सुंदरता और प्रवीणता को सुनकर उसे अकबर के दरबार में बुलाया गया था। प्रवीनराय ने अकबर को यह दोहा भी सुनाया—

विनती राय प्रवीन की सुनिये साह सुजान।
जूठी पातरी भखत है बायस बारी स्वान ॥

सुजान की कविताएँ

विश्वनाथप्रसाद मिश्र ने सुजान की कुछ कविताओं को भी उद्धृत किया है। इनमें कभी-कभी "कहै सुजान" छाप आती है[3], लेकिन साथ ही उन्होंने यह भी बताया कि यह कहना कठिन है कि ये पद्य आनंदघन की प्रेयसी सुजान के हैं या किसी दूसरे सुजान नाम के कवि के। एक पद्य जिसमें सुजान का मुहम्मदशाह से संबंध भी बताया गया है इस प्रकार है—

किरपा करो रे मो मन सइयाँ तन मन धन नोछावर करहूँ परहूँ पइयाँ।
मुहम्मद सा सुजान अब कहि भाग हमारे जागे लेहु बलैया सुरजन सइयाँ ॥[4]

---

1. विश्वनाथ प्रसाद मिश्र 1964 (सं.) पृ. 6।
2. जगदीश गुप्त (सं.) पृ. 202। भारतेंदु हरिश्चन्द्र के *सुंदरीतिलक* में इस सवैये का ऐसा पाठांतर प्रकाशित है, जिसमें 'सुजान' शब्द की जगह पर 'तिहारे' पाठ मिलता है।
3. मिश्र 1952 *'वाङ्मुख'* पृ. 61-65; गौड़ पृ. 47-50।
4. मिश्र 1952 *'वाङ्मुख'* पृ. 65।

ऐसी स्थिति में यह बता पाना कठिन है कि "सुजान'' शब्द ''मुहम्मद सा'' का विशेषण है या उससे पृथक ?[1] इस संबंध में यह उल्लेख करना आवश्यक है कि प्रवीनराय के दोहे में भी अकबर का संबोधन "साह सुजान'' है और सूदन ने भी महाराजा सूरजमल के लिए 'सुजान' शब्द का प्रयोग किया है, अर्थात् यहाँ भी सुजान को ''सा'' (शाह) का विशेषण मानना अधिक संगत लगता है।

आचार्य विश्वनाथप्रसाद मिश्र और मनोहरलाल गौड़ ने 'सुजान' के दो पदों के अलावा *सुधासर* संग्रह और अजयगढ़ राज्य से प्राप्त प्राचीन कवियों के एक संग्रह के आधार पर सुजान के और ग्यारह कबित्त निर्धारित किये हैं। अजयगढ़ के संग्रह में आनंदघन के कबित्तों के संग्रह के अनंतर ''अथ सुजान के कबित्त'' शीर्षक से 'सुजान' के ग्यारह कबित्त दिये गये हैं।[2] यह सुजान के आनंदघन से संबंध की ओर संकेत करता है।

सुधासर संग्रह में न केवल सुजान का बल्कि सुजान साहिब का भी कबित्त मिलता है।[3] क्या विश्वनाथप्रसाद मिश्र द्वारा उद्धृत कबित्त इस सुजान साहिब के तो नहीं हैं ?

गौड़ ने कबित्तों में से एक को आनंदघन का माना जो सुजान के नाम से है।[4] विश्वनाथप्रसाद मिश्र का मत है कि अजयगढ़ के संग्रह में आनंदघन के कबित्तों में सुजान का एक कबित्त भी धरा हुआ है। अक्सर अज्ञात कवियों की रचनाएँ ज्ञात कवियों के नाम चढ़ जाती हैं। इसी तरह ''घनआनंद की ही रचना सुजान के नाम नहीं चढ़ गयी, सुजान की रचना भी उनके नाम चढ़ती रही है''।[5]

मुहम्मदशाह के जमाने में वेश्या और नर्तकी का स्थान

सुजान के अस्तित्व को सिद्ध करने के लिए पूरा साक्ष्य मिले या न मिले, मुहम्मदशाह के जमाने का वातावरण ऐसा तो था ही कि उसमें मुंशी का एक नर्तकी या वेश्या से संबंध होना पूरी तरह संभव था।

बादशाह और उमरा गायकों और नर्तकियों के लिए बहुत खर्च किया करते थे और वे बड़ी संख्या में दिल्ली आती थीं। इन नर्तकियों में सबसे मशहूर नूरबाई और तौफ़ह थीं।

यह एक परंपरा रही है कि श्रृंगारिक प्रेम की पात्र वेश्या या नर्तकी को माना जाता रहा है जो अदब-कायदे और उल्लास, लालित्य, मनोहरता का मूर्तिमान प्रतीक

---

1. मिश्र 1952 *'वाङ्मुख'* पृ॰ 66।
2. मिश्र 1952 *'वाङ्मुख'* पृ॰ 62।
3. *प्रबोधरस-सुधासर*–श्री संजय शर्मा संग्रहालय की बिना संख्या की पांडुलिपि, पन्ना 150-151।
4. गौड़ पृ॰ 49।
5. मिश्र 1952 *'वाङ्मुख'* पृ॰ 64।

होती थी, चित्रकारों और कवियों की कला की प्रेरणा का स्रोत होती थी और उसका रूप-सौंदर्य तथा उसकी कला-कुशलता बराबर काव्य और चित्र के विषय बनते थे। अमीर लोग उसको अपने घर में आमंत्रित करते थे, सामान्य-जन उसके घर जाते थे।[1]

दरबार-त्याग

आनंदघन एक स्वाभिमानी व्यक्ति थे। किंवदंती के अनुसार उन्होंने न तो मुहम्मदशाह को और न ही जयपुर के महाराजा को[2] सम्मान दिया। *भडुआ छंद* में भी उनको "रूप धरे अभिमान" कहा गया है। स्वाभिमानी व्यक्ति के विरोधी हमेशा रहते हैं। आनंदघन के मामले में भी अवश्य रहे होंगे। किंवदंती के अनुसार इन विरोधियों के षड्यंत्र के चलते ही उन्हें मुहम्मदशाह के दरबार को छोड़ना पड़ा।

मुहम्मंदशाह को पीठ दिखाकर सुजान को ही कविता सुनाने की किंवदंती आनंदघन के प्रेम की अनन्यता व्यक्त करती है, लेकिन साक्ष्यों के अभाव में यह नहीं कहा जा सकता कि दरबार में यह घटना हुई थी या नहीं। यह बात अवश्य ध्यान में रखनी चाहिए कि उसके समान एक किंवदंती सूरदास के संबंध में भी प्रचलित है जिसके अनुसार सूर ने अकबर की प्रशंसा में कविता नहीं सुनाई क्योंकि वे अपनी कृष्णभक्ति को अनन्य मानते थे, उनके मन में श्रीगोपाल के अलावा और किसी का स्थान नहीं था। राजा-महाराजाओं से मिलने की किंवदंती बहुत सारे कवि-संतों के संबंध में प्रचलित है।[3] लेकिन सूर और आनंदघन अपने जमाने के प्रमुख कवि थे और ये दो किंवदंतियाँ स्पष्ट रूप से दिखाती हैं कि इन दो कवियों के काल में साहित्य में क्या परिवर्तन हुआ—सूर के लिए भक्ति अनन्य है, आनंदघन के लिए प्रेम।

आनंदघन ने दिल्ली-दरबार का त्याग कब किया यह तय करने के लिए जयपुर के पोथीखाने में सुरक्षित आनंदघन की उपलब्ध सबसे पुरानी पांडुलिपि की ओर एक बार फिर दृष्टि डालनी चाहिए।[4] यह पांडुलिपि संवत् 1784 (सन् 1727) में संभवतः रूपनगर में लिखी गयी। इस पांडुलिपि में आनंदघन के कबित्त दूसरे कवियों की भक्तिपरक रचनाओं के बीच संग्रहीत हैं। ऐसा प्रतीत होता है कि यह दूसरी पांडुलिपि के आधार पर रचा गया नया संग्रह है जिसमें आनंदघन के कबित्तों को भक्तिपरक रचनाओं के रूप में पेश करने का प्रयत्न किया गया है। इस पोथीखाने वाली पांडुलिपि

1. मलिक पृ. 365।
2. राधाकृष्णदास : *श्री नागरीदास का जीवन-चरित्र।* दे. श्यामसुंदरदास (सं.) पृ. 173।
3. दे. लोरेंज़ेन पृ. 186-188।
4. इस पांडुलिपि के बारे में पृ. 49-53 पर चर्चा की गयी है।

की एक विशेषता यह भी है कि इसमें 'सुजान' शब्द को गायब कर देने की कोशिश बराबर नज़र आती है।

उपर्युक्त परिवर्तन तथा संग्रह के शुरू में रखे गये चार भक्तिपरक छंदों के द्वारा लिपिकार ने आनंदघन के अनेकार्थक काव्य को भक्तिकाव्य के रूप में प्रस्तुत करने की कोशिश की। उसमें शृंगार के छंद रहने पर भी भक्ति का महत्व इतना बढ़ाया गया है कि संग्रह एक भक्ति-संग्रह मालूम पड़ता है। यहाँ तक कि रूपनगर का यह पूरा हस्तलिखित ग्रंथ भक्तिपरक काव्य-रचनाओं का एक संग्रह है।

अगर इस ग्रंथ को लिखने के समय आनंदघन दिल्ली में दरबार के मुंशी होते तो उनको भक्त-कवि के रूप में दिखाने का प्रश्न ही नहीं उठता। रूपनगरवाली पांडुलिपि यह प्रमाणित करती है कि सवंत् 1784 (सन् 1727) में भक्त-समाज में आनंदघन को मान्यता दिलाने का प्रयत्न किया गया था। इससे जाहिर है कि आनंदघन ने सन् 1727 से पहले ही दिल्ली-दरबार छोड़ दिया होगा। इस तरह की दो और पांडुलिपियाँ भी मिलती हैं। एक सवंत् 1786 (सन् 1729) में शायद दिल्ली में लिपिबद्ध हुई और दूसरी संवत् 1800 (सन् 1743) में लिखी गयी थी और उसका लिपिस्थान रूपनगर है।[1]

भक्ति और संप्रदाय

आनंदघन का भक्ति की ओर झुकाव शुरू से ही था यद्यपि उनके जीवन के पूर्वार्ध में प्रकट रूप से कृष्ण-भक्ति को प्राधान्य शायद नहीं मिला। संवत् 1784 (सन् 1727) के कबित्त-संग्रह में प्रकट भक्तिपरक छंद भी हैं। जीवन के उत्तरार्ध में उनकी कृतियों में परिवर्तन आ गया, वे प्रकट भक्तिपरक रचनाएँ अधिक लिखने लगे और अंत में वृंदावन में बस गये। उनकी कविताओं में बराबर ब्रजवास की प्रशंसा मिलती है।

आनंदघन सन् 1740 से पहले वृंदावनदेवाचार्य के जीवनकाल में ही भक्त बन गये थे और भक्तिपरक रचनाएँ लिखने लगे थे। *परमहंस वंशावली* कदाचित जयरामदास शेष के आचार्यकाल में सन् 1740 और 1743 के बीच रची गयी होगी क्योंकि इसमें शेष-परिवार की भी प्रशंसा है, लेकिन शेष के उत्तराधिकारी गोविंददेवाचार्य की नहीं। *मुरलिका मोद* का रचना-काल सन् 1741 है। इस समय तक आनंदघन के विचारों में भक्ति का संचार हो गया। भक्तों से घनिष्ठ संबंध तो पहले से ही अर्थात् कम से कम पोथीखाने की पहली पांडुलिपि के लिपिकाल सन् 1727 से चला आ रहा होगा।

---

1. इन पांडुलिपियों की चर्चा भी पहले हो चुकी है।

निंबार्क संप्रदाय

सबसे पहले मिश्रबंधुओं ने आनंदघन को निंबार्क संप्रदाय का भक्त बताया। इसके बाद इस मत का सबसे प्रबल प्रचार ब्रह्मचारी बिहारीशरण ने किया। उन्होंने आचार्य विश्वनाथप्रसाद मिश्र को आनंदघन के बारे में बहुत सामग्री भी दी थी। विश्वनाथप्रसाद मिश्र के शोध के अनुसार भी आनंदघन निंबार्क संप्रदाय में दीक्षित थे और सलेमाबाद के वृंदावनदेवाचार्य उनके दीक्षागुरु थे। आचार्य मिश्र को अपनी धारणा के समर्थन में चार प्रमाण मिले हैं–

1. *परमहंस वंशावली* में गुरु-परंपरा का वर्णन और वृंदावनदेवाचार्य के प्रति श्रद्धा।[1]

2. *भोजनादि धुन* के पद में गुरु-परंपरा का वर्णन और वृंदावनदेवाचार्य के प्रति श्रद्धा।[2]

3. बधाई (प्रशंसा) के पद लिखने की परंपरा निंबार्क संप्रदाय में है और आनंदघन ने भी बधाई के कई पद लिखे हैं।

4. आनंदघन का सखीनाम 'बहुगुनी' था। निंबार्क संप्रदाय में साधना की उच्च कोटि तक पहुँचे हुए महात्माओं को साधनागत सखी-नाम मिलता है। आनंदघन की रचनाओं में उनके सखी-नाम का बराबर उल्लेख आता है।[3]

इन चार प्रमाणों के अलावा मनोहरलाल गौड़ ने आनंदघन की कुछ रचनाओं के आधार पर उनके सखी-भाव की उपासना करने की बात प्रमाणित की है। *वृषभानुपुर-सुषमा-वर्णन, प्रिया प्रसाद, मनोरथ-मंजरी, प्रेमपद्धति* आदि प्रबंध-रचनाओं में आनंदघन अपने को सखी-रूप में चित्रित करते हैं।[4]

राधावल्लभ संप्रदाय के वृंदावन-निवासी भक्त विद्वान श्री किशोरीशरण 'अलि' जी महाराज ने इस तथ्य की ओर हमारा ध्यान दिलाया कि इन प्रमाणों पर आपत्ति की जा सकती है। आचार्य विश्वनाथप्रसाद मिश्र के प्रथम दो प्रमाण इसलिए संदेहजनक हैं कि आनंदघन की एक भी रचना में वृंदावनदेवाचार्य का गुरु के रूप में स्पष्ट उल्लेख नहीं है। इतना नहीं, आनंदघन ने अपनी गुरु की वंदना कहीं नहीं की है। *परमहंस वंशावली* के शुरू में जो गुरु-वंदना मिलती है, वह आनंदघन के व्यक्तिगत गुरु की वंदना न होकर "श्रीनिकेत नित परमगुरु श्री नारायणदेव" अर्थात् विष्णु-नारायण की वंदना है।[6]

1. मिश्र 1952 *'वाङ्मुख'* पृ. 74-75।
2. मिश्र 1952 *'वाङ्मुख'* पृ. 76।
4. सखीनाम की चर्चा पहले हो चुकी है, देखिए पृ. 36।
5. गौड़ पृ. 431-435।
6. श्री किशोरीशरण 'अलि' जी महाराज से शोधकर्ता का वार्तालाप।

बधाई के पदों के विषय में फिर इसलिए सतर्क होना चाहिए कि यद्यपि आनंदघन ने निंबार्क संप्रदाय के हरिव्यासदेव और निंबकाचार्य की प्रशंसा में बधाई के पद लिखे हैं पर उनका ऐसा पद भी मिलता है जिसमें चैतन्य महाप्रभु की प्रशंसा की गयी है।[1]

चौथे प्रमाण अर्थात् आनंदघन के सखीनाम को 'अलि' जी महाराज ने निंबार्की होने का प्रमाण नहीं माना क्योंकि सखीनाम अन्य संप्रदायों में भी मिलता है। मनोहरलाल गौड़ की आनंदघन की रचना संबंधी धारणा के विषय में एक और मत यह दिया जा सकता है कि आनंदघन की जिन रचनाओं में सखीभाव की उपासना की गयी है वे हरिदासी, राधावल्लभी जैसे अन्य संप्रदायों के अंतर्गत भी आ सकती हैं। इसका एक प्रमाण यह भी है कि *मनोरथमंजरी* को राधावल्लभी रचना के रूप में दिखाने की कोशिश की गयी है।[2]

फिर दूसरी ओर आनंदघन की अन्य भक्तिपरक रचनाएँ उनको सखीभाव के उपासक के रूप में प्रस्तुत नहीं करतीं। मसलन आनंदघन की *इश्कलता* और *वियोगवेली* के अध्ययन से ज्ञात हो जाता है कि आनंदघन का हृदय ''प्यारे श्यामसुंदर के विरह'' से जलता रहता था। 'चाचा' वृंदावनदास ने भी आनंदघन की उपासना को सखीभाव की उपासना नहीं, आजीवन बिरह-भाव की उपासना माना था—

बिरह सो तायो तन निबाह्यो बन साँचो पन...

(–हरिकलाबेली 178)

किशोरीशरण 'अलि' और वृंदावन के अन्य भक्तों के अनुसार ब्रह्मचारी बिहारीशरण के द्वारा दी गयी सामग्री के आधार पर ही विश्वनाथप्रसाद मिश्र ने अपने तर्क प्रस्तुत किये हैं। ब्रह्मचारी बिहारीशरण ने मीराँ बाई, बिहारी आदि अनेक महत्पूर्ण कवियों को अपने संप्रदाय के अंतर्गत दिखाकर भ्रम पैदा किया है। इसका साक्ष्य उन्हीं के द्वारा संपादित *निंबार्क माधुरी* है।

ये सभी तर्क विचार करने योग्य हैं। विशेष रूप से इसी कारण कि उन्नीसवीं शताब्दी से पहले आनंदघन के निंबार्क संप्रदाय से संपर्क का बहिःसाक्ष्य नहीं मिल रहा है। रघुराज सिंह द्वारा वंशीवट का उल्लेख केवल निंबार्क संप्रदाय की ओर संकेत मात्र है। फिर भी *परमहंस वंशावली* के संबंध में यह कहना आवश्यक है कि निंबार्की भक्तों और साधुओं का मत है कि परमगुरु का अर्थ गुरु का गुरु होता है और इस रचना के शुरू में वृंदावनदेवाचार्य के गुरु नारायणदेवाचार्य का स्मरण किया गया है। आनंदघन ने वृंदावनदेवाचार्य के बारे में लिखा :

---

1. *पदावली*, पद संख्या 514। मिश्र 1952 पृ॰ 449।
2. दे॰ पृ॰ 116॥

जग-बोहित मोहित प्रगट हरिविनोद निजधान।

अगर यहाँ "मोहित" शब्द को "मो हित" अर्थात् मेरे लिए अर्थ में लेते हैं तो आनंदघन का वृंदावनदेवाचार्य से व्यक्तिगत संपर्क व्यक्त होता है। तब पद का अर्थ इस प्रकार होगा–"मेरे लिए प्रकट वृंदावनदेवाचार्य जगत का बोहित (अर्थात् तारण करनेवाला) और हरिविनोद का निजधाम है" अथवा "जगत का बोहित वृंदावनदेवाचार्य मेरे लिए हरि के विनोद का प्रकट निजधाम है।"

यहाँ यह बात भी विचारणीय है कि निंबार्क संप्रदाय में आनंदघन के समय हमेशा गुरु का नाम लेने की परंपरा नहीं थी। मसलन वृंदावनदेवाचार्य अपनी मुख्य रचना, *गीतामृतगंगा* में अपने गुरु नारायणदेवाचार्य का उल्लेख न करके केवल इतना लिखते हैं–

गीतामृतगंगा रची करि गुरु चरन प्रनाम ।[1]

आनंदघन के काव्य के विषय के संबंध में यह कहना आवश्यक है कि तत्कालीन निंबार्क संप्रदाय के भक्ति-काव्य का विषय राधाकृष्ण की नित्य निकुंज-लीला तक सीमित नहीं था। फिर एक बार वृंदावनदेवाचार्य की *गीतामृतगंगा* पर नजर डाली जाए। इस रचना के चौदह 'घाटों' में निम्नलिखित विषय हैं–

1. जन्मोत्सव, 2. पौगंड-लीला, 3. दानलीला, 4. कैशोर-लीला, 5. युगलकिशोर का रास-विलास, 6. मान-लीला, 7. दंपति रति लीला (सुरत-सुरतांत लीला), 8. उपालंभ विरहादि लीला (खंडिता-वचन), 9. वसंत उत्सवादि वर्णन, 10. नाम-संकीर्तन-वर्णन, 11. कंस-वध लीला, 12. तीर्थ-वर्णन, 13. सर्वरस-मिश्रण वर्णन, 14. गांधर्वोपवेद संक्षिप्त विवरण। वृंदावनदेवाचार्य ने *गीतामृतगंगा* में नित्य निकुंज-लीला, जैसे *युगलकिशोर का रास-विलास* और *दंपति रति लीला* आदि के अलावा अन्य लीलाओं का वर्णन कर निंबार्की काव्यविषयों का विस्तार किया। आनंदघन ने इस प्रवृत्ति को आगे बढ़ाया।

इन बातों के अलावा इस बात को भी ध्यान में रखना आवश्यक है कि आचार्य विश्वनाथप्रसाद मिश्र को जो सामग्री निंबार्क-सम्प्रदाय से मिली, उसमें आनंदघन की प्रायः सभी रचनाएँ शामिल हैं और उनका पाठ भी शुद्ध है अर्थात् यह सामग्री प्रामाणिक और पुरानी होगी। यह सामग्री और किशनगढ़-सलेमाबाद से प्राप्त आनंदघन के चित्र भी आनंदघन के वृंदावनदेवाचार्य, सलेमाबाद और निंबार्क संप्रदाय से संपर्क के सूचक हैं।

वस्तुतः वृंदावनदेवाचार्य द्वारा आनंदघन को दीक्षा दिये जाने को अस्वीकार करनेवाली धारणाएँ और ज्यादा संदिग्ध है। इसलिए उपलब्ध सामग्री के आधार पर यह कहना अनुचित नहीं होगा कि आनंदघन निंबार्क संप्रदाय में दीक्षित हुए और

1. ब्रजवल्लभशरण (सं.) पृ. 1।

कुछ समय तक वृंदावनदेवाचार्य तथा *परमहंस वंशावली* में प्रशंसित जयरामदास शेष के पास रहे। इस बात की भी पूरी संभावना है कि उनके विद्यागुरु जयरामदास शेष तथा दीक्षागुरु वृंदावनदेवाचार्य थे।

सलेमाबाद के आचार्यों से संपर्क

वृंदावनदेवाचार्य सन् 1697 और सन् 1740 के बीच निंबार्क संप्रदाय की सलेमाबादवाली (पुष्कर के पास) मुख्य गद्दी के आचार्य थे। उस समय सलेमाबाद किशनगढ़ राज्य के अंतर्गत था। वृंदावनदेवाचार्य का किशनगढ़ के राजघराने से गहरा संबंध था–किशनगढ़-नरेश राजसिंह की दूसरी पत्नी, रानी बांकावती तथा उनकी बेटी, राजकुमारी सुंदरकुंवरी (सन् 1734-1805) उनके शिष्यों में थीं। रानी बांकावती नागरीदास की विमाता थीं। वे स्वयं 'ब्रजदासी' उपनाम से कविता लिखती थीं और उन्होंने *भागवत पुराण* का ब्रजभाषा में अनुवाद किया था।[1]

राजकुमारी सुंदरकुँवरी को पाँच वर्ष की अल्पायु में श्री वृंदावनदेव से मंत्र-दीक्षा दिलाई गयी थी। उन्होंने भी अपनी माँ की तरह प्रचुर मात्रा में काव्य-रचनाएँ की हैं जो उनके उच्च कोटि के कवयित्री होने का परिचय देती है।[2] वृंदावनदेवाचार्य का जयपुर के दरबार से भी बहुत अच्छा संबंध रहा और जयपुर-नरेश ने वृंदावनदेवाचर्य के निमित्त कई-एक मंदिर बनाए।[3] महाराजा सवाई जयसिंह ने वृंदावनदेवाचार्य की प्रशंसा में एक संस्कृत कविता भी लिखी है।[4] यहाँ तक कि वृंदावनदेवाचार्य की मुसलमान शासकों ने भी श्रद्धापूर्वक प्रशंसा की है।[5] इससे यह प्रकट होता है कि वृंदावनदेवाचार्य का दृष्टिकोण संकुचित न था और उनका मुसलमानों से खासा संबंध था।

आनंदघन ने वृंदावनदेवाचार्य के बारे में लिखा है–

जग-बोहित मोहित प्रकट हरिविनोद निजधाम।
अवनीमनि श्रीयुत सदा बृंदाबन अभिराम॥ 44॥
बीसे बीस महिमा तिन्हैं ताहि कोस हैं बीस।
सदा बसौ नीकैं लसौ कृपा-ईस मो सीस॥ 45॥

(–परमहंस वंशावली)

"निजधाम" का अर्थ विश्वनाथप्रसाद मिश्र ने वृंदावन ही माना है और आनंदघन का वृंदावनदेवाचार्य से मिलन वृंदावन में ही बताया है क्योंकि उन्होंने आनंदघन के

---

1. डॉ॰ रामप्रसाद शर्मा (सं.) : *श्री ब्रजदासी भागवत* : खंड 1-2, श्री निंबार्कतीर्थ, सलेमाबाद, 1996।
2 मीतल पृ॰ 357; सुंदरकुंवरी के बारे में दे॰ राजेन्द्र कुमार पृ॰ 91-95।
3. ब्रजवल्लभशरण : *श्रीवृंदावनदेवाचार्य जी* पृ॰ 223-224।
4. ब्रजवल्लभशरण (सं.) पृ॰ [च] पर प्रकाशित।
5. ब्रजवल्लभशरण (सं.) पृ॰ [क]।

दीक्षा लेने का समय वृंदावनदेव के सलेमाबाद-आगमन से पहले का माना है।[1] लेकिन इसका कहीं उल्लेख नहीं मिलता कि वृंदावनदेवाचार्य आचार्य पद पर बैठने से पहले वृंदावन में रहे थे। उनका जन्म राजस्थान के सराय सुरपुरा ग्राम में हुआ था और उन्होंने सलेमाबाद के श्री नारायणदेव जी से निंबार्क संप्रदाय की दीक्षा ली थी।[2] आचार्य विश्वनाथप्रसाद मिश्र के विपरीत एक मत यह भी है कि "निजधाम" से तात्पर्य यह है कि वृंदावनदेवाचार्य—जिस प्रकार वृंदावन—स्वयं हरिविनोद के निजधाम हैं। आनंदघन के वृंदावनदेवाचार्य से मिलने की संभावना वृंदावन की अपेक्षा सलेमाबाद में ही अधिक है।

संभवतः आनंदघन कुछ समय तक वृंदावनदेवाचार्य के सान्निध्य में सलेमाबाद या रूपनगर में रहे[3] और वृंदावन भी बराबर जाते रहे तथा बाद में स्थायी रूप से वृंदावन में रहने लगे। इतना तो स्पष्ट है कि आनंदघन ने बहुत सारे पदों और निबंध-रचनाओं में ब्रजवास या वृंदावनवास के महत्व का वर्णन किया है और 'चाचा' वृंदावनदास ने भी इनको "गाढ़ो ब्रज उपासी" कहा है। *मुरलिका मोद* संवत् 1798 (सन् 1741) में वृंदावन में लिखा गया।[4] लेकिन *परमहंस वंशावली* की रचना जयरामदास शेष के आचार्य-काल सन् 1740-43 में या इससे पहले की गयी होगी। गद्दी के विवाद में जयरामदास शेष का पक्ष जयपुर और किशनगढ़ के महाराजाओं ने लिया था। शेष के विरोध का केंद्र संभवतः इन महाराजाओं की राजधानियों जयपुर और रूपनगर के बाहर, वृंदावन अथवा सलेमाबाद रहा होगा। आनंदघन ने शेष परिवार की प्रशंसा की है। *परमहंस वंशावली* लिखते समय आनंदघन जयराम शेष के विरोधियों से दूर उनके समर्थकों के पास रहे होंगे।

बाद में गोविंददेवाचार्य के आचार्यकाल (सन् 1743-1757[5]) में आनंदघन ने भी जयरामदास शेष को छोड़कर गोविंददेवाचार्य का समर्थन किया था। इसका प्रमाण आनंदघन का एक *भोजनादि धुन* का पद है—

श्री बृंदाबनदेव सनातन। चातक-रसिकन को आनंदघन।
जो यह भोजनादि धुनि गावै। श्री गोविंददेव-पद पावै॥[6]

1. मिश्र 1952 *'वाङ्मुख'* पृ॰ 75।
2. मीतल पृ॰ 356।
3. ब्रजवल्लभशरण : *भक्त कविवर श्री आनंदघन जी* पृ. 287।
4. मुरलिका मोद 50। दे॰ मिश्र 1952 पृ. 311।
5. मीतल पृ॰ 360; नारायणदत्त शर्मा पृ॰ 62।
6. मिश्र 1952 *'वाङ्मुख'* पृ॰ 76।

निंबार्क संप्रदाय का सिद्धांत

निंबार्क संप्रदाय का दार्शनिक सिद्धांत *भेदाभेद* या *द्वैताद्वैतवाद* है और उपासना-पद्धति *सखी-भाव* की है। निंबार्काचार्य के अनुसार ब्रह्म और जीव का स्वाभाविक संबंध भेदाभेद है–

ईश्वरः सर्वभूतानां हृद्देशे ऽर्जुन तिष्ठति इति स्मृतेषु जीवपरमात्मनोर्भेदो ऽस्ति।[1]

अपि च मम साधर्म्यमागताः इति स्मर्यते।[2]

परब्रह्म और मुक्त रूप में जीव समान हैं–

परब्रह्मात्मको मुक्तः आविर्भूतसत्यसङ्कल्पत्वात्।[3]

यही आंतरिक समानता निंबार्काचार्य के अनुसार भक्ति का आधार है।[4]

निंबार्क संप्रदाय की परंपरा में *युगल-स्वरूप* की उपासना है। इस उपासना-पद्धति के प्रवर्तक श्री निंबार्काचार्य माने जाते हैं। परंतु इसका स्पष्ट रूप सर्वप्रथम श्रीभट्ट और हरिव्यासदेव के काल में प्रकाश में आया था।[5]

हरिव्यासदेव के अनुसार श्रीराधामाधव आदि-अनादि एकरस परब्रह्म-स्वरूप के युगल विग्रह रूप हैं–

सदा सनातन इकरस जोरी सच्चिद-आनंदमयी सरूप।
अनंत शक्ति पूरन पुरुषोत्तम जुगलकिशोर विपिनपति भूप ॥

(–हरिव्यासदेव : महावाणी[6])

"नित्यविहार के लिए ही वे युगल स्वरूप धारण करते हैं अन्यथा वे एक ही हैं।"[7] क्रीड़ा के निमित्त आनंद और आह्लाद, इन दो रूपों में प्रकट होते हैं। *नित्यविहार* श्री राधामाधव की अनन्य आनंदमयी अलौकिक सुखपूर्ण शाश्वत रति क्रीड़ा है, जो नित्य वृंदावनधाम के निकुंजों में अनवरत रूप से चलती रहती है। श्रीराधाकृष्ण की *निकुंज-लीला* में जीवात्माओं को राधा की सखी-सहचरी के रूप में प्रवेशाधिकार मिला

---

1. निंबार्काचार्य : *वेदान्तपरिजातसौरभ* 1,2,6 : दे॰ पांडे पृ॰ 57 और बोस पृ॰ 99। इस वाक्य का पूर्वार्ध *भगवद्गीता* 18,61 से उद्धृत है।
2. निंबार्कचार्य : *वेदान्तपरिजातसौरभ* 1,3,23 : दे॰ पांडे पृ॰ 57 और बोस पृ॰ 17।
3. निंबार्काचार्य : *वेदांतपरिजातसौरभ* 4,4,9 : दे॰ पांडे पृ॰ 58 और बोस पृ॰ 868।
4. पांडे पृ॰ 58।
5. मीतल पृ॰ 345।
6. रसिकमोहनशरण शास्त्री (सं.) पृ॰ 289।
7. दे॰ *ललितकिशोर जी की वाणी* पृ॰ 34, छंद 663 : दे॰ नारायणदत्त शर्मा पृ॰ 128।

है। अतः नित्य विहार रसोपासना सखी-भाव से ही की जा सकती है। असल में पिय्रा-प्रियतम के समस्त आनंद-भोग सखी-सहचरीगण की प्रसन्नता के लिए हैं।[1] "अतः नित्यविहार सुख-साधना के लिए नहीं वरन् परात्मतृप्ति के लिए है। लौकिक रति में नायक अपना सुख चाहता है और नायिका अपना, परंतु नित्यविहार की स्थिति सर्वथा भिन्न है। यहाँ विहार करते हैं श्री राधामाधव और तृप्ति होती है सखी-सहचरी वर्ग की।...लौकिक प्रेम वितृष्णा में परिणत हो जाता है परंतु यह प्रेम निरंतर बढ़ता ही जाता है।"[2] अर्थात् निंबार्क संप्रदाय की दृष्टि में लौकिक और अलौकिक प्रेम में सीधा पार्थक्य है। नित्यविहार में मान, विरह आदि भावों का कहीं लेश भी नहीं है–

मान बिरह भ्रम को न लेश जहँ रसिक राय कौ रसमय भौन।
जद्दपि अति उत्कृष्ट सृष्टि तऊ कृपादृष्टि बिन पावत कौन॥
(–हरिव्यासदेब : महावाणी, सिद्धांतसुख 4)[3]

इन पंक्तियों से यह भी स्पष्ट है कि श्रीयुगल की कृपा के बिना नित्यविहार में प्रवेश नहीं पाया जा सकता। प्रिया-प्रियतम की सत्ता का अनुभव या साक्षात्कार श्रीराधाकृष्ण की कृपा से उनके अनन्य भक्त को ही होता है। मध्यकालीन भक्ति-साधना की दार्शनिक पृष्ठभूमि की समीक्षा करते हुए डॉ॰ सुस्मिता पांडे ने लिखा हैं कि निंबार्काचार्य के विचारों में ईश्वरीय कृपा पर विशेष बल दिया गया है।[4]

वृंदावनदेवाचार्य का काव्य और आनंदघन

निंबार्क मत में साधकों के लिए किसी विशेष भाव को ही स्वीकार करने का आग्रह नहीं किया जाता। इसीलिए श्रीभट्ट, परशुरामदेव आदि पुराने आचार्यों ने, जो माधुर्य रस के उपासक कहे जाते हैं, दास्य, वात्सल्य आदि भावों से भी भक्ति-निवेदन किया है।[5] इसी तरह वृंदावनदेवाचार्य भी केवल निकुंज-भाव तक ही सीमित नहीं रहे अपितु उन्होंने कृष्ण-लीला का गान ब्रजलीला के स्तर पर भी किया। वात्सल्य और शृंगार के वियोग पक्ष के पद भी इनकी रचनाओं में सम्मिलित हैं। जहाँ-तहाँ *नायिका-भेद* के पद भी प्राप्त हो जाते हैं। यहाँ तक कि वृंदावनदेवाचार्य के काव्य में आनंदघन के कबित्तों का सा भाव भी मिलता है।[6]

---

1. मीतल, पृ॰ 346; नारायणदत्त शर्मा पृ॰ 129।
2. नारायणदत्त शर्मा पृ॰ 129।
3. रसिकमोहनशरण शास्त्री (सं॰) पृ॰ 289।
4. पांडे पृ॰ 61।
5. दे॰ कृष्णचंद्र वर्मा पृ॰ 236; गोस्वामी पृ॰ 585।
6. गोस्वामी पृ॰ 583।

वृंदावनदेवाचार्य के काव्य पर नजर डालने से आनंदघन के समय की निंबार्कीय काव्य-प्रवृत्तियाँ भी स्पष्ट रूप से सामने आती हैं। उनके पदों और कबित्तों में कभी-कभी प्रकट भक्ति दृष्टिगोचर नहीं होती। अगर ऐसे पद्यों को *गीतामृतगंगा* से निकालकर स्वतंत्र रूप से देखा जाए तो इनमें लौकिक शृंगार की झलक दिखाई पड़ती है—

तो मुख चन्द किधौं अरविंद ये मो दृग धोखैं परे ही रहैं री।
देखन को अति आतुर हैं सु इन्हैंऊ चकोर कै भौर कहैं री।
ये सब प्रेम मनों इन हीं बस मोहू लियें फिरैं गैल गहैं री।
वृंदावन प्रभु रोके रहै नहीं धाय परैं जब तोहिं लहैं री॥ 4,40 ॥

इन नैंननि बेचि दयो मन मेरो।
रूप अनूप लुभाइ लालची नैकु कर्यौ नहीं झेरो।
इहू उत जाय पाय सुख सारथी भयौ जनम लौं चेरो।
प्रीति पुरातन जानि तनक हू मो तन कियौ न फेरो।
मोहि अकेलि जानि आंनि के मदन कियौ है घेरो।
वृंदावन प्रभु बिन अब निकसन कौं कहूँ न पैइतु सेरो॥ 4,75 ॥

सुकुमार सिंवार से मर्कत तार से कज्जल सार से वारनि वारि सुकावति बाला।
मार के जार सिंगार के चौंर से ऐडी छियैं पुनि ऐसैं बिसाला।
श्याम घटा ते मनौं निकसैं मुखचंद दिपैं तन दामिनि माला।
वृंदावन प्रभु ओट भयें लखि पांनि पै रीझन नँद के लाला॥ 4,89 ॥

वृंदावनदेवाचार्य को राजाओं की पर्याप्त श्रद्धा प्राप्त थी और वे दरबारी शैली से अपरिचित नहीं थे।

कोप किये नित कौन बड़ाई।
जनम हीं तै जानौ मेरी गुसांइन बैठी ए बैठी तू मौन कमाई।
केऊ पढ़ी रस रीति औ नीति सु प्रीति की रीति जु गौरवताई।
ताकौं तो ऊंट कटेरे ज्यों भामिनि है दिन जामिनि ऐसी सुहाई।
वृंदावन प्रभु सौं कहिये कहा ऐसी अनोखी सौं प्रीति लगाई॥ 6,9 ॥

कैसे नीके लागत नवनागर गिरिधरण।
याही ते अधर अंजन रंजित कीनें प्यारे लाल डीठि के डरन।
अरून उनींदे नैंन बोलत हो आधे बैन ऐंडे बैंडे परत हैं रावरे चरन।
जानियतु आजु रैन जागे अनुरागे कहुँ आपु निज देवता को जागर करन।

पाग की ललाई भाल जलकत जावक सी अंग की झलक पट भयो नील बरन।
वृंदावन प्रभु ही रिझांवन किधौं मेरी रीझि लागी मन ही हरन॥ 8,2॥

फिर भी इन छंदों को लौकिक काव्य मानना सही नहीं होगा क्योंकि ये एक परम भक्त द्वारा लिखे गये हैं और उसकी समग्र भक्तिपरक रचना के अंतर्गत इनकी लौकिकता अलौकिक प्रकाश प्राप्त कर लेती हैं। विरह, मान, खंडिता के वचन आदि सभी प्रसंग अलौकिक लीला का रूप ग्रहण कर लेते हैं। यहाँ इनका आलंबन श्रीराधाकृष्ण को मानना ही अधिक संगत होगा। ऐसे साहित्य को *अप्रकट भक्तिमूलक काव्य* संज्ञा दी जा सकती है।

ऐसे काव्य से आभास होता है कि श्री वृंदावनदेवाचार्य का संपर्क राजदरबारों से भी था और उनकी कविताएँ कहीं-कहीं लौकिक शृंगार-साहित्य के निकट हैं। ऐसी रचनाएँ तत्कालीन राजदरबारों में प्राचुर्य से रची गयी थीं।

आनंदघन के कबित्त, विशेष रूप से *सुजानहित* के अंतर्गत मिलनेवाले छंदों को समझने के लिए वृंदावनदेवाचार्य के *अप्रकट भक्तिवाले काव्य* को ध्यान में रखना चाहिए। *सुजानहित* में आनंदघन लौकिकता की दृष्टि से वृंदावनदेवाचार्य से भी आगे जाते हैं। *गीतामृतगंगा* के छंदों में अधिकतर प्रकट भक्ति का वर्णन मिलता है और अप्रकट भक्ति का कम, लेकिन इसके विपरीत *सुजानहित* में अप्रकट भक्ति का बाहुल्य है।

वृंदावनदेवाचार्य के काव्य में कभी-कभी आनंदघन की शैली के भी कबित्त मिलते हैं। निम्नलिखित उदाहरणों में विरोधमूलक शैली तथा विरह और मिलन का वर्णन आनंदघन के काव्य की याद दिलाता है—

ज्यों ज्यों करै प्यार पिय, त्यों त्यों तू रूषाई देति
ज्यों ज्यौं परे पांइ तू ठ्ठूस ह्वै रहति है।
लाल होत सनमुख तब तू विमुख होति
करत उह वीनती कछु न तू कहति है।
विपरीति रीति फल इहांहिं निहारि नीकैं
चंदन चंदहू ते दाह तू लहति है।
ऐसो हठ और नारी कैं निहार्‌यौ मैं न
वृंदावन प्रभु प्यारी जैसो तू गहति है॥ 6,25॥

झूंठ रू सांच को लीजिए और याँ झूंठीयै बातनि क्यौं अनखाइयै।
कला सबही में प्रवीन महा हौ अयानीयै होय जु तोहि सिखाइयै।
पांइ परै पिय देखि इतै बलि चूक परी गुनहगारी लिखाइयै।
वृंदावन प्रभु भांवती है अनभांवति ह्वै मुख कैसे दिखाइयै॥ 6,27॥

अंत उदासी भए ब्रजवासी तो नाहक प्रेम की डारी क्यों फासी।
दासी करी जग हांसी भई पै तऊ सुधि क्यों हूँ लई न बिसासी।
दई न दई हैं दया कबहू जिनकौं अब तेऊ हैं प्रेम प्रकासी।
वृंदावन प्रभु छाती तिहारी सी जो करै तो होय प्रेम की हासी ॥ 8,50 ॥

भलैं ही पधारे मन भांवन
करि हौं पलक पट पांवड़े।
सुखमय बरसै मेह नेह के तन मन ताप सिरावन।
कैसे रहि है धीरज मेरो देखैं रूप रिझावन।
वृंदावन प्रभु धाय भेंटिहैं हौ परिहौं पिय पांवन ॥ 8,66 ॥

आनंदघन का भक्तिकाव्य

आनंदघन के प्रकट भक्तिकाव्य का विषय केवल राधा-कृष्ण की *नित्य निकुंज लीला* नहीं है अतः उनकी उपासना केवल सखीभाव की नहीं है।[1] उनके काव्य में ब्रजमंडल का वर्णन (*ब्रजप्रसाद, ब्रजस्वरूप, ब्रजविलास, धामचमत्कार, ब्रजव्यवहार* आदि में) और ब्रज के एक-एक विशेष स्थान के प्रति अनुराग (यमुना : *यमुना यश,* गोकुल : *गोकुलगीत,* वृंदावन : *वृंदावनमुद्रा,* गोवर्धन : *गिरि-पूजन गिरि-गाथा,* बरसाना : *वृषभानुपुर-सुषमा-वर्णन*) अभिव्यक्त हुआ है। भाव की दृष्टि से इनमें सखीभाव की रचनाओं (*प्रियाप्रसाद, नाममाधुरी, प्रेमपद्धति, वृषभानुपुर-सुषमा-वर्णन*) के साथ-साथ दास्यभाव (*कृपाकंद निबंध*) और कांताभाव (*इश्कलता, वियोगवेली* आदि) की रचनाएँ भी मिलती हैं।[2]

आनंदघन के भक्तिकाव्य के संबंध में सखीभाव के विशेष ज्ञाता डॉ॰ शरणबिहारी गोस्वामी का मत विचारणीय है। उनके अनुसार निंबार्क संप्रदाय में सखीभाव की मान्यता स्वीकृत थी परंतु इसके उपासकों ने विशुद्ध सखीभाव के पद्य कम ही रचे हैं। इनके काव्य में प्रमुखता शृंगार रस की ही है और इसी तरह यह काव्य गोपीभाव का ही हो जाता है। एक रूप में यह गोपीभाव कांताभाव है और दूसरे रूप में सखीभाव। जहाँ *कांताभाव* है, वहाँ स्वयं श्रीकृष्ण के प्रति निवेदन और उनके साथ ही क्रीड़ा करने की चाहना है। मिलन के अभाव में जिस पीड़ा का अनुभव होता है वह व्यक्तिगत

1. आनंदघन की भक्तिपरक रचनाओं के वर्गीकरण के लिए दे॰ कृष्णचंद्र वर्मा पृ॰ 237-249। भावों के संदर्भ में दे॰ सहगल पृ॰ 179-186। इन भक्तिपरक रचनाओं में रामदेव शुक्ल के विचार से काव्यात्मकता की दृष्टि से *कृपाकंद निबंध, वियोगवेली, प्रेमपत्रिका* और *पदावली* उल्लेखनीय हैं, दे॰ शुक्ल 1985 पृ॰ 50।
2. दे॰ गोस्वामी पृ॰ 585।

अनुभूति के समान ही पीड़क है। सखीभाव युगल उपासना का भाव है। वहाँ क्षण भर के लिये भी राधा-कृष्ण का वियोग संभव नहीं है। वहाँ न अकेले राधा का स्मरण किया है और न अपना उपास्य कृष्ण को बताया गया है।[1] कृष्ण के प्रति उपास्य भाव की प्रधानता के बावजूद *वृषभानुपुर-सुषमा-वर्णन* में आनंदघन ने अपनी राधा-प्रधान *युगल-उपासना* के सखीभाव का भी परिचय दिया है।[2]

डॉ॰ शरणबिहारी गोस्वामी के अनुसार ''घनानंदजी की उपासना के स्तर विविध रहे हैं। उनके काव्य में एक क्रम-विकास परिलक्षित है। अंत में वे ब्रजभक्ति के मार्ग से सखीभाव तक पहुँचे हैं।''[3] यद्यपि इस तरह का विकास मनोवैज्ञानिक दृष्टि से संभव है पर इसके संबंध में दो प्रश्न भी उठते हैं। आनंदघन ने *युगल-उपासना* की कविता वृंदावनदेवाचार्य के पास रहते समय क्यों नहीं लिखी ? और 'चाचा' वृंदावनदास ने आनंदघन की मृत्यु पर लिखे हुए अपने कबित्त में उनकी *युगल-उपासना* का उल्लेख न कर *विरह-उपासना* का क्यों उल्लेख किया ?

आनंदघन के काव्य के संबंध में समकालीनों का मत

19वीं शताब्दी में अनेक विद्वज्जनों ने आनंदघन को भक्त के रूप में देखा। *सुंदरश्यामविलास,* रघुराज सिंह के *नवभक्तमाल* और भारतेन्दु हरिश्चंद्र के *भक्तमाल* में आनंदघन का उल्लेख भक्तों के बीच भक्त के रूप में मिलता है। लेकिन इनके अलावा आनंदघन का उल्लेख अन्य भक्तमालों में नहीं है। भारतेन्दु हरिश्चंद्र से पहले महादेवप्रसाद के अनुपलब्ध ग्रंथ *साहित्यभूषण* को छोड़कर अन्य प्रकाशित पुस्तकों में आनंदघन की चर्चा नहीं मिलती है और 19वीं शताब्दी में उनके बहुत कम ग्रंथ ज्ञात थे। 1897 में जगन्नाथदास 'रत्नाकर' ने *सुजान सागर* की अपनी भूमिका में पाठकों से अनुरोध किया था कि अगर उनके पास आनंदघन से संबंधित सामग्री हो तो उन्हें भेजें।[4] यद्यपि अप्रकट रूप से आनंदघन के कबित्तों का प्रभाव बढ़ रहा था[5] तथापि ऐसा लगता है कि आनंदघन को मृत्यु के सौ वर्ष बाद ही प्रकट रूप से यश मिला।

यह एक विडंबना है कि आनंदघन की प्रकट भक्तिपरक रचनाओं का प्रचार कम था और उनका प्रभाव भी किसी कवि पर नहीं पड़ा तथापि जहाँ भी उनका उल्लेख हुआ है वहाँ उनको भक्त कवि के रूप में ही देखा गया है। यह विचारणीय

---

1. गोस्वामी पृ॰ 587।
2. गोस्वामी पृ॰ 588।
3. गोस्वामी पृ॰ 588-589।
4. रत्नाकर (सं॰) : सुजान सागर, पृ॰ 1-2।
5. बोधा (दे॰ सहगल पृ॰ 43) दयानिधि (दे॰ उमारानी बंसल पृ॰ 226-227) और हरिश्चंद्र (दे॰ गौड़ पृ॰ 445-447; किशोरीलाल गुप्त 1950 पृ॰ 31-34) आदि के ऊपर आनंदघन का प्रभाव पड़ा।

है कि उनके शृंगारिक कबित्त पढ़े तो जाते थे किंतु उनकी प्रशंसा करने में लोगों को क्यों संकोच होता था। जहाँ भी आनंदघन का नाम लेना होता था वहाँ *भक्तकवि* का विशेषण भी जोड़ा जाता था।

विरोधी मत

आनंदघन का मृत्यु तक विरोध बना रहा। किंवदंती के अनुसार उनको विरोधियों ने षड्यंत्र कर मुहम्मदशाह के दरबार से निकाला और ब्रज के कत्लेआम के समय उन्हें लूटने के लिये सैनिकों को भेजा। आनंदघन का विरोध क्यों हुआ, इसकी झलक *भडुआ छंद* में मिलती है। ये छंद "मुड़िया आनंदघन" अर्थात् भक्त आनंदघन के विरोध में लिखे गये हैं। इसमें आनंदघन के ऊपर कई आक्षेप किये गये हैं :

—दंभी है ("रूप धरे अभिमान है")।

—वैष्णव नियमों का पालन नहीं करता ("खात पनीर औ नान है") तथा ब्राह्मण और वैष्णव समुदाय का आदर नहीं करता ("करै गुरुनिंदा", "बिप्र...को दोषी", "तजि राम नाम")।

—मुसलमानों के लिये कविता लिखता है ("काहू तुरकै रिझावै तब पावै झूठो नाम है")।

—मुसलमान वेश्या, सुजान का दास है ("हुरकिनी सुजान तुरकिनी को सेवक है")।

विरोधियों ने आनंदघन के कबित्तों को फारसी प्रभाव[1] के कारण धर्मविरोधी माना है और शायद कबित्तों में 'मुसलिम वेश्या सुजान' का नाम लेने के कारण उनके वैष्णव-भाव को मान्यता नहीं दी। विरोधियों का कहना था कि आनंदघन अगर सच्चे वैष्णव हैं तो क्यों श्रीकृष्ण के नाम का प्रयोग न कर केवल विशेषण का प्रयोग करते हैं। यह विशेषण भी एक मुसलिम वेश्या का नाम है। भडुवाकार ने "सुजान" का "श्रीकृष्ण" अर्थ केवल बहाना माना। इसीलिये वह लिखता है, "तजि राम नाम वाको पूजै काम धाम है।"

इन सब आपत्तियों के साथ-साथ आनंदघन का विरोध होना इस कारण भी संभव है कि कायस्थ लोग फारसी जानते थे, मुसलमानों से संबंध रखते थे, माँस खाते थे, शराब पीते थे। *भडुआ छंद* की पहली पंक्ति में ही भडुवाकार ने इसीलिये "कायथ आनंदघन" लिखा है।

लोगों पर विरोधियों के प्रभाव के कारण आनंदघन के कबित्तों के संग्रहकर्ता ब्रगजनाथ को "लाज, बड़ाई, सुभाय" खोना पड़ा।

---

1. आनंदघन पर फारसी साहित्य के प्रभाव के बारे में दे॰ गौड़ : *घनानंद और स्वच्छंद काव्यधारा* में विश्वनाथप्रसाद मिश्र का 'परिचय' पृ॰ 6-16 और गौड़ पृ॰ 158-159, 164-165; कृष्णचंद्र वर्मा पृ॰ 49, 250-261; सहगल पृ॰ 193-194; शुक्ल 1975 पृ॰ 431।

आनंदघन का प्रत्युत्तर

आनंदघन ने अपनी कविताओं में अपने विरोधियों को एक तरह से उत्तर भी दिया है। उन्होंने *सुजानहित* के कबित्तों में प्रेम के मर्म को न समझने वालों पर यत्र-तत्र व्यंग्य किया है–

मोरचंद्रिका सी सब देखन कौं धरे रहैं...
चाह मीठी पीर जिन्हैं उठति अनंदघन,
तेई आँखैं साखैं और पाँखैं कहा जानहीं ॥ 230 ॥

चाह की कटक तैं भयौ न हियैं खोंप जाके,
प्रेम-पीर-कथा कहै कहा भकभूर सो ॥ 506 ॥

आनंदघन का *कृपाकंद निबंध* भी एक दृष्टि से आक्षेपों का प्रत्युत्तर माना जा सकता है। इसमें 'सुजान' शब्द का प्रयोग प्रेमिका के लिये नहीं बल्कि स्पष्ट रूप से श्रीकृष्ण या राधा-कृष्ण के लिए हुआ है। इस रचना में साधनों तथा नियमों की अपेक्षा *भगवत्कृपा* तथा भगवान से सीधे संबंध को श्रेष्ठ बताया गया है। इस रचना के अनेक कबित्तों में (कृ॰ 2, 3, 10, 11, 12, 14, 15, 21, 25, 26, 31, 37, 39, 40) दिखाया गया है कि भक्ति बिना नियम तथा साधन निरर्थक है–

करि कोऊ अनेक उपाय मरौ हमैं जीवनि एक कृपा चाहियै ॥ कृ॰ 3 ॥

ज्यौ परसै नहिं स्याम सुजान तो धूरि समान है अंगनि धोइबो ॥ कृ॰ 11 ॥

नेमनि संग फिरै भटक्यौ पल मूंदि सरूप निहारत क्यौं नहीं ॥ कृ॰ 12 ॥

साधन-पुंज परे अनलेखैं पै हौं अपने मन एकौ न लेख्यौ।
तातैं सबै तजि स्याम सुजान सौं साहस और हियैं अवरेख्यौ ॥ कृ॰ 14 ॥

ऐसा लगता है कि आनंदघन के शत्रु ऐसे कबित्तों से और अधिक चिढ़ गये और उनका विरोध और बढ़ गया। इस विरोध का प्रभाव इतना ज्यादा हो गया था कि आनंदघन अपने जीवन के उत्तरार्ध में कबित्त लिखना छोड़ कर सरल भक्तिपरक निबंधों और पदों की रचना करने लगे और अपने पुराने कबित्तों को निकृष्ट भी मानने लगे–

रसना गुपाल के गुन उरझी।
बहुत भाँति छलछंद-बंद बकवाद-फंद तैं सुरझी।

(–पदावली 687 ।)

आनंदघन के समर्थक भक्त

संभवतः विरोधियों की आलोचना के कारण ही आनंदघन की पुरानी पांडुलिपियों में 'आपत्तिजनक' सुजान शब्द को हटाने तथा उनके शृंगारिक कबित्तों को प्रकट भक्तिपरक रचना के रूप में दिखाने की कोशिश की गयी थी। अलवर की पांडुलिपि रूपनगर के श्वेतांबर हेमराज की लिखी हुई है। जयपुर वाले ग्रंथ की पहली दो रचनाएँ, प्रियादास कृत *अनन्यमोदिनी* और नागरीदास की *मनोरथमंजरी* का भी श्वेतांबर हेमराज लिपिकार हैं। संभवतः *आनंदघनकृत कबित्त* संग्रह का लिपिकार इसी हेमराज के परिवेश का कोई व्यक्ति हो। स्वेतांबर हेमराज उन लोगों में एक थे जो आनंदघन के सुयश की रक्षा करना चाहते थे। रूपनगर की दो पांडुलिपियों के लिपिकाल—संवत् 1784 और 1800 (सन् 1727 और 1743)—के आसपास आनंदघन का रूपनगर से संबंध रहा होगा। अन्यथा उनके यश की रक्षा करने की आवश्यकता लिपिकार को क्यों होती ? रूपनगर का श्वेतांबर हेमराज संवत् 1784 और 1833 (सन् 1727-1776) के बीच बहुत सारी पांडुलिपियों का लिपिकार रहा।[1] *वर्षोत्सव पद संग्रह* से, जो संवत् 1833 में लिखा गया है, ऐसा लगता है कि स्वेतांबर हेमराज जैन नहीं वरन् कदाचित राधावल्लभी संप्रदाय का अनुयायी था।[2] अलवर का संग्रह भी हेमराज ने "श्री गणेशाय नम। श्री राधाकृष्णो जयति॥" से शुरू किया है।

आनंदघन को भक्त के रूप में देखनेवाले कवि 'चाचा' वृंदावनदास भी राधावल्लभी सम्प्रदाय के अनुयायी और रूपलाल गोस्वामी के शिष्य थे।[3] विश्वनाथप्रसाद मिश्र का अनुमान है कि *सुजानहित* का संग्रहकर्ता भी राधावल्लभी संप्रदाय का होगा। राधावल्लभी या हितहरिवंश संप्रदाय के भक्तों और उनकी रचनाओं के नाम के आदि और अंत में 'हित' शब्द जोड़ने का चलन है जैसे, *हित गुलाब, हित ध्रुवदास, हित शृंगार लीला, सेवकहित, परमानंदहित, चंद्रहित* आदि।[4] *सुजानहित* भी किसी भक्त ने संग्रहीत किया होगा क्योंकि उसमें आनंदघन को भक्त के रूप में दिखाने की कोशिश की गयी है। संग्रह के शुरू में संयोग शृंगार की प्रधानता है,

---

1. जयपुरवासी डॉ॰ उषा गोयल के पास एक हस्तलिखित पुस्तक सुरक्षित है, जिसमें स्वेतांबर हेमराज *ग्यान बत्तीसी* और *तत्त्व बत्तीसी* नामक रचनाओं का लिपिकार है। प्रतिलिपि संवत् 1823 (सन् 1766) में हुई। *तत्त्वबत्तीसी* के अंत में यह भी लिखा है कि लिपि-स्थान जयपुर है *"इति तत्त्वबत्तीसी संपूर्ण। संवत् 1823 लिषतम हेमराज रूपनगर का सवाई जयपुर मध्ये मिति भादव बदी 7"*। रूपनगर के हेमराज ने सवंत् 1819 में *बैनबत्तीसी* लिखा। इस रचना में श्रीकृष्ण की वंशी के प्रति गोपियों के द्वेष-भाव का वर्णन है : दे॰ कृष्णदेवप्रसाद गौड़ (सं॰) पृ॰ 38।
2. वृंदावन शोध संस्थान संख्या 4400 की पांडुलिपि : दे॰ वृंदावन पृ॰ 145।
3. मीतल पृ॰ 424-426।
4. मिश्र 1952 *'वाङ्मुख'* पृ॰ 71।

बाद में वियोग की और अंत में भक्ति की। यह क्रम सुजान के लौकिक शृंगार से कृष्ण के अलौकिक प्रेम तक विकास का सूचक है। इस संग्रह में आनंदघन के प्रेम संबंधी दर्शन को व्यक्त करनेवाले "प्रेम को महोदधि.." वाले कबित्त का भी ऐसा पाठांतर दिया गया है जो इस विकास का समर्थन करता है और राधाकृष्ण के प्रति भक्ति पर जोर देता है।[1]

राधावल्लभी भक्तों ने आनंदघन की रक्षा के तरह-तरह से प्रयत्न किये। किसी राधावल्लभी ने तो *मनोरथमंजरी* को राधावल्लभी रचना के रूप में रखने की कोशिश में एक पांडुलिपि के शुरू में पहले शब्द बदल दिये हैं–

राधामदन गुपाल की हौँ सेज बनाऊँ...

(लंदन और वृंदावनवाली पांडुलिपियों का पाठ[2])

राधावल्लभ गुपाल की हौं सेज बनाऊँ।

(श्री मथुरावल्लभ की पांडुलिपि का पाठ[3])

ब्रजनाथ

आनंदघन के काव्य को विरोधी या केवल भक्तिपरक दृष्टि से देखना उनकी अप्रकट भक्तिपरक कविता के महत्त्व को नहीं समझना है। आनंदघन की हिन्दी साहित्य को एक मौलिक देन है–भावों की प्रधानता और प्रेम की व्यापकता दिखाना। *घनआनंद-कबित्त* के संग्रहकर्ता, ब्रजनाथ ने आनंदघन के साहित्यिक महत्त्व को पहचान कर एक नया कबित्त-संग्रह बनाया जिसमें पाठ के संशोधन का और आनंदघन को प्रेमी कवि के रूप में प्रस्तुत करने का प्रयत्न किया गया है। ब्रजनाथ का संग्रह बाद में आनंदघन के कबित्तों का सबसे लोकप्रिय संग्रह बना और यही नहीं, अधिकांश लोग आनंदघन को आज भी ब्रजनाथ की आँखों से देखते हैं।

ब्रजनाथ की दृष्टि में आनंदघन

यद्यपि ब्रजनाथ के संग्रह का मुख्य आधार *सुजानहित* था। उन्होंने *सुजानहित* से शुद्ध भक्तिपरक कबित्तों को हटाया और उसकी संरचना भी बदल दी। संग्रह में पहले वियोग के छंद आते हैं, बाद में संयोग फिर मान आदि के। कभी-कभी ब्रजनाथ ने

---

1. दे. पृ. 143।
2. मिश्र 1952 पृ. 312।
3. श्री मथुरावल्लभ, (राधागोपाल जी का मंदिर, कोलारस, शिवपुरी जिला) के पास सुरक्षित पांडुलिपि का श्री किशोरीशरण 'अलि' जी महाराज की प्रतिलिपि के आधार पर उद्धरण।

कुछ भक्तिपरक छंदों को भी उनके साहित्यिक महत्त्व को पहचान कर चुना है। *सुजानहित* के अलावा *कृपाकंद निबंध, सुजान विलास* नामक संग्रह और *दानघटा* के कबित्त भी ब्रजनाथ के संग्रह में मिलते हैं। ब्रजनाथ की दृष्टि में आनंदघन का महत्त्व था—प्रेम की व्यापकता और साहित्यिक दक्षता : ''नेही महा ब्रजभाषा-प्रवीन''। इसके अलावा ब्रजनाथ मानते थे कि आनंदघन की कविता को समझने के लिये प्रेम की अनुभूति होनी चाहिए—

समुझे कबिता घन आनँद की हिय आँखिन नेह की पीर तकी।
(—प्रशस्ति 2)

ब्रजनाथ आनंदघन के काव्य के प्रेमतत्त्व और साहित्यिक गुणवत्ता पर बल देना इसलिये आवश्यक मानते हैं कि इन्हें समझे बिना उनकी कविता के मर्म तक नहीं पहुंचा जा सकता। और मर्म तक पहुंचने में प्रवीणों की मति भी थक जाती है :

जग की कविताई के धोखेँ रहै ह्याँ प्रबीनन की मति जात जकी।
(—प्रशस्ति 2)

बिनती कर जोरि कै बात कहौँ जो सुनो मन कान दै हेत सौँ जू।
कबिता घन आनँद की न सुनो पहचान नहीँ उहि खेत सौँ जू।
जु पढ़े बिन क्यौँ हूँ रह्यौ न परै तौ पढ़ौ चित मैँ करि चेत सौँ जू।
(—प्रशस्ति 7)

ब्रजनाथ ऐसे लोगों से बहुत चिढ़ते थे जो बिना समझे आनंदघन के कबित्तों की चर्चा किया करते थे—

स्वाद महा खर दाखनि चाखत ज्यौँ जन-नैननि रोष बढ़ावै।
ज्यौँ तरुनी तन रूप निहारत षंड बढ़ै हिय सोच उपावै।
चित्र-बिचित्र के भेद सराहत ज्यौँ दृगमंद न काहू सुहावै।
त्यौँ घन आनँद बानि बखानत मूढ़ सुजाननि आनि सतावै॥
(—प्रशस्ति 5)

कोटि बिषै करि ओट महा नहिँ नेह की चोटहि जो पहचानै।
बात के गूढ़ न भेदन जानत मूढ़ तऊ हठि बादन ठानै।
चाह-प्रबाह अथाह परे नहिं आप ही आप बिचच्छन मानै।
पूँछ बिषान बिना पसु जो सु कहा घन आनँद बानी बखानै॥
(—प्रशस्ति 6)

ये 'मूढ़' इतने प्रभावशाली थे कि ब्रजनाथ को इतनी तीखी और कड़ी भाषा का प्रयोग करना पड़ा तथा आनंदघन के कबित्तों को प्रमाणिक रूप से प्रकाश में

लाने के लिए कष्ट और अपमान झेलना पड़ा। मजे की बात यह है कि एक तरफ आनंदघन के कबित्तों की निंदा की जाती थी तो दूसरी तरफ लोग लुकछिप कर ब्रजनाथ से उनको लिखवा कर पढ़ते थे।

मैं अति कष्ट सौं लीनें कबित्त ये लाज बड़ाई सुभाय को खोय कै।
सो दुख मेरो न जाने कोऊ ले बखाने लिखाइये मोहू को गोय कै।
(–प्रशस्ति 8)

ब्रजनाथ ने *सुजानहित* के प्रकट वैष्णव भक्तिपरक छंदों को छोड़ दिया, लेकिन इससे आनंदघन के काव्य से प्रेम का अलौकिक पक्ष हटा नहीं क्योंकि बहुत सारे कबित्तों का रहस्यात्मक-आध्यात्मिक अर्थ ही प्रधान है जैसे–

अंतर हौ किधौं अंत रहौ, दृग फारि फिरौं कि अभागनि भीरों।
आगि जरौं अकि पानी परौं अब केसौ करों हिय का विधि धीरों।
जो घन आनँद ऐसी रुचि सौं कहा बस हैं अहो प्राननि पीरौं।
पाऊं कहाँ हरि हाय तुम्हैं धरनी मैं धसों की अकासहिं चीरों॥
(–घनआनंद-कबित्त 195)

इस छंद के 'हरि' शब्द को वैष्णव संप्रदायों के 'श्रीकृष्ण' अर्थ में नहीं लिया जा सकता क्योंकि इस सवैये में स्वयं कवि को भी मालूम नहीं है कि हरि सगुण है या निर्गुण। फिर भी उसने उनके प्रति प्रगाढ़ प्रेम व्यक्त किया है। इसी तरह के आध्यात्मिक छंदों के सान्निध्य से सुजान के प्रति लौकिक शृंगार के छंदों में रहस्यवाद तथा आध्यात्मिकता भी झलकने लगती है। आनंदघन के अधिकतर कबित्तों का एक अंतर्निहित आध्यात्मिक पक्ष भी है। साथ-साथ लौकिक शृंगार के पक्ष में भावनाओं की यथार्थता व्यक्त की गयी है। यह यथार्थता आध्यात्मिक पक्ष की भावनाओं को भी और अधिक व्याप्ति देती है।

ब्रजनाथ के संग्रह का मुख्य विषय भक्ति नहीं, प्रेम ही है चाहे वह नर्तकी सुजान के प्रति लौकिक प्रेम हो या भगवान, सुजान श्रीकृष्ण के प्रति अलौकिक। लौकिक या अलौकिक पक्ष पर विचार न करके प्रेम ही को महत्त्व देना एक ऐसी धारणा है, जो आनंदघन के पहले भी मिलती है।

आनँद अनुभव होत नहिं बिना प्रेम जग जान।
कै वह विषयानंद के कै ब्रह्मानंद बखान॥
–रसखान : प्रेम वाटिका[1]

---

1. भाटी पृ. 322।

शग़ल बहतर है इश्क़बाज़ी का।
क्या हक़ीक़ी क्या मजाज़ी का॥

वली (सन् 1667-1707)[1]

ब्रजनाथ का *घनआनंद-कबित्त* भी इसी धारणा का एक संग्रह है और आनंदघन के कबित्तों का बहुतांश भी इसी धारणा पर आधारित है। यद्यपि स्वयं आनंदघन ने जीवन के उत्तरार्ध में अपने कबित्तों को "छल छंद बंद बकवाद फंद" माना, तथापि ब्रजनाथ की दृष्टि में उनके कबित्त 'बकवाद' नहीं थे, बल्कि कवि "सुछंद सदा रहे"। इसी कारण *घनआनंद-कबित्त* 'घनआनंद की कविता का सबसे प्राचीन संग्रह' न होने के बावजूद आनंदघन के काव्य की मौलिकता को सबसे अधिक प्रभावशाली और प्रौढ़ रूप से पेश करता है।

ब्रजनाथ कौन थे ?

आनंदघन नाम की तरह ब्रजनाथ नाम के भी कई व्यक्तियों का पता चलता है जिनका पृथक्करण सहज नहीं है। इसलिये यहाँ ब्रजनाथ नाम से जाने वाले कवियों की चर्चा की जा रही है–

कंपिला निवासी ब्रजनाथ मिश्र

नागरीप्रचारिणी सभा के हस्तलिखित हिन्दी ग्रंथों के विवरण में कंपिला-निवासी ब्राह्मण ब्रजनाथ मिश्र का उल्लेख मिलता है जो महीपति मिश्र के वंशज थे और संवत् 1732 (सन् 1675) के लगभग जीवित थे।[2] इन ब्रजनाथ ने एक *पिंगल ग्रंथ* लिखा जिसमें अपना नाम भी दिया

एहि विधि करिकै चरन समकोठा कवि ब्रजनाथ।
एक ऊन गुन भेद सब आवत नीके हाथ॥[3]

इन ब्रजनाथ का काल आनंदघन से 50-80 साल पहले का है। इस बात की कोई संभावना नहीं है कि *घनआनंद-कबित्त* के संग्रहकर्ता और ब्रजनाथ मिश्र एक ही हों।

त्रिविक्रमसुत ब्रजनाथ

नागरीप्रचारिणी सभा के हस्तलिखित ग्रंथों के विवरणों से एक दूसरे, त्रिविक्रम सुत

1. कंदा पृ. 18 के आधार पर उद्धृत।
2. अग्रवाल 1977 पृ. 144।
3. अग्रवाल 1977 पृ. 736।

ब्रजनाथ का भी पता चलता है जिन्होंने *नायिका-भेद* के ऊपर एक *सरस-रस* नाम की पुस्तक की रचना की थी। विवरण में इस ग्रंथ के भी कुछ हिस्से उद्धृत हैं–

श्री गणेशाय नमः अथ सरसरस लिख्यते ॥

गुर गनपति गोपाल के चरण कमल चितु लाइ।
भाषत हो अब सरसरस रसिकन को सुखदाइ ॥ 1 ॥
राजत है दिल्ली तखत नौ रस साहि नरेश।
लियो निराजी जोर तै राजी करि सब देस ॥ 2 ॥

मुग्धा : चलन चलन सब कहत है लखन ऊढा बाम।
पूछति अपनी सखिनि सौं कित जैहैं घनस्याम ॥ 76 ॥
मध्या : भोर पयानों कीजियें बात कही पियराति।
रैनि घटत तन घटत है प्रात होत पियराति ॥ 77 ॥
मूर्धा : बिरह दहै अति दुखित है बोलति नाहिन बैन।
देकै दरसु निबाइ लै अधजल डारै नैन ॥ 350 ॥

दसम भेद जो बिरह को सो मति काहू दोइ।
लाइक के अरि को बहै तिय की सोतिन सोइ ॥ 351 ॥[1]

रागमाला के रचयिता ब्रजनाथ

शिवसिंह सरोज तथा *मिश्रबंधु विनोद* में *रागमाला* नामक एक ग्रंथ के रचयिता ब्रजनाथ का भी उल्लेख है, जिनका कविताकाल विक्रम संवत् 1780 (सन् 1723) दिया गया है। शिवसिंह सेंगर ने इस ब्रजनाथ के बारे में केवल इतना लिखा है कि "इनका रागमाला काव्य महा सुंदर है।"[2] मिश्रबंधुओं ने *रागमाला* का रचनाकाल संवत् 1819 बताया है और उल्लेख किया है कि "इसमें रागों के लक्षण इत्यादि लिखे हैं। यह साधारण श्रेणी की रचना है।"[3]

इस ब्रजनाथ के संबंध में आचार्य विश्वनाथप्रसाद मिश्र लिखते हैं कि "उन्होंने राग-रागिनियों के स्वरूप का बोध दोहों में कराया है। रचना देखने से कोई भक्त ही जान पड़ते हैं, उनका कविताकाल संवत् 1780 (जन्मकाल नहीं, जैसे मिश्रबंधु

1. मिश्र 1975 पृ. 72।
2. मिश्रबंधु पृ. 425।
3. किशोरीलाल गुप्त 1967 पृ. 466।

विनोद में माना गया है) है। यदि ये वे ही (आनंदघन के संकलनकर्ता) ब्रजनाथ हों तो घनानंद के समसामयिक ठहरते हैं।''[1]

बहुत संभव है कि *रागमाला* के रचयिता ब्रजनाथ दोहा-शैली में लिखित *साहित्यसार* के रचयिता ब्रजनाथ भट्ट से अभिन्न हों।

ब्रजनाथ भट्ट

विश्वनाथप्रसाद मिश्र के अनुसार श्री गोविन्ददेवाचार्य के समय संवत् 1800 से 1814 (सन् 1743-1757) तक श्री जयरामजी शेष और श्री ब्रजानंद जी भी जयपुर के मठ-मंदिरों का प्रबंध देखते थे—''घनआनंद जी के कबित्तों के संग्रहकर्ता 'ब्रजनाथ' यही ब्रजानंदजी तो नहीं हैं ? एक ब्रजनाथ भट्ट और हैं जो उस समय उदयपुर के प्रसिद्ध राजकार्यकर्ता थे। ये भी घनआनंद के समसामयिक थे और निंबार्क संप्रदाय की गद्दी के संबंध में हुए मतभेद में मध्यस्थता कर रहे थे।''[2] इस ब्रजनाथ भट्ट की जीवनी के बारे में बहुत सामग्री मिलती है। ये शाण्डिल्य गोत्र के महाशब्दे ब्राह्मण थे। इनके पूर्वज काशी में रहते थे। महाशब्दे वंश के सदस्य ऋग्वेदी देशस्थ ब्राह्मण हैं जो आजकल महाराष्ट्र में रहते हैं। ब्रजनाथ भट्ट के कोई पूर्वज सत्रहवीं शताब्दी के शुरू में काशी में रहने लगे। ब्रजनाथ के काका रत्नाकर पौण्डरिक, काशी-निवासी विख्यात वैयाकरण नगेश भट्ट के मुख्य शिष्य[3] और जयपुर के सवाई जयसिंह के गुरु थे। ब्रजनाथ भट्ट का वंश-वृक्ष नीचे दिया जा रहा है[4]—

1. देवभट्ट
2. रत्नाकर पौण्डरीक (सन् 1713 में मौजूद) — प्रभाकर
    - प्रभाकर: ब्रजनाथ, गोकुलनाथ
3. गंगाराम
4. रामेश्वर
    - (गंगाराम, रामेश्वर) → सवाई माधवसिंह (सन् 1750-1767) के दरबार में
5. विश्वेश्वर

---

1. मिश्र 1950 *'प्रस्तावना'* पृ. 24।
2. मिश्र 1952 *'वाङ्मुख'* पृ॰ 75-77। हमारा अनुमान है कि ''उदयपुर'' जयपुर की जगह छापे की भूल है।
3. भटनागर पृ॰ 344।
4. गोडे पृ॰ 1-4 के आधार पर।

ब्रजनाथ के पिता, प्रभाकर भट्ट महाशब्दे मथुरा में रहते थे–

ऋग्वेदिविप्रप्रवरावतंसो रत्नाकरो नाम गुरुर्नृपस्य।
प्रभाकरो नाम बभूव तस्य भ्राता सदा यो मथुरेकवासी॥

(–ईश्वरविलासमहाकाव्यम् 10.8[1])

ये ब्रजनाथ या तो मथुरा में रहने के कारण या *भागवत* में अधिक रुचि होने के कारण कथावाचन में दक्ष हो गये। उनके चाचा रत्नाकर पौंडरीक उन्हें अपने साथ सवाई जयसिंह के दरबार में ले गये होंगे और कालांतर में महाराजा उनको अपनी पंडितमंडली में श्रेष्ठ मानने लगे–

तस्याखिले पण्डितराजचक्रे मान्यौ गुरुभ्रातृसुतो ऽतिविद्वान्।
श्रीपौण्डरीकाध्वरयाजको ऽमून्नित्यं समीपे ब्रजनाथशर्मा॥

(–ईश्वरविलासमहाकाव्यम् 10,7[2])

ब्रजनाथ भट्ट हमेशा सवाई जयसिंह के साथ रहते थे और महाराजा उनसे निरंतर शास्त्रचर्चा करते थे–

प्राज्ञोत्तम श्री ब्रजनाथवक्त्रविनिर्गतां शास्त्रकथामजस्रम्।
शृण्वन्तं विद्वत्समुदायमध्ये धर्मेण कालं सकलं निनाय॥

(–ईश्वरविलासमहाकाव्यम् 10,10[3])

ब्रजनाथ की विशेषता यह थी कि वे राजा के समवयस्क या उम्र में उनसे भी छोटे होने के कारण उनके इतने अंतरंग मित्र हो गये कि प्रतिदिन दो-चार घड़ी उनसे बात किये बिना जयसिंह को चैन नहीं पड़ती थी। यह भी प्रसिद्ध है कि ब्रजनाथ के मुँह से *भागवत-कथा* सुनते हुए तथा गोविन्ददेव की प्रतिमा की ओर टकटकी लगाते हुए जयसिंह का देहान्त हुआ था।[4] भागवत के उच्च कोटि के कथावाचक होने के अतिरिक्त वे सुललित कवि भी थे। उनकी *सच्चिदानन्द-पदार्थ-भान-चंद्रिका*[5] में भक्ति का और दर्शन का शास्त्रों के आधार पर समन्वय स्थापित किया गया है।[6] इसके अलावा ब्रजनाथ ने सवाई जयसिंह के लिये वल्लभाचार्य की *ब्रह्मसूत्राणुभाष्य-*

---

1. श्रीकृष्ण भट्ट (सं.) पृ. 177।
2. श्रीकृष्ण भट्ट (सं.) पृ. 176।
3. श्रीकृष्ण भट्ट (सं.) पृ. 177।
4. कलानाथ शास्त्री : *भागवत के अमर कथावाचक ब्रजनाथ भट्ट।*
5. यह पुस्तक सवाई जयसिंह की आज्ञा से लिखी गयी : दे. बहुरा पृ. 272।
6. दे. कलानाथ शास्त्री।

वृत्ति पर *मरीचिका* नामक टीका भी लिखी है।[1] ब्रजनाथ भट्ट की रची हुई *पद्यतरङ्गणी* प्रकाशित रचना है[2] जो विविध विषयों के संस्कृत मुक्तक पद्यों का संकलन है।[3]

पद्यतरङ्गिनी सवाई माधो सिंह (शासनकाल सन् 1750-1767) के लिये लिखी गयी[4] और संवत् 1809 (सन् 1752) में पूरी हो गयी। इसमें सवाई जयसिंह (शासनकाल सन् 1697-1743) की बहुत अधिक प्रशंसा की गयी है[5] और जयसिंह के पुत्र ईश्वरी सिंह (शासनकाल सन् 1743-1750) के अनुज सवाई माधोसिंह का भी वर्णन करते हुए कवि ने अपने ग्रंथ की समाप्ति की है। लगता है ब्रजनाथ सवाई ईश्वरी सिंह के अधिक संपर्क में नहीं आये अन्यथा उनकी प्रशस्ति भी लिखते।[6]

ब्रजनाथ भट्ट के कई शिष्य भी हुए जिनमें से सबसे विख्यात किशनगढ़ की रानी ब्रजकुंवरी हैं। इनका जन्म जयपुर राज्य के लवाण ठिकाने में हुआ। जयपुर के महाराजा की तरह वे भी कच्छवाह वंश की थीं और उनका विवाह संवत् 1776 (सन् 1719) में किशनगढ़ नरेश राजसिंह से हुआ। ब्रजकुंवरी महाराजा संवत सिंह 'नागरीदास' की विमाता थी। वे अच्छी कवयित्री थीं जिन्होंने *भागवत* का छब्बीस हजार छंदों में पद्यानुवाद किया जो संवत् 1812 (सन् 1755) में पूरा हुआ। रानी ब्रजकुंवरी के दीक्षागुरु वृंदावनदेवाचार्य थे और विद्यागुरु *भागवत* के कथावाचक ब्रजनाथ भट्ट। विद्या गुरु से उन्हें *भागवत* के अनुवाद की प्रेरणा मिली होंगी[7]–

> **विद्या गुरु बृजनाथ भट्ट कह्यौ भागवत भेव।**
> **तिहँ गुर गमि सौं म्हैं कस्यौं पुस्तक देवनि देव॥ 51॥**
>
> ...
>
> **संवत विक्रम अष्टादस बारोत्तरा निदान।**
> **साका सौला सै सतरि ऊपरि सप्त प्रमान॥ 53॥**
>
> **(–श्री ब्रजदासी भागवत 13[8])**

---

1. विनयसागर और क्षीरसागर पृ. 192।
2. यह रचना सर्वप्रथम सन् 1905 में काशी में *चौखंभा संस्कृत सीरीज़* संख्या 24 के अंतर्गत प्रकाशित हुई : दे. बी. एस. भटनागर पृ. 344। इसके अलावा *सागरिका* पत्रिका (वर्ष 6, अंक 2) में भी यह संकलन छप गया है। *पद्यतरङ्गिणी* के संबंध में दे. पद्यतरङ्गिणी–एक अप्रकाशित काव्य : *विश्वंभरा* पत्रिका (बीकानेर) वर्ष 4, अंक 3।
3. इस रचना की विषय-सूची के लिये दे. बहुरा पृ. 380।
4. बहुरा पृ. 272।
5. सवाई जयसिंह के बारे में लिखे गये 37 छंद मथुरानाथ शास्त्री (सं.) पृ. 56-60 पर भी प्रकाशित है।
6. दे. कलानाथ शास्त्री।
7. दे. कलनाथ शास्त्री।
8. रामप्रसाद शर्मा (सं.) पृ. 1266।

भागवत के कथावाचक ब्रजनाथ भट्ट के रूपनगर से अच्छे संबंध थे। इस बात का सूचक ब्रजभाषा में रचे हुए ब्रजनाथ के एक कवित्त को नागरीदास द्वारा अपनी रचना *श्रीमदभागवतपरायन-निधि-प्रकाश* में उद्धृत करना है। यह रचना संवत 1799 (सन् 1742) में लिखी गयी। आगे ब्रजनाथ का वह कवित्त दिया जा रहा है—

भट्ट ब्रजनाथ कृत कबित्त

प्रगट्यो प्रथम अनुराग ही अरुन तासौं
भए सब लाल रंग रंजित गहगहे।
मिटी मायानिसी चले नवधा भगति पंथ
सूके पाप पौधा कलि कीने जे लहलहे।
धिपै हरि-भजन विमुख मति उडगन
भागे काम क्रोध चोर चित के बहबहे।
नागर प्रकास भान भागवत होय कियें
हिय के कुँवल महा आनंद डहडहे ॥[1]

इस छंद के संबंध में यह कहना आवश्यक है कि 'नागर' छाप तो नागरीदास की है। लेकिन पाठांतर में इस पंक्ति का ऐसा पाठ मिलता है जिसमें यह छाप नहीं है। यह कवित्त तो नागरीदास के लिये ब्रजनाथ भट्ट की 'भेंट कविता' भी हो सकती है और इसलिये इसमें 'नागर' छाप मिलती है। अगर यह कवित्त ब्रजनाथ का न भी हो तो निश्चित रूप से कम से कम इतना कहा जा सकता है कि नागरीदास ब्रजनाथ के नाम से परिचित थे।

ब्रजनाथ भट्ट का केवल जयपुर तथा रूपनगर दरबार से ही नहीं सलेमाबाद से भी अच्छा संपर्क था। वृंदावनदेवाचार्य के देहांत (सन् 1740) के बाद जब महाराजा जयसिंह सलेमाबाद की गद्दी पर जयरामदास शेष को बिठाना चाहते थे और निम्बार्कियों ने इसका विरोध किया था, तब दोनों पक्षों के बीच ब्रजनाथ भट्ट को मध्यस्थता करने का भार सौंपा गया था।

महाराजा सवाई जयसिंह के देहांत के बाद ब्रजनाथ अपनी शिष्य, रानी ब्रजकुंवरी के पास रूपनगर में महाराजा राम सिंह के दरबार में गये। जयपुर के महाराजा ईश्वरी सिंह (शासनकालः सन् 1743-1750) से उनका अच्छा संबंध न होना इसका कारण हो सकता है। रस, अलंकार आदि के ऊपर ब्रजभाषा में एक *साहित्यसार* नामक ग्रंथ संवत 1805 (सन् 1748) में रूपनगर में ब्रजनाथ द्वारा रचा हुआ है[2]—

1. गुप्त 1965 भाग 2 पृ. 449।
2. राजस्थान प्राच्यविद्या प्रतिष्ठान, जोधपुर संख्या 2264 की पांडुलिपि।

एक सहस्र अरु आठ से ता पर पंचम जानि।
रूपनगर सुभ ठौर सब इहै प्रमान॥ 5॥
श्रावन बद तिथि पंचमी कृष्ण पष्य ससिवार।
संपूरन भौ ग्रंथ यह संग्रह साहित्सार॥ 6॥
पोथी यह ब्रजनाथ कवि बरनी साहित्सार।
पढौ गुनौ चित लाय कै करि राषौ उर हार॥ 7॥

उपलब्ध पांडुलिपि की पुष्पिका से स्पष्ट है कि यह ब्रजनाथ कवि ब्रजनाथ भट्ट ही है : "इति श्री ब्रजनाथ भट्ट कृत साहित्यसारः समाप्तः। मिति असाढ़ मासे कृष्ण पक्षे तिथौ सप्तायां सोमवासरे संवत 1839ए कीसनगढ़ मध्ये।"

यह साहित्यसार 33 पन्नों में 230 दोहे की रचना है जिसमें छंद, काव्यदोष काव्यलक्षण, काव्यप्रयोजन, रस तथा अलंकारों की चर्चा मिलती है। यद्यपि इस ग्रंथ में आनंदघन का जिक्र नहीं किया गया है तथापि इसकी शैली कभी-कभी *प्रशस्ति* की शैली से मिलती-जुलती है। मसलन उद्धृत संख्या 7 का दोहा *प्रशस्ति* की इस पंक्ति से मिलाइए।

ए जू सुनौ मित्त चित्त गुन मैं पिरोय इन्हैं,
राखौ कंठ मुकता-कबित्त करि हार हैं।
(–प्रशस्ति 4)

ब्रजनाथ ने कविता का यह लक्षण बताया–

अथ काव्यलछनं

अद्‌भुत रचना जगत मैं सब सबद रू अर्थ कवित्तः।[1]

इसके बाद कुलपति मिश्र का एक दोहा उद्धृत करके ब्रजनाथ ने काव्य पर अप्रस्तुत सुंदरी का आरोपण करते हुए यह बताया है कि काव्य की आत्मा व्यंग्य है, उसका शरीर शब्द और अर्थ, उसके गुण काव्यगुण, उसका आभूषण अलंकार, तथा अवगुण काव्यदोष है–

अथ कविता की बसे सरीर सामग्री

व्यंग जीव ताको कहत, शब्द अर्थ है देह।
गुण गुण भूषण भूषणे दूषन दूषन एह॥[2]

---

1. *साहित्यकार पन्ना* 24।
2. *साहित्यसार पन्ना* 24। यह दोहा कुलपति मिश्र कृत *रस-रहस्य* 1,34 का दोहा है। दे॰ 'हीरा' 1973 पृ॰ 178।

ब्रजनाथ काव्य के शरीर को इतना महत्त्व देते हैं कि उनका कहना है कि काव्य के शरीर को पहले देखना चाहिए और आत्मा को बाद में और फिर अंत में दोष और गुण—

अथ शब्दार्थ निर्नै

देह प्रथमहि देषिये बहुर जीव का ग्यान।
दूषन गुण भूषनन कौ पाछै जानत जान॥[1]

घनआनंद-कबित्त का संकलन-कार्य

आनंदघन को अपने जीवनकाल में यश मिला और उनकी कविताओं की दो पुरानी पुस्तकों की प्रतिलिपि संवत् 1784 (सन् 1727) तथा संवत 1800 (सन् 1743) में रूपनगर में की गयी। आनंदघन की कविताओं से ब्रजनाथ शायद शुरू से ही परिचित थे। इस बात की पूरी संभावना है कि सलेमाबाद, जयपुर या रूपनगर में आनंदघन से उनकी मुलाकात भी हुई हो। जयसिंह की मृत्यु के बाद संवत् 1805 (सन् 1748) के आस पास कुछ समय तक ब्रजनाथ रूपनगर में रहे। उस समय आनंदघन तो वृंदावन में रहते थे, लेकिन उनके काव्य को लेकर रूपनगर में विवाद चल रहा था। ब्रजनाथ ने यह भी देखा होगा कि आनंदघन के काव्य को स्वेतांबर हेमराज जैसे प्रतिलिपिकारों ने कैसे बदल दिया।

ब्रजनाथ ने आनंदघन के काव्य पर आपत्ति करने वालों तथा आनंदघन के कबित्तों को केवल प्रकट भक्ति की ओर परिवर्तित कर देने वालों, दोनों ही गुटों से असंतुष्ट होकर आनंदघन के कबित्तों के सच्चे 'बखान' (प्रतिपादन) के लिये एक नया संग्रह *घनआनंद-कबित्त* बना डाला।

जयपुर के महाराजा ईश्वरी सिंह के देहांत, संवत् 1807 (सन् 1750) के बाद ब्रजनाथ फिर जयपुर में नये महाराजा सवाई माधो सिंह (शासनकाल संवत 1807-1824 – सन् 1750-1767) के पास जयपुर दरबार लौटे और *सच्चिदानंद पदार्थ भान-चन्द्रिका* की रचना की। घनआनंद-कबित्त संग्रह का काल ब्रजनाथ के रूपनगर वास का समय अर्थात् सवंत् 1805 (सन् 1748) के आस-पास है।

घनआनंद-कबित्त में ब्रजनाथ ने आनंदघन के काव्य में सुजान को और प्रेमतत्त्व को महत्त्व प्रदान करने की सफल कोशिश की है। आनंदघन के काव्य को न समझनेवालों के प्रति उन्होंने कटूक्तियाँ भी की हैं। आनंदघन के काव्य को महत्त्व प्रदान करने की उन्होंने जो कोशिश की उसका नतीजा यह हुआ कि वे आनंदघन-विरोधी गुट के क्रोध और आलोचना के पात्र बन गये।

आनंदघन-विरोधी वातावरण में गोपनीय ढंग से आनंदघन के कबित्तों की उन्हें प्रतिलिपि करनी पड़ी। इसका प्रमाण नीचे दिया जा रहा ब्रजनाथ का सवैया है—

---

1. *साहित्यसार* पन्ना 25।

मैं अति कष्ट सों लोने कवित्त ये लाज बड़ाई सुभाय कोँ खोय कै।
सो दुख मेरो न जानै कोऊ लै बखानै लिखाइयै मोहू कोँ गोय कै।
कैसी करों अब जाहुँ किते मैं बिताए हैं रैनि दिना सब भोय कै।
प्रेम की चोट लगी जिन अँखिन सोई लहै कहा पंडित होय कै॥
(-प्रशस्ति 8)

प्रशस्ति के छंदों से भी ब्रजनाथ का पांडित्य सामने आता है क्योंकि उनकी कुछ पंक्तियाँ संस्कृत सुभाषितों और पद्यों की याद दिलाती हैं-

स्वाद महा खर दाखनि चाखत ज्यौँ जन नैननि रोष बढ़ावै।
(-प्रशस्ति 5)

यद्यपि न भवति हानिः परकीयां चरति रासभे द्राक्षान्।
असमंजसमिति मत्वा तथापि खलु खिद्यते चेतः।[1]

चित्र-बिचित्र के भेद सराहत ज्यों दृगमंद न काहू सुहावै।
(-प्रशस्ति 5)

नास्य श्लाघाम कलितगुणः पोषयन् प्रीतये नः
कौ ऽन्धैः चित्रस्तुतिशतविधौ शिल्पिनः स्यात्प्रकर्षः।[2]

पूँछ बिषान बिना पसु जो सु कहा घन आनँद बानी बखानै।
(-प्रशस्ति 6)

साहित्यसङ्गीतकलाविहीनः साक्षात्पशु पुच्छविषाणहीनः।
तृणं न खादन्नपि जीवमानस् तद्भागदेयं परमं पशूनाम्।[3]

ब्रजनाथ ने आनंदघन के काव्य को ''जग की कविताई के धोखें'' से भिन्न माना और कवि को 'सुछंद' तो बताया ही, लेकिन भावों की प्रधानता के साथ-साथ कवि की प्रवीणता तथा शास्त्रों के ज्ञान की भी प्रशंसा की-

...ब्रजभाषा प्रबीन औ सुंदरतानि के भेद क्रोँ जानै।
जोग-बियोग की रीति मैँ कोबिद, भावना-भेद स्वरूप कोँ टानै।
(-प्रशस्ति 1)

---

1. दे॰ भटवदेकर (सं॰) पृ॰ 250।
2. 17वीं शताब्दि में रचित *आत्मतत्वविवेक* के इस पद्य की ओर श्री कलानाथ शास्त्री ने शोधकर्ता का ध्यान दिलाया।
3. कोसाम्बी (सं॰) *भर्तृहरिसुभाषितसंग्रहः* 796।

प्रगटे सुघन सुबरन स्वाति जल जेते
बसे छंद-बंद रीति सुकति अधार है।
सुंदर बिमल बहु अरथ निधान देखौ
अचिरज नेह भरे झलकै अपार हैँ ।
(–प्रशस्ति 4)

ब्रजनाथ का निम्नलिखित कवित्त उनके काव्यशास्त्र के विशद ज्ञान का प्रमाण है–

नेह-मकरंद भरे कैधें अरबिंद बृंद
निरखत नसत सकल ताप ही के हैं।
कैधौँ सुबरन के कलस ये सुधा सौँ भरे
स्वाद पाएँ लागत सवाद सब फीके हैँ ।
कैधौँ अद्भुत जलधर ब्रजनाथ कहै
नव-रस-रंग बरसत अति नीके हैँ ।
चोर चित्त वित्त के कि पैठि बरजोर हिये
कैधौँ बिलसत ये कबित्त घन जी के हैँ ।
(–प्रशस्ति 3)

ब्रजनाथ की दृष्टि में काव्यशास्त्र के नियमों को पालन करने का अपना महत्त्व है। जब उन्होंने ''घन जी'' को ''सुछंद'' कहा तो उसका तात्पर्य यह है कि आनंदघन के छंद अच्छे हैं। अगर ''सुछंद'' का अर्थ स्वच्छंद भी माने तो इसका आशय *रीतिमुक्तता* अर्थात् काव्यशास्त्र की रीति का उल्लंघन नहीं है।

जब ब्रजनाथ ने ''सुछंद सदा रहै'' लिखा तो ''सदा'' शब्द क्या केवल सवैये की लय को पुष्टि करने के लिये लिखा ? *घनआनंद-कबित्त* का संग्रह करने के समय आनंदघन साधारण भक्तिकाव्य लिखा करते थे। सदा शब्द से ब्रजनाथ का तात्पर्य यह है कि अपने कबित्तों के कारण ''घन जी'' सदा अच्छा छंद रचने वाले थे। अगर ''सुछंद'' का श्लेषार्थ ''स्वछंद'' माना जाय, तो इस स्वछंद का अर्थ है संप्रदायवादी भक्ति-बंधनों से मुक्त होकर प्रेम को सर्वोपरि महत्त्व देना, जो आनंदघन के कबित्तों की मुख्य विशेषता है।

मृत्यु

मृत्यु के समय के संबंध में भ्रांतियाँ

सन् 1739 की नादिरशाही

केसरीनारायण शुक्ल[1] और विश्वनाथप्रसाद मिश्र[2] के शोध से पहले आनंदघन की मृत्यु सन् 1739 की नादिरशाही में मानी जाती थी। इस बात का उल्लेख महादेवप्रसाद के *साहित्यभूषण*[3], भारतेन्दु हरिश्चंद्र के *सुजान शतक*[4], राधाचरण गोस्वामी के छप्पय[5] आदि में मिलता है। इन उल्लेखों के आधार पर तासी और ग्रियर्सन से लेकर रामचंद्र शुक्ल तक ने यह माना कि आनंदघन की मृत्यु नादिरशाही में हुई।[6] रामचंद्र शुक्ल के मत को एक सर्वमान्य मत के रूप में स्वीकार कर लिया गया और अन्य शोधों की उपेक्षा कर कुछ लेखक आज भी यह मत प्रचारित करते हैं कि आनंदघन सन् 1739 की नादिरशाही में मारे गये थे।

अहमदशाह अब्दाली का ब्रज पर दूसरा आक्रमण, सन् 1760

केसरीनारायण शुक्ल और विश्वनाथप्रसाद मिश्र ने इस बात पर प्रकाश डाला कि आनंदघन ने *मुरलिका मोद* संवत् 1793 (सन् 1741) में लिखा[7] और नादिर शाह ने ब्रज में नहीं दिल्ली में ही कत्लेआम किया था।[8]

इसके साथ ही विश्वनाथप्रसाद मिश्र ने यह भी बताया है कि 'चाचा' वृंदावनदास की *हरिकलाबेली* में ब्रज पर अहमदशाह अब्दाली के दो आक्रमणों (संवत् 1813 और 1817 अर्थात् सन् 1757 और 1760) का बिवरण है और उसमें आनंदघन की मृत्यु पर भी शोक व्यक्त किया गया है।

किशनगढ़ के राजकवि जयलाल की एक चिट्ठी के आधार पर राधाकृष्णदास ने आनंदघन के साथ नागरीदास की जयपुर-यात्रा का उल्लेख किया है।[9] नागरीदास संवत् 1805 (सन् 1748) में ब्रज में आये और इसके बाद एक ही बार, संवत् 1813-14

---

1. के. ना. शुक्ल पृ. 274।
2. मिश्र : *आनंदघन का निधन-संवत्* 1948।
3. दे. गौड़ पृ. 1 तथा किशोरीलाल गुप्त 1961 पृ. 216।
4. दे. किशोरीलाल गुप्त 1977 *'भूमिका'* पृ. 60।
5. दे. वियोगी हरि 1933 पृ. 173।
6. दे. तासी पृ. 459; किशोरीलाल गुप्त 1961 पृ. 216; रामचंद्र शुक्ल पृ. 185 आदि।
7. के. ना. शुक्ल पृ. 274।
8. मिश्र 1952 *'वाङ्मुख'* पृ. 58।
9. श्यामसुंदरदास (सं.) पृ. 173।

(सन् 1757) में कुटुंब-यात्रा के सिलसिले में ब्रज के बाहर गये।[1] जयलाल ने अपनी चिट्ठी में आनंदघन के साथ नागरीदास को जयपुर-यात्रा (संवत् 1813-14 वाली कुटुम्ब यात्रा) में शामिल माना और अपनी एक रचना में नागरीदास के ब्रज से रवाना होने की तिथि चैत्र कृष्ण द्वादशी संवत् 1813 (17 मार्च 1757) बताई है–

अठारह से ऊपरै संवत् तेरह जान।
चैत्र कृष्ण तिथि द्वादशी ब्रज ते कियो पयान॥

(–नागरसुमुच्चय[2])

अब्दाली का सन् 1757 में कत्ले-आम 1 मार्च से 6 मार्च (फाल्गुन शुक्ल 10 से चैत्र कृष्ण प्रतिपदा, संवत् 1813) तक हुआ था। इसीलिये आनंदघन इस आक्रमण में नहीं मारे जा सकते थे।[3] इसी कारण विश्वनाथप्रसाद मिश्र और उनका अनुसरण करने वाले बहुत सारे आधुनिक विद्वान आनंदघन का देहांत संवत् 1817 (सन् 1760 या 1761) में मानते हैं।

अहमदशाह अब्दाली का ब्रज पर पहला आक्रमण, सन् 1757

हरिकलाबेली का साक्ष्य

विश्वनाथप्रसाद मिश्र के तर्क में कुछ त्रुटियां हैं। हमारा अनुमान है आचार्य मिश्र को *हरिकलाबेली* का पूरा पाठ नहीं, केवल नागरीप्रचारिणी सभा की सन् 1912-14 वाली *खोज रिपोर्ट* में उद्धृत अंक मिला होगा। उन्होंने इस *खोज रिपोर्ट* का उल्लेख भी किया है।[4] यहाँ ध्यान देने की बात यह है कि 'चाचा' वृंदावनदास ने *हरिकलाबेली* में यह स्पष्ट रूप से लिखा है कि आनंदघन पहले आक्रमण के बाद जीवित नहीं थे। *हरिकलाबेली* में ब्रज के कत्लेआम का वर्णन है और उसमें मारे गये प्रमुख साधुओं के बारे में एक एक कबित्त मिलता है। इन पद्यों में वृंदावनदास ने भक्तों के ''सांचेपन'' का निर्वाह, ''रज की अभिलाषा'' से ब्रजरज में मिलने और वृंदावन तथा अपने मंदिर को न छोड़ने की इच्छा वर्णित की है–

(मुकुंदलाल :) **बन रज हिय गाढ़ी लगन सौ, मुकुन्दलाल प्रापति भवन।**
वृन्दावन हित रूप रज तऊ तजी न भय आगम यमन॥ 174॥

(प्रेमदास :) **प्रेमदास प्रेम बन भूमि सौं निबाह्यो आछैं**
पचिहारे सब ही तज्यो न कुंज भवन है।

---

1. किशोरीलाल गुप्त (सं.) 1965 पृ. 34।
2. मिश्र 1952 *'वाङ्मुख'* पृ. 58।
3. मिश्र 1952 *'वाङ्मुख'* पृ. 58।
4. दे. मिश्र 1948 पृ. 12।

विकट वृत आचर्‍यौ मचलिकै लही रज
महत जन गिरा करी सत्य तौ गवन है ॥ 176 ॥

(कृष्णदास :) व्यासनन्दन चरननि सौं गाढ़ी अति निष्ठा बाढ़ी
यद्यपि मलेक्षनि ताप नाना भांति दई है।
रज की अभिलाषा बड़ी रहत हो निसि दिन
वही देह रज में सांचे पन सौ मिलई है ॥ 177 ॥

(जादौ दास :) पूरौ वैराग त्याग देह अंत रह्यो अचल
धन्य यादौ दास गही सुदृढ़ बन थली है।
चाहना के बीज दुष्ट प्रापति आँच जारि डारे
एक आसन बैठिकै बिताई बर्ष भली है।
तन हूँ कों आनिकै मलेक्षनि जब पीड़ा दई
बार-बार यही रज अंगनि लै मली है ॥ 179 ॥

(पुजारी कृष्णदास :) विपता परी यवन ने सताये बनवासी आय
तजी नहीं बन सीवां मन रज आस है ॥ 181 ॥

(लछमन सिंघ :) सुनी यवन भय कान समुझि सब तजि बन आयौ।
देखो भक्ति प्रताप धाम वृंदावन पायो ॥ 182 ॥

ये प्रायः सब लोग राधावल्लभी भक्त थे। मुकुंदलाल गोस्वामी 'चाचा' वृंदावनदास के गुरु, रूपलाल गोस्वामी (सन् 1681-1744) के बड़े भाई थे।[1] प्रेमदास रूपलाल गोस्वामी के शिष्य थे जिन्होंने *हितचौरासी* की ऐसी टीका लिखी है जो सर्वश्रेष्ठ मानी जाती है।[2] कृष्णदास भावुक गोस्वामी विनोद वल्लभ के शिष्य थे। पद संग्रहों मं इनके भी कुछ पद मिलते हैं। यादवदास या जादौ रसिक गुजरात में पैदा हुए थे और मीठा जी के शिष्य बन गये। छंद संख्या 183 में उल्लिखित युगलदास शायद वही युगलदास हैं जो विलासदास के शिष्य थे और जिन्होंने *हितचौरासी* की टीका लिखी थी।[3]

लेकिन वृंदावनदास ने दूसरे संप्रदायों के भक्तों की मृत्यु के ऊपर भी शोक प्रकट किया है। पुजारी कृष्णदास बांके बिहारी जी के पुजारी अर्थात् हरिदासी संप्रदाय के गोस्वामी थे। भगवानदास (छंद 180) और लछमन सिंह के बारे में कुछ भी मालूम नहीं है। आनंदघन की मृत्यु के बारे में भी एक कबित्त मिलता है।[4]

वृंदावनदास ने संवत् (सन् 1757) के आक्रमण का उल्लेख करने के बाद लिखा

1. मीतल पृ. 211।
2. मीतल पृ. 211; भगीरथ मिश्र (सं.) पृ. 248।
3. मीतल पृ. 440।
4. दे. पृ. 44।

है कि भागकर कुछ लोग बच गये थे ("भाजि-भाजि कोऊ छुटे")। इसी समय वृंदावनदास स्वयं भी ब्रज को छोड़कर फर्रुखाबाद चले गये।

उस जमाने में फर्रूखाबाद एक सांस्कृतिक केन्द्र था और बहुत सारे लेखक, कवि, विद्वान वहाँ के मुहम्मद खाँ बंगश के संरक्षण में रहते थे।[1] शहर में रासलीला का भी बहुत प्रचलन था। सन् 1739 में नादिर शाह के आक्रमण में हाँसी हिसार (हरियाना) के निवासी ताराचंद फर्रूखाबाद आये। उनके पुत्र थे बिहारीलाल। यह परिवार वृंदावन से बहुत संबंध रखता था और अक्सर रासलीला करवाता था।[2] फर्रूखाबाद में चाचा वृंदावनदास ने भी संवत् 1814 चैत्र सुदी एकादशी (31 मार्च 1757) को एक रासलीला देखी थी–

शहर फर्रूखाबाद जहाँ गये सुरधुनी पास।
चैत सुदी एकादशी तहाँ भयौ इक रास॥ 4॥
तीन पहर रजनी गयी, भेषनि कीयौ गान।
तहाँ एक कौतुक भयौ जाकौ करौं बखान॥ 5॥
आनंदघन को ख्याल इक गायौ खुल गये नैन।
सुनत महा बिह्वल भयौ मन नहिं पायौ चैन॥ 6॥
ऐसे हू हरिसंत जन मारे यवननि आय।
यह अति खेद हिये भयौ लीनौ सोच दबाय॥ 7॥

इन छंदों के बाद वृंदावनदास उस अनुभव का वर्णन करते हैं जिसमें उन्हें एक बारह वर्ष के बालक के रूप में श्रीकृष्ण के दर्शन हुए। बालक ने कहा कि वह वहाँ से आया है जहाँ आनंदघन का वास है। तब कवि ने पूछा कि आनंदघन ने तो नित्य वृंदावन धाम पाया है और अन्य सब महंत-संत कहाँ हैं जिनको यवनों ने मारा ? इसके बाद जैसे ही वृंदावनदास ने पीछे मुड़कर देखा तो पाया कि महंत-संत लोग रासलीला देख रहे हैं–

मैं तौ बूझी कौन तुम कहाँ ते जु आये हो,
उन तो कही आयौ हौं आनन्दघन वास तौ।
मैंने कही उननि जु वृंदावन धाम पायौ
उन तौ बतायौ एक मंदिर ओट वास तौ।
बहुरि मैं बुझी जू और सब महंत कहाँ
निकट ते बतावौ बढ़ावौ विश्वास तौ।

1. मलिक पृ॰ 368।
2. नरेशचंद्र बंसल से शोधकर्ता का वार्तालाप।

वृंदावन हित रूप उन कही पाछें देखि
पाछें मुरि देखौं तौ देखत सब रास तौ ॥ 10 ॥

तब श्रीकृष्ण ने बताया कि एक 'कला' मैंने खेली है फिर एक दूसरी खेलूँगा अपने नयनों से देखो–

जे जे ये मलेक्षनि मारे ते ते सब बैठे हैं
कौतुक सो कहा है संदेह मेरौ टारिये।
तब तौ उन कही एक कला हौं खेल्यौ हौं
दूजी पुनि खेलत हौं नैननि निहारिये ॥ 11 ॥

ठारह सै सत्रहों वर्ष बहुरि कें यवन आयौ
ऐसे सत्यवादी बात कला की न भूले हैं ॥ 12 ॥

नागरसमुच्चय और जयलाल के साक्ष्य की पड़ताल

नागरसमुच्चय[1] में उद्धृत जयलाल कवि राधाकृष्णदास (सन् 1865-1907) के समकालीन थे।[2] अर्थात् वे आनंदघन के लगभग डेढ़ सौ साल बाद विद्यमान थे। उनकी बातों पर पूर्ण विश्वास नहीं करना चाहिए। आधुनिक शोध के अनुसार नागरीदास के ब्रज से रवाना होने की तिथि संवत् 1813 चैत्र सुदी 12 नहीं है। इसके विपरीत संवत् 1813 के फाल्गुन महीने में अहमदशाह अब्दाली के आक्रमण से पहले ही खतरे से बचने के लिये नागरीदास ने कुटुंब-यात्रा की।[3] जयलाल ने भी अपनी चिट्ठी में राधाकृष्णदास को यही लिखा है : "कत्लेआम होने की खबर यहाँ कृष्णगढ़ रूपनगर में गुप्त आ पहुँची थी। नागरीदास जी के छोटे भाई बहादुरसिंह जी और नागरीदास जी के पुत्र सरदार सिंह जी ने इनको (नागरीदास को) अर्जी लिखी थी कि कुटुंब-यात्रा के लिये यहाँ अवश्य पधारें। तब इस धोखादई से वे यहाँ आ गये थे फिर छह महीने रहकर पीछे वृंदावन ही पधार गये।"[4]

अगर यह माना जाय कि आनंदघन इसी यात्रा में जयपुर तक नागरीदास के साथ गये थे तो जयलाल का पूरा विवरण अधिक विश्वसनीय लगेगा। जयलाल के

1. राधाकृष्णदास (सं.) : *नागरसमुच्चय :* ज्ञानसागर प्रेस, बंबई, 1898।
2. दोनों में पत्र व्यवहार रहा। दे. श्यामसुंदरदास (सं.) पृ. 168-173।
3. किशोरीलाल गुप्त 1965 पृ. 34। लेकिन विश्वनाथप्रसाद मिश्र की भूल स्वयं किशोरीलाल गुप्त ने भी नहीं पहचानी और आनंदघन की मृत्यु संवत् 1817 में मानी : दे. गुप्त 1967 पृ. 140 या गुप्त 1968 पृ. 42।
4. दे. श्यामसुंदरदास (सं.) : *राधाकृष्णदास ग्रंथावली :* बहुगुणा पृ. 3 के आधार उद्धृत।

पत्र के आधार पर राधाकृष्णदास लिखते हैं कि जब आनंदघन को जयपुर के महाराजा[1] पर क्रोध आया तब वे "वहाँ से विदा हुए और नागरीदास जी से कहा : हम ऐसे देश में आगे नहीं चलेंगे पीछे ही जाएँगे। सो पीछे ही मथुरा चले गये और यह भी सुना है कि मथुरा में कत्लेआम हुआ तब इन्होंने कत्ल करनेवालों से कहा कि मेरे ऊपर तलवार के घात बहुत थोड़े-थोड़े बहुत देर तक हो। इनको ज्यों-ज्यों तलवार के घाव लगते गये त्यों-त्यों ये ब्रज में लोटते रहे ऐसे देह त्याग किया।"[2]

वृंदावन से जयपुर तक लगभग ढाई सौ किलोमीटर का रास्ता है। उस समय यह लगभग पांच-दस दिनों का रास्ता होगा। अगर फाल्गुन किशनगढ़ पहुंचने का नहीं ब्रज से रवाना होने का समय हो, तब इसकी संभावना है कि आनंदघन नागरीदास के साथ फाल्गुन के शुरू में वृंदावन से रवाना हुए और जयपुर होकर उसी महीने के अंत में, ठीक कत्लेआम के समय फिर से ब्रज पहुँचे। आनंदघन में ब्रजरज में मिलने की इच्छा इतनी प्रगाढ़ थी कि कत्लेआम का पता होने के बावजूद वे ब्रज गये। *हरिकलाबेली* के उद्धृत छंदों से मालूम पड़ता है कि यवनों के आने की खबर सुनने पर भी अनेक भक्त ब्रज से बाहर नहीं गये। यहाँ तक कि एक लछमण सिंह नाम का भक्त "सुनी यवन भय कान समुझि सब तजि बन आयो।"[3] आनंदघन के संबंध में वृंदावनदास ने इसीलिये लिखा है–

रज की अभिलाषा सो तहाँ ही देह धरी है।

इतिहास ग्रंथों में पहले आक्रमण का विवरण

इतिहास ग्रंथ संवत् 1813 (सन् 1757) वाले आक्रमण में ही साधुओं की मारकाट की घटना बताते हैं। संवत् 1817 (सन् 1760) के हमले में सिर्फ दीग का एक दिन का घेरा (6-7 फरवरी 1760)[4] और अलीगढ़ पर अहमदशाह का आक्रमण और उस पर कब्जा करना (5 मार्च से 7 अप्रैल 1760)[5] बताते हैं। दीग वृंदावन से लगभग चालीस क़िलोमीटर दूर महाराजा सूरजमल का एक किला था। अहमदशाह की फौज 6 फरवरी की शाम को दीग पहुँच गयी। 7 फरवरी की सुबह ही उसने दीग के किले पर आक्रमण कर दिया। उसके इस घेरे के समय मराठा रेवारी की तरफ उत्पात करने लगे। वह उनका पीछा करने के लिये इस घेरे को उठाकर चल दिया।[6] इसके

1. सन् 1757 में जयपुर के राजा महाराजा सवाई माधो सिंह (शासनकाल 1750-1767) था।
2. श्यामसुंदरदास (सं.) पृ. 173।
3. *हरिकलाबेली* 182।
4. नटवरसिंह पृ. 78; गंगा सिंह पृ. 206-207।
5. गंगा सिंह पृ. 208; चंदावत पृ. 163।
6. गंगा सिंह पृ. 207।

अनंतर मुसलमानों की फौज ब्रज से चली गयी। इस घेरे का इतना कम महत्त्व है कि कुछ इतिहासग्रंथों में इसका उल्लेख भी नहीं मिलता।[1]

संवत् 1813 (सन् 1757) की मारकाट इतनी भयानक थी कि उसमें दूसरे साधुओं के साथ आनंदघन के मारे जाने की भी अधिक संभावना है।[2]

"एक मार्च को प्रातःकाल एक लाख अफगान रूहेला सवारों ने अरक्षित मथुरा नगरी में प्रवेश किया। जहान खाँ ने किसी भी वर्ण, वर्ग व सम्प्रदाय के साथ दया या सहानुभूति नहीं दिखलाई और अपने स्वामी के 'लूटो, मारो व उजाड़ो' निर्देश का अक्षरशः पालन किया...निरन्तर चार घंटे तक हिन्दुओं का संहार व बलात्कार चलता रहा। नागरिकों में प्रतिरोध की शक्ति नहीं थी।...

रूहेला सैनिकों ने तीन दिन तक भयंकर नर-संहार किया।...इस नर-संहार में बुदोआ तथा जौनमाने चतुर्वेदियों का अधिक वध हुआ। उनके वंशज आज भी प्रतिवर्ष फाल्गुन शुक्ल 11-13 को 'कत्ल का श्राद्ध' करते हैं। पंद्रह दिन के बाद सामीन लिखता है, 'बाजार तथा बीथियों में जिधर देखो मानव धड़ दिखलाई देते थे। समस्त नगर होलिका दहन तुल्य जल रहा था और मकान धूलि धूसरित हो रहे थे। यमुना जल पीत वर्ण होकर बह रहा था। तट के समीप मैंने विरक्त वैरागी तथा संन्यासियों की पर्णशालाएँ देखीं। प्रत्येक कुटिया में एक नरमुण्ड और उनके मुँह के पास गऊ का सिर रखा था। दोनों का मुँह रस्से से बांध दिया गया था।' लुटेरों ने नगर के स्वधर्मी मुसलमानों के साथ भी अभद्र व्यवहार किया।...

जहान खाँ ने मथुरा के 10 किलोमीटर उत्तर में वृंदावन में भी 6 मार्च को 'आग व कत्ल' का तांडव किया। यहाँ के देवालयों में अपार धन-सम्पत्ति जमा थी। यहाँ भी निरपराध वैष्णव भक्तजनों का संहार हुआ। गुलाम हुसैन सामीन के शब्दों में—'जिधर आपकी दृष्टि जावे, आपको मृतकों का ढेर दिखलाई देगा। रक्त की नदी तथा मृतकों के ढेर के कारण मार्ग में कठिनाई से निकल सकते थे। एक स्थान पर हमने दो सौ मृतक बच्चों का ढेर देखा। एक भी बालक के शरीर पर सिर नहीं था। ...वायु में दुर्गन्ध इस प्रकार मिश्रित थी कि श्वास भी नहीं ली जा सकती थी और न मुख ही खोला जा सकता था।'[3]

खून और लाशों से यमुना का जल इतना दूषित हो गया कि शाह के शिविर

---

1. कानूनगो और राणावत की पुस्तकों में इस घेरे का उल्लेख नहीं है।
2. स्मिथ पृ. 437; गंगा सिंह पृ. 191-194; कानूनगो पृ. 55-58; नटवर सिंह पृ. 67-68; उपेंद्र वर्मा पृ. 314-317; याज्ञवल्क्य पृ. 50-57।
3. उपेन्द्र शर्मा पृ. 314-317 : गुलाम हसन समीन के उद्धरण उनकी *शराइफ-ई-उसमानी* नामक फारसी रचना से है जिसका अंग्रेजी अनुवाद *इंडियन एंटीक्वरी* पत्रिका भाग 36 (1907) में मिलता है। उद्धृत अंश पृ. 60 तथा पृ. 62 पर हैं।

में हैजा फैल गया जिससे फौज ब्रज से लौटने के लिये मजबूर हो गयी।[1] 29 मार्च तक ब्रज से सारी फौज निकल गयी थी।[2]

हरिकलाबेली के आधार पर स्पष्ट है कि आनंदघन संवत् 1813 (सन् 1757) के कत्ले-आम में वृंदावन के अनेक साधुओं के साथ मारे गये। संभवतः उनका देहांत वृंदावन में हुआ इससे यह निष्कर्ष निकलता है कि उनकी मृत्यु की तारीख वृंदावन पर आक्रमण का दिन 6 मार्च 1757 होगी।[3]

---

1. गंगा सिंह पृ॰ 194।
2. कानूनगो पृ॰ 57।
3. कुछ विद्वानों ने आनंदघन की मृत्यु 1757 में मानी लेकिन अपने मत के लिये तर्क कहीं नहीं दिये हैं : दे॰ मीतल पृ॰ 360; भगीरथ मिश्र (सं॰) पृ॰ 248। केवल राजेंद्र कुमार जयलाल के साक्ष्य को स्वीकार करते हुए कहते हैं कि सन् 1760 में ब्रज में नरसंहार नहीं हुआ अर्थात् आनंदघन पहले आक्रमण में ही मारे गये। दे॰ राजेन्द्र कुमार पृ॰ 68-72।

रचनाएँ

छंद और शैली का गहरा संबंध है। आनंदघन का काव्य भी इस बात का पूरा समर्थन करता है। इस दृष्टि से आनंदघन का कृतित्त्व तीन मुख्य वर्गों में बाँटा जा सकता है : कबित्त, पद और दोहा-चौपाई की रचनाएँ।

कबित्त

कबित्त व्यापक अर्थ में, कवित्त, सवैया, छप्पय को कहा जाता है।[1] आनंदघन के जीवन के पूर्वार्ध की रचनाएँ कबित्त हैं। अपने कबित्तों के कारण उनको पहले यश प्राप्त हुआ और फिर अपयश।

आनंदघन के कबित्त चमत्कारपूर्ण शैली में लिखे गये हैं। उनमें व्यंजना तथा शब्दालंकारों और अर्थालंकारों का प्राचुर्य है। काव्यशास्त्र के विविध तत्त्वों के प्रयोग में कवि की दक्षता दिखाई देती है। कबित्तों के कारण ही आनंदघन को 'भाषा प्रवीन' कहा गया है।

आनंदघन की कबित्त-शैली की रचनाओं में कहीं-कहीं दोहे, सोरठे, पद, विष्णुपद जैसे मुक्तक तथा प्लवंग भी मिलते हैं।

कबित्त-प्रधान शैली की रचनाएँ :

1. *सुजानहित* (497 कबित्त और 10 दोहे-सोरठे)
2. *कृपाकंद-निबंध* (47 कबित्त, 9 पद, 5 दोहे-सोरठे और 1 विष्णुपद)
3. *प्रेमपत्रिका* (68 कबित्त, 26 प्लवंग और 1 सोरठा)
4. *दानघटा* (13 कबित्त और 3 दोहे)
5. *प्रकीर्णक*—यह स्वतंत्र संग्रह नहीं है (71 कबित्त; 10 'छंद' 5 त्रिभंगी, 7 चौपाई, बरवै, दोहा आदि)

---

1. दे॰ मिश्र 1952 *'प्रस्तुत ग्रंथावली'* पृ॰ 2, *'वाङ्मुख'* पृ॰ 70; किशोरीलाल गुप्त 1977 *'भूमिका'* पृ॰ 61 ब्राउटन पृ॰ 9-12 तथा बंघ 1998।

ब्रजनाथ द्वारा संकलित *घनआनंद-कबित्त* को भी कबित्त वर्ग के अंतर्गत मानना चाहिए। यह संग्रह *'ग्रंथावली'* से अलग, उससे पहले प्रकाशित हो चुका है और इसके सभी छंद ऊपर उल्लिखित पाँच रचनाओं में शामिल हैं। आनंदघन के कबित्तों का *सुजान विलास* नामक एक संकलन भी हमें प्राप्त हुआ है, जिसमें *सुजानहित* (सु. 1-456), *प्रेमपत्रिका* (70-93), *दानघटा* (1-5) और *प्रकीर्णक* (1-22) से लिये पद्यों के साथ 13 अप्रकाशित कबित्त मिलते हैं।[1] छंदों का क्रम *घनआनंद-कबित्त* के क्रम से अधिक, बाकी संग्रहों के क्रम से कम मिलता है। इसके अलावा आनंदघन के कबित्तों के कई अप्रकाशित संग्रहों का पता चलता है।[2]

आनंदघन की *वृंदावनमुद्रा* शीर्षक निबंध-रचना में भी पाँच कबित्त हैं। लेकिन *वृंदावनमुद्रा* कबित्त-संग्रह नहीं है चूंकि इसमें चौपाइयों का प्राधान्य है और ये पाँच कबित्त *प्रेमपत्रिका* 30-34 में भी मिलते हैं।

सुजानहित

सुजानहित आनंदघन के कबित्तों का सबसे पुराना लोकप्रिय संग्रह है, जिसकी बहुत सारी पांडुलिपियाँ मिलती हैं।[3] लोकप्रियता की दृष्टि से यह एकमात्र संग्रह है, जो *घनआनंद-कबित्त* की बराबरी करने में समर्थ है।

जैसा हम कह आये हैं *सुजानहित* के पूर्वार्ध की अधिकतर रचनाएँ संवत् 1784 वाली सबसे पुरानी पांडुलिपि जैसी किसी पांडुलिपि के आधार पर संग्रहीत होंगी अर्थात् ऐसा प्रतीत होता है कि *सुजानहित* के प्रारंभ के छंद आनंदघन के यौवनकाल की रचनाएँ हैं।[4] इस प्रकार *सुजानहित* के पद्यों के क्रम को आनंदघन के जीवन और भाव जगत का प्रतिबिंब माना जा सकता हैं और संवत् 1784 (सन् 1727) के *आनंदघनकृत कबित्त* के मूल को *प्रारंभिक सुजानहित* बताना अनुचित नहीं होगा।

---

1. पांडुलिपि श्री नेमीचंद शर्मा (बयाना, भरतपुर) के पास है।
2. किशोरीलाल गुप्त 1977 'भूमिका' पृ. 32-36।
3. आचार्य विश्वनाथप्रसाद मिश्र ने निम्नलिखित चार पांडुलिपियों के आधार पर *'ग्रंथावली'* में *सुजानहित* का संपादन किया (दे. मिश्र 1952 *'प्रस्तुत ग्रंथावली'* पृ. 5) : 1. राजपुस्तकालय, रामनगर, बनारस राज्य; 2. म्यूनिसिपल म्यूजियम, प्रयाग; 3. भदावर राज्य, नवगाँव, आगरा; 4. विद्या-विभाग, काँकरोली। शोधकर्ता को *सुजानहित* की और छह पांडुलिपियों का पता चला है। 5. जोन रिलेंड्स पुस्तकालय, मैनचैस्टर 6. जयपुर पोथीखाना 3349 (33); 7. वृंदावन शोध संस्थान 6568; 8. सूकर क्षेत्र शोध संस्थान (डॉ. नरेशचंद्र बंसल का संग्रह); 9. रामकृष्णलाल जी वैद्य, गोकुल (दे. कृष्णदेवप्रसाद गौड़ (सं.) पृ. 64); 10. राजकीय पुस्तकालय, दतिया (दे. दुबे. पृ. 133)।
4. दे. संवत् 1784 (सन् 1727) के हस्तलिखित ग्रंथ का विश्लेषण पृ. 49-53।

प्रारंभिक सुजानहित को ही बाद में इधर-उधर से बढ़ाकर *सुजानहित* का मौजूदा अंतिम रूप बना है। यह भी कहा जा सकता है कि प्रारंभ में *सुजानहित* के पद्यों का क्रम पोथीखाने के ग्रंथ के पद्यों के क्रम से और ज्यादा मिलता-जुलता था।

प्रारंभिक सुजानहित कैसे बढ़ाया गया इसकी एक मिसाल *सुजानहित* और पोथीखाने के संवत् 1784 (सन् 1727) के *आनंदघनकृत कबित्त* के प्रारंभिक पद्यों के क्रम पर फिर एक बार नजर डालने से सामने आयेगी :

सुजानहित	आनंदघनकृत कवित्त
1	—
2	—
3	5
4	—
5	6
6	7
7	8
8	9
9	61
10	—
11	—
12	—
13	—
14	—
15	64
16	10
17	11
18	12
19	13
20	14

सुजानहित के 10 से 14 तक की संख्या के छंद *आनंदघनकृत कबित्त* में नहीं मिलते। इन पाँच दुर्मिल सवैयों की अंतिम पंक्ति एक ही है—

उर आवत यों छबि-छाँह ज्यों हों ब्रजछैल की गैल सदाई रहौं।

ये पाँच सवैये *आनंदघनकृत कबित्त* से अलग स्वतंत्र कृति मालूम पड़ते हैं, जिन्हें *सुजानहित* के संग्रहकर्ता ने अपने संग्रह में ले लिया है। इस छबि-छाँहवाली

कृति के सवैयों की शैली में साम्य भी दिखाई देता है। तीन छंदों में अग्नि से संबंधित अप्रस्तुतों की योजना की गयी है और तीन में भौतिक विज्ञान से संबंधित अप्रस्तुत मिलते हैं, जैसे. चुंबक-लोह, पारद-कूप, आग पर घी।

पोथीखाने की पांडुलिपि *सुजानहित* का पूर्ववर्ती ग्रंथ है। 'छबि छाँहवाली कृति' के और कुछ फुटकर पदों के आधार पर *सुजानहित* का पूर्वार्ध का भाग निर्मित हुआ है।

सुजानहित के दो रूप मिलते हैं–एक जो *घनआनंद (ग्रंथावली)* में प्रकाशित है और जिसमें 507 पद्य हैं। इसके अलावा एक दूसरा *छोटा सुजानहित* भी मिलता है जिसमें 507 छंदवाले संग्रह के शुरू के 456 छंद संकलित हैं।[1] एक ऐसे संग्रह का भी पता चलता है जिसमें *सुजानहित* के संख्या 457 से लेकर *'छोटे सुजानहित'* के गायब छंद उपलब्ध हैं।[2] यह शायद आनंदघन के भक्तिपरक कबित्तों का एक स्वतंत्र संग्रह था जिसे बाद में छोटे *सुजानहित* को जोड़कर 507 वाला *सुजानहित* बनाया गया।

सुजानहित के विकास क्रम में हमें तीन स्तर देखने को मिलते हैं :

1. *प्रारंभिक सुजानहित* (सन् 1727 या पहले)
2. *छोटा सुजानहित*
3. 507 छंदवाला सम्पूर्ण *सुजानहित*

सुजानहित के शुरू में भक्तिपरक रचनाएँ कम हैं और संयोग-शृंगार का वर्णन, वियोग-वर्णन की अपेक्षा अधिक है। आगे चलकर वियोग संबंधी छंद अधिक हो गये हैं किंतु यत्र-तत्र कुछ भक्तिपरक कवित्त-सवैये भी मिलते हैं। यहाँ तक कि अंत की कविताएँ अधिकतर प्रकट भक्तिपरक है जिनमें राधा या कृष्ण या राधा-कृष्ण के प्रति भक्ति निवेदित है। *सुजानहित* के पद्यों का क्रम शायद आनंदघन के भाव-जगत के विकास का भी प्रतिबिंब है। फिर भी यह संग्रह किसी ऐसे संग्रहकर्ता का काम है जो आनंदघन के कृतित्त्व का विकास दिखाता है, संयोग शृंगार – वियोग शृंगार – भक्ति की ओर उन्मुख वियोग – प्रकट भक्ति।

यद्यपि *सुजानहित* में सुजान शब्द को हटाने की कोशिश नहीं की गयी है, तथापि

---

1. इसका एक 454 छंदवाला अपूर्ण पाठ मिश्र 1945 पृ. 5-127 में प्रकाशित है। बड़े *सुजानहित* के 54 और 294 संख्यक कवित्त गायब हैं। शायद प्रतिलिपिकार ने इन पर ध्यान नहीं दिया। यह संग्रह *सुजान विलास* का एक आधार रहा, क्योंकि *सुजान विलास* में *सुजानहित* 1 और 456 संख्या के बीच के कवित्त मिलते हैं, *सुजानहित* 456 संख्या के बाद के नहीं।
2. अग्रवाल पृ. 178-179। इसमें अधिकांश कबित्त भक्ति व्यक्त करते हैं।

प्रकट भक्ति को महत्त्व देने के लिये आनंदघन के एक महत्त्वपूर्ण कवित्त का पाठ परिवर्तित रूप में दिया गया है। यह वही कवित्त है जिसमें आनंदघन ने लौकिक सुजान-प्रेम तथा प्रकट भक्ति के संबंध पर अपना विचार व्यक्त किया है।

तीन पुरानी पांडुलिपियों (संवत् 1784, 1796, 1800) तथा *घनआनंद-कबित्त*[1] का पाठ –

प्रेम को महोदधि अपार हेरि कै बिचार
बापुरो हहरि वार ही तें फिरि आयौ है।
ताही एक रस ह्वै बिबस अवगाहैं दोऊ
नेही हरि राधा जिन्हें देखैं सरसायौ है।
ताकि कोऊ तरल-तरंग-संग छूट्यो कन
पूरि लोक लोकनि उमंडि उफनायौ है।
सोई घन आनँद सुजान लागि हेत होत,
ऐसे मथि मन पै सरूप ठहरायौ है॥

सुजानहित की प्रायः सभी पांडुलिपियों का पाठ

प्रेम को पयोदधि अपार हेरि के बिचार,
बापुरो हहरि वार ही तें फिरि आयौ है।
ताकी कोऊ तरल तरंग-संग छूट्यो कन,
पूरि लोक लोकनि उमंडि उफनायौ है।
सोई घन आनँद सुजान लागि हेत होत,
ऐसे मथि मन पै सरूप ठहरायौ है।
ताहि एकरस ह्वै बिबस अवगाहे दोऊ,
नेही हरि-राधा जिन्हें हेरें सरसायौ है॥ 116॥

प्रामाणिक पाठ पांडुलिपियों तथा *घनआनंद-कबित्त* का है जिसमें प्रेम के व्यापक महत्त्व का वर्णन है। *सुजानहित* के पाठ में राधा-कृष्ण के उल्लेख को अंत में रखकर भक्ति के महत्त्व को बढ़ाने की कोशिश दिखाई देती है। लेकिन इसका अर्थ अस्वाभाविक सा लगता है क्योंकि राधा और कृष्ण "प्रेम के महोदधि" में नहीं बल्कि मन में ठहरे हुए स्वरूप में अवगाहन करते हैं।

सुजानहित में सुजान के प्रेम को कम और भक्ति को अधिक महत्त्व देने के लिये इस कविता का रूप बदल दिया गया। इससे अनुमान लगाया जा सकता है

1. *घनआनंद–कबित्त* 310 (पाठभेद इतना है कि *उमंडि* की जगह *उमगि* मिलता है)।

कि *सुजानहित* का संग्रहकर्ता कोई भक्त होगा। विश्वनाथप्रसाद मिश्र के अनुसार यह हितहरिवंश के संप्रदाय का कोई भक्त हो सकता है।[1]

कृपाकंद निबंध

सुजानहित में सुजान और राधा-कृष्ण के प्रति लौकिक या अलौकिक प्रेम के कबित्त मिलते हैं। *कृपाकंद निबंध* में प्रेम के बजाय ईश्वरीय कृपा को सर्वोपरि महत्त्व दिया गया है। इसमें लौकिक प्रेम की झलक नहीं है। यद्यपि 'सुजान' शब्द का 13 बार और 'जानराय' का दो बार प्रयोग किया गया है पर ये शब्द आमतौर पर कृष्ण के विशेषण-रूप में आये हैं–'स्याम सुजान' (कृ॰ 4, 6, 8, 10, 11, 12, 14, 15), 'साँवरे सुजान' (कृ॰ 16), 'स्यामसुंदर सुजान' (कृ॰ 36), 'कान्ह जानराय' (कृ॰ 33), 'गोविंद गुसाई जानराय' (कृ॰ 55)। एक बार यह 'संत' का विशेषण है (कृ॰ 59)। इसके अलावा एक बार 'प्रीतम सुजान' (कृ॰ 27) और एक बार 'आनंदघन सुजान' (कृ॰ 34) का उल्लेख हुआ है लेकिन इन दोनों कविताओं के प्रसंग से यह स्पष्ट है कि सुजान यहाँ भी श्रीकृष्ण हैं।

निंबार्क संप्रदाय में भगवान की कृपा को चरम महत्त्व दिया जाता है। वृंदावनदेवाचार्य लिखते हैं कि प्रेम के रास्ते का पथिक वही भक्त हो सकता है जिस पर श्रीकृष्ण की कृपा हो :

नेह निगोडे को पैंड़ो ही न्यारौ।
...
'वृंदाबन' सोई याको पथिक है जापै कृपा करै कान्हर कारौ।
(–गीतामृतगंगा 4,70)

आनंदघन ने ईश्वर कृपा के समक्ष भक्ति के बाह्य नियमों को गौण और निकृष्ट माना है।[2] कहा जा चुका है कि *भड़ुआ छंद* में आनंदघन की इसलिये भी निंदा की गयी है कि वे वैष्णव नियमों का पालन नहीं करते। *कृपाकंद निबंध* एक तरह से आनंदघन के विरोधियों को जवाब भी है।

अब *कृपाकंद निबंध* की संरचना पर एक दृष्टि डालें।

कृपाकंद निबंध के 33 और 47 संख्याओं के बीच के पद्य *सुजानहित* में भी मिलते हैं–

कृपाकंद निबंध	सुजानहित
33	422
34	425

1. मिश्र 1952 *'वाङ्मुख'* पृ॰ 71
2. दे॰ कृपाकंद निबंध 2, 3, 10, 11, 12, 14, 15, 24, 25, 26, 31, 37, 39, 40।

35	426
36	427
37	437
38	438
39	444
40	445
41	449
42	450
43	451
44	452
45	453
46	—
47	456

छंदों का क्रम देखकर मालूम पड़ता है कि *कृपाकंद निबंध* के संकलनकर्ता ने *सुजानहित* के 422 और 456 संख्याओं के बीच में से कृपा संबंधी कविताओं को छाँटकर अपना संग्रह बनाया। इस बात की कोई संभावना नहीं है कि *सुजानहित* के ये छंद *कृपाकंद निबंध* से लिये गये हों क्योंकि *कृपाकंद निबंध* के 33 से 47 संख्या के पद्यों को अलग करके उनके बीच अन्य विषय के कबित्तों को रखकर एक मिश्रित संग्रह बनाना और उसे दूसरे छंदों से जोड़कर *छोटा सुजानहित* तैयार करना एक नितांत अयुक्तिपूर्ण काम जान पड़ता है।

ऊपर दी गयी सारिणी से यह स्पष्ट है कि *कृपाकंद निबंध* के संकलनकर्ता ने *छोटे सुजानहित* को काम में लिया हो। ऐसा प्रतीत होता है कि ईश्वरीय कृपा संबंधी एक छोटे संग्रह (कृ॰ 1-32) से *सुजानहित* के कृपा-विषयक छंदों को जोड़कर एक *आदि-कृपाकंद* बनाया गया है (कृ॰ 1-47)। *घनआनंद-कबित्त* को संग्रह करते समय ब्रजनाथ ने इस *आदि-कृपाकंद* का उपयोग किया, क्योंकि उनके संग्रह में *कृपाकंद-निबंध* के 48 और 62 संख्याओं के बीच का कोई भी छंद नहीं लिया गया है जबकि शुरू के 47 छंदों से 35 को उन्होंने अपने संग्रह में लिया। अर्थात् संरचना की दृष्टि से *कृपाकंद निबंध* के तीन भाग हैं।

कृ॰ 1-32 कृपा-संबंधी कबित्तों का छोटा संग्रह
कृ॰ 33-47 *सुजानहित* के कृपा-संबंधी छंद
कृ॰ 48-62 बाद में जुड़े कृपा-संबंधी छंद

प्रेमपत्रिका

प्रेमपत्रिका श्रीकृष्ण को संबोधित पत्र के रूप में प्रस्तुत रचना है। ऐसा प्रतीत होता है कि इसके शुरू के 26 प्लवंग ही *प्रेमपत्रिका* हैं और बाद में उसके साथ 68 भक्तिपरक कबित्त तथा एक सोरठा जोड़ दिये गये हैं।[1] 26वें प्लवंग पर यह रचना संपूर्ण हो जाती है–

तुम चाहा सु करौ जु सही कछुव न कहैँ।
आनँदघन रसरासि चातकी ह्वै रहैं॥ 25॥
या पाती कों देखि पथिक प्रानै लहै।
आसा निगड़ समेत चलन उमह्यौ रहै॥ 26॥

हमें संवत् 1887 (सन् 1830) में लिखित एक ऐसी पांडुलिपि देखने को मिली जिसमें यह रचना 26वें प्लवंग पर खत्म हो जाती हैं।[2]

प्रेमपत्रिका के उत्तरार्ध (प्रे॰ 27-95) में भक्तिपरक कबित्त हैं जिनमें श्रीकृष्ण की विविध लीलाओं का वर्णन है और जिनमें से पाँच (प्रे॰ 30-34) *वृंदावनमुद्रा* में भी उद्धृत हैं (*वृंदावनमुद्रा* 54-58) और 22 छंद (प्रे॰ 71-92) *घनआनंद-कबित्त* तथा *सुजानहित* दोनों संग्रहों में। इन 22 छंदों का पहले एक स्वतंत्र संग्रह रहा होगा। ब्रजनाथ ने *प्रेमपत्रिका* का उपयोग नहीं किया। यदि ब्रजनाथ को पूरी *प्रेमपत्रिका* मिल जाती तो *घनआनंद-कबित्त* में अंतिम छंदों से पहले के छंद भी मिलते। *सुजान विलास* और *घनआनंद-कबित्त* के पद्यों के क्रम की तुलना से ऐसा मालूम पड़ता है कि उन्होंने *प्रेमपत्रिका* में शामिल अंतिम छंदों का ही उपयोग किया जो उन्हें *सुजान विलास* में मिले होंगे।

दानघटा

दानघटा 16 छंदों की छोटी सी रचना है जो कृष्ण और गोपियों तथा मधुमंगल सखा और ललिता सखी के कथोपकथन के रूप में प्रस्तुत है। ऐसी रचना वृंदावनदेवाचार्य ने भी की है जो *गीतामृतगंगा* के तृतीय घाट के रूप में है।

दानघटा के 13 कबित्तों का उपयोग ब्रजनाथ ने भी किया है।

प्रकीर्णक

घनआनंद (ग्रंथावली) के *प्रकीर्णक* के अंतर्गत आचार्य विश्वनाथप्रसाद मिश्र ने आनंदघन के वे पद्य ही रखे हैं जो उपर्युक्त रचनाओं के अंतर्गत नहीं मिलते। आचार्य

1. गौड़ पृ॰ 61।
2. श्री संजय शर्मा संग्रहालय, 319 (4) संख्या की पांडुलिपि।

मिश्र ने *घनआनंद-कबित्त* को *ग्रंथावली* के अंतर्गत स्वतंत्र रूप से नहीं लिया। *घनआनंद-कबित्त* के 481 पद्य उक्त चार रचनाओं में शामिल हैं। बाकी 24 आचार्य मिश्र ने *प्रकीर्णक* के अंतर्गत रखे हैं। इसके अलावा *ग्रंथावली* के संपादक को *शृंगार संग्रह* में, *सुजान शतक* में, *मिश्रबंधु-विनोद* में, शंभुप्रसाद बहुगुना के *घनआनंद* में जो स्वतंत्र पद्य मिले उन्हें भी उन्होंने *प्रकीर्णक* के अंतर्गत शामिल कर लिया। फिर पांडुलिपियों में मिलने वाले *छंदाष्टक* के आठ तथा त्रिभंगी के पाँच पद्य भी उन्होंने *प्रकीर्णक* में जोड़ दिये।

हमें भी विविध संग्रहों में कुछ ऐसे कबित्त मिले जिन्हें *प्रकीर्णक* में जोड़ना चाहिए। वे छंद *परिशिष्ट(क)* में दिये जा रहे हैं। पर इसके साथ-साथ इस बात को भी ध्यान में रखना चाहिए कि आनंदघन के कुछ और नये छंदों के मिलने की भी संभावना है।

घनआनंद-कबित्त

घनआनंद-कबित्त आनंदघन के कबित्तों का सबसे ज्यादा लोकप्रिय संग्रह है। सन् 1943 और 1969 के बीच इसके छह संस्करण प्रकाशित हुए हैं और आजकल बहुत सारे विश्वविद्यालयों के हिन्दी एम॰ ए॰ पाठ्यक्रम में भी इसके प्रारंभ के सौ छंद पढ़ाए जाते हैं। इसलिये इस *'प्रथम शतक'* के टीका सहित बहुत सारे अच्छे-बुरे संस्करण प्रचलित हैं। हिन्दी साहित्य के अधिकांश पाठक इन सौ छंदों से ही परिचित हैं और इन्हीं के आधार पर अपने विचार व्यक्त करते हैं। *घनआनंद-कबित्त* की लोकप्रियता का आधार यह है कि ब्रजनाथ ने अपना संकलन भावों की गहराई तथा भाषा की सुंदरता को दृष्टि में रखकर बनाया था। उन्होंने ऐसे कबित्तों को चुना जिनसे आनंदघन की "नेही महा, ब्रजभाषा-प्रबीन" छवि पूर्णतया सामने आती है।

ब्रजनाथ के संबंध में एक बात ध्यान देने की है। ब्रजनाथ आनंदघन के काव्य को केवल भक्ति-काव्य के रूप में पेश करनेवाले लोगों से इतना चिढ़ते थे कि *घनआनंद-कबित्त* में उन्होंने भक्तिपरक छंद अपेक्षाकृत कम लिये हैं। ब्रजनाथ ने ऐसा सोचा होगा कि *सुजानहित* और अन्य पुराने संग्रहों में भक्ति की अतिशयता के कारण 'घनआनँद-बानी' अप्रामाणिक बन गयी और इसलिये उन्होंने अपना अलग संग्रह बनाया। उन्होंने इस बात पर ध्यान नहीं दिया कि आनंदघन ने अपने यौवनकाल में भी कुछ प्रकट भक्तिपरक कबित्त लिखे थे जिसका साक्ष्य उनकी उपलब्ध पुरानी पांडुलिपियाँ देती हैं।

सुजानहित के कबित्तों के क्रम से जो लौकिक शृंगार का आध्यात्मिक भक्ति की ओर विकास सामने आता है वह *घनआनंद-कबित्त* में दिखाई नहीं देता। इसमें वियोग, संयोग, मान आदि के आधार पर छंद संकलित हैं।

घनआनंद-कबित्त के विश्वनाथप्रसाद मिश्र द्वारा प्रकाशित रूप की संरचना नीचे दी जा रही है।

छंद संख्या	विषय
(1-2 ब्रजनाथ द्वारा लिखित प्रशस्ति)	
1-2	आलंबन सुजान का सौंदर्य
3-218	वियोग-वर्णन
219-283	संयोग-वर्णन
284-304	मान
305-327	संयोग (सौंदर्य-वर्णन, होली आदि)
328-360	कृपा-संबंधी पद्य (*कृपाकंद निबंध* से लिये हुए छंद)
361-404	*सुजान विलास* से लिये गये सौंदर्य-वर्णन होली, बाँसुरी आदि के छंद जिनमें से अनेक कबित्त *प्रेमपत्रिका* में भी शामिल हैं
402-414	दानलीला (*दानघटा* 1-13)
415-502	प्रेम के बारे में प्रकीर्णक (*सुजान विलास* या *सुजानहित* में से)
503-505	भक्ति (राधा-कृष्ण और ब्रज)
(3-8 ब्रजनाथ द्वारा लिखित प्रशस्ति)	

ब्रजनाथ की प्रशस्ति के आठवें पद्य के बाद *घनआनंद-कबित्त* संकलन संपूर्ण हो जाता है। लेकिन राजस्थान में उपलब्ध पुरानी हस्तलिखित प्रतियों में[1] इसके बाद भी कुछ कबित्त-सवैये मिले हैं। *घनआनंद-कबित्त* के प्रतिलिपिकारों ने इन्हें जोड़ा होगा और इसी तरह घनआनंद-कबित्त बढ़ा होगा। संवत् 1846 (सन् 1789) की पांडुलिपि के अंत में ब्रजनाथ की प्रशस्ति समाप्त होने के बाद 19 कवित्त-सवैये और मिले हैं।

इन पुरानी पांडुलिपियों में विश्वनाथप्रसाद मिश्र के द्वारा संग्रहीत 503-505 संख्यावाले तीन सवैये *प्रशस्ति* के बाद अर्थात् ब्रजनाथ के संकलन के समाप्त होने के बाद दिये हुए हैं। ऐसा मालूम पड़ता है कि ये भी किसी प्रतिलिपिकार द्वारा

1. जयपुर पोथीखाना की दो पांडुलिपियाँ (संख्या 3513 तथा 3645) एवं राजस्थान प्राच्यविद्या प्रतिष्ठान, जोधपुर की पांडुलिपि (संख्या 5374)। जोधपुर के ग्रंथ का प्रतिलिपि-काल संवत् 1846 (सन् 1789) है। जयपुर के 3645 संख्यावाले ग्रंथ की प्रतिलिपि इसके पहले की होगी। जयपुर की तथा जोधपुर की पाण्डुलिपि में छंदों का क्रम एक ही है। जयपुर की प्रति के अंत में एक अन्य प्रतिलिपिकार के लिखे हुए छंद को जोधपुर वाले ग्रंथ के प्रतिलिपिकार, गोपीनाथ व्यास ने अपने संग्रह में लिया और इसके अलावा आनंदघन का एक नया छंद भी अंत में लिया। इस तरह यह बाद का संग्रह मालूम पड़ता है। दे. पृ. 60।

ही मूल संग्रह के बाद जोड़ दिये गये हैं और ये ब्रजनाथ द्वारा नहीं चुने गये थे। अगर विश्वनाथप्रसाद मिश्र के इन तीनों सवैयों को छोड़ दिया जाय तो *घनआनंद-कबित्त* में लौकिक शृंगार से अलौकिक भक्ति की ओर का विकास नहीं मिलेगा।

विश्वनाथप्रसाद मिश्र की धारणा है कि *घनआनंद-कबित्त* आनंदघन के कबित्तों का सबसे प्राचीन संग्रह है।[1] इसीलिये उन्होंने अपनी *घनआनंद-कबित्त* पुस्तक में "घनआनंद की कबिता का सबसे प्राचीन संग्रह" का उपशीर्षक भी लगाया। आचार्य मिश्र का विचार है कि *घनआनंद-कबित्त* की कोई अस्त-व्यस्त प्रति ही सामने रखकर *सुजानहित* संकलित हुआ है। इसलिये *सुजानहित* बाद में किया हुआ संग्रह जान पड़ता है।[2] पर मनोहरलाल गौड़ ने इस धारणा को अस्वीकार करते हुए लिखा है कि– "*सुजानहित* के छंदों का क्रम देखकर तो अनुमान यह होता है *घनआनंद-कबित्त* इसका आधार नहीं है। व्यवस्था के अभाव में इसके पश्चात्-संकलन के अनुमान का हेतु भी सत्प्रतिपक्ष ही है।"[3] बाद में किशोरीलाल गुप्त ने *सुजानहित* और *घनआनंद-कबित्त* की तुलना करते हुए[4] मनोहरलाल गौड़ का विचार स्वीकार किया।[5] लेकिन *घनआनंद-कबित्त* और *सुजानहित* के पद्यों के क्रम पर दृष्टि डालने से दोनों के संबंध के बारे में भी कुछ जानकारी मिलेगी[6]

घनआनंद–कबित्त	सुजानहित
1	(*प्रकीर्णक* 1 और *सुजान विलास* 12)
2	(*प्रकीर्णक* 2 और *सुजान विलास* 13)
3	(*प्रकीर्णक* 3 और *सुजान विलास* 18)
4	(*प्रकीर्णक* 4 और *सुजान विलास* 19)
5	(*प्रकीर्णक* 5 और *सुजान विलास* 20)
6	(*प्रेमपत्रिका* 85 और *सुजान विलास* 28)
7	(*प्रकीर्णक* 6 और *सुजान विलास* 30)
8	4
9	7 (और *सुजान विलास* 85)
10	8 (और *सुजान विलास* 86)

1. मिश्र 1952 *'प्रस्तुत ग्रंथावली'* पृ. 1।
2. मिश्र 1952 *'वाङ्मुख'* पृ. 70-71।
3. गौड़ पृ. 56।
4. किशोरीलाल गुप्त 1977 *'भूमिका'* पृ. 20-32।
5. किशोरीलाल गुप्त 1977 *'भूमिका'* पृ. 30-31।
6. *घनआनंद-कबित्त* और *सुजानहित* की तुलना की पूरी सारणियों के लिये दे. किशोरीलाल गुप्त 1977 *'भूमिका'* पृ. 22-28।

घनआनंद–कबित्त	सुजानहित
11	21 (और *सुजान विलास* 88)
12	24 (और *सुजान विलास* 90)
13	36 (और *सुजान विलास* 95)
14	38 (और *सुजान विलास* 97)
15	41 (और *सुजान विलास* 98)
16	49 (और *सुजान विलास* 118)
17	78 (और *सुजान विलास* 129)
18	91 (और *सुजान विलास* 135)
19	164
20	299
21	453 (और *कृपाकंद निबंध* 45)
22	451 (और *कृपाकंद निबंध* 43)
23	169
24	170
25	171
26	172
27	177
28	178
29	179
30	182
31	183
32	184
33	187
34	189
35	190
36	191
37	194
38	195
39	196
40	198

इस छोटी सरणी में तीन बातें विचारणीय हैं–

1. *घनआनंद-कबित्त* के 1 और 7 संख्या के बीच के कबित्त *सुजान विलास*

में बढ़ते क्रम में हैं, लेकिन *सुजान विलास* के जो पद्य लिये गये हैं, उनके बीच कभी-कभी फासला है।

2. *घनआनंद-कबित्त* के 8 और 20 संख्या के बीच के कबित्त *सुजानहित* में (तथा 9 और 18 संख्या के बीच के कबित्त *सुजान विलास* में) बढ़ते क्रम में हैं, लेकिन *सुजानहित* (तथा *सुजान विलास*) के जो पद्य लिये गये हैं उनके बीच कभी-कभी फासला है।

3. *घनआनंद-कबित्त* के 23 और 40 संख्या के बीच के कबित्त *सुजानहित* में बढ़ते क्रम में हैं, लेकिन इन छंदों के बीच भी कभी-कभी फासला है।

घनआनंद-कबित्त के पूर्वार्ध (संख्या 3-218) में विरह के छंद संकलित हैं। यहां छंद संख्या 8 से 204 तक *सुजानहित* की छंद संख्या 4 से 439 तक में से छाँटकर कवित्त-सवैये लिये गये हैं। अनुक्रम लगभग वही है। ब्रजनाथ के संकलन में छंद संख्या 219-283 के बीच में संयोग-संबंधी कविताएँ संकलित हैं। ऐसा प्रतीत होता है कि ब्रजनाथ ने *सुजानहित* की छंद संख्या 17 और 253 के बीच के पहले छोड़े हुए कवित्त-सवैये में से ही कुछ को चुन लिया।

इसी तरह *घनआनंद-कबित्त* के छंदों का अध्ययन करने पर यह पता चलता है कि उसकी छंद संख्या 328 और 360 के बीच के कबित्त *कृपाकंद निबंध* से लिये गये हैं। *कृपाकंद निबंध* में इन छंदों की संख्या 1 से 44 के बीच है। *कृपाकंद निबंध* के बाद ब्रजनाथ *सुजान विलास* से कबित्त छांटने लगे, क्योंकि *घनआनंद-कबित्त* की संख्या 361 और 396 के बीच *सुजान विलास* के 14 से 69 तक छंदों में से 36 हैं। *प्रेमपत्रिका* संख्या 71 से 92 तक के और *दानघटा* के कबित्त *घनआनंद-कबित्त* में क्रमशः 367 और 401 के बीच तथा 402 तथा 414 के बीच मिलते हैं।

संभवतः ब्रजनाथ को *छोटा सुजानहित* मिला हो क्योंकि उन्होंने इसके 91 प्रतिशत छंदों को अपने संग्रह में शामिल किया। ऐसा लगता है कि ब्रजनाथ को *सुजानहित* की संख्या 457 के बाद के 50 छंदों का पता नहीं था क्योंकि अपने संग्रह में उन्होंने सिर्फ ऐसे तीन छंदों को लिया जो बाकी के 50 कबित्तों में हैं। संभवतः इन तीन छंदों को ब्रजनाथ ने इधर-उधर से लिया होगा। ये तीन कबित्त *घनआनंद-कबित्त* में 216, 217, 218 संख्या के छंद हैं और *सुजानहित* में इनकी संख्या क्रमशः 484, 458, 482 है।[1] ब्रजनाथ ने *छोटे सुजानहित* के अलावा *कृपाकंद निबंध, सुजान विलास* और *दानघटा* से छंद लिये हैं। *घनआनंद-कबित्त* में चौबीस ऐसे कवित्त-सवैये हैं जो किसी दूसरे प्रकाशित संग्रह में नहीं मिलते। इनको विश्वनाथप्रसाद मिश्र ने *घनआनंद (ग्रंथावली)* के *प्रकीर्णक* में रखा है। इन छंदों में से 22 *सुजान विलास* में शामिल हैं।

---

1. *घनआनंद-कवित्त* के 503, 504, 505 संख्या वाले छंद, जो *सुजानहित* में क्रमशः 476, 480, 481 संख्या के हैं, ब्रजनाथ के चुने हुए नहीं हैं।

416 ऐसे छंद हैं जो *घनआनंद-कबित्त* और छोटे *सुजानहित* दोनों में मिलते हैं। *छोटे सुजानहित* के 41 छंद ब्रजनाथ ने छोड़ दिये हैं। ब्रजनाथ द्वारा छोड़े हुए ये कवित्त-सवैये तीन वर्गों में रखे जा सकते हैं

1. भक्तिपरक कविताएँ—राधा के प्रति भक्ति (*सुजानहित* के 32, 82, 130, 208, 254, 306, 363, 390 संख्यावाले छंद) राधा और कृष्ण के प्रति भक्ति (364, 387, 388), कृष्ण-भक्ति की कविताएँ (40, 389, 407, 420) और ईश्वर की कृपा से संबंधित दो दोहे (447, 450)।

2. भक्तिरहित और ज्ञानहीन जीवन की निःसारता, ईश्वरोन्मुखता और सद्गुरु महात्म्य के बारे में कवित्त-सवैये (379, 380, 394, 396, 399, 400, 408, 417, 429, 435, 436, 440, 442, 448, 455, 456)। ये छंद निर्गुण संतों की कविताओं जैसे हैं। लेकिन ऐसे ही पद सूरदास, मीराँ आदि सगुणोपासक कवियों ने भी लिखे हैं।[1]

यद्यपि ऐसा लगता है कि इन पहले दो वर्गों के अधिकतर छंद आनंदघन ने भक्त हो जाने के बाद लिखे हैं तथापि संभावना इस बात की भी है कि इनमें से कुछ उनके जीवन के पूर्वार्ध में रचे हुए हों, जैसे दरबार में रहनेवाले रहीम, बिहारी आदि कवियों ने भी भक्तिपरक छंदों की रचना की है। आनंदघन की सबसे पुरानी, सन् 1727 वाली पांडुलिपि में मिलनेवाले प्रकट भक्तिपरक कबित्त भी इस बात का समर्थन करते हैं।

3. ब्रजनाथ के द्वारा छोड़े हुए 41 छंदों में चार ऐसे कबित्त हैं (30, 144, 318, 447) जो उपर्युक्त दो वर्गों में नहीं आते। ब्रजनाथ के इन्हें छोड़ देने के दो कारण हो सकते हैं। इनमें से 30 और 318 संख्या वाले छंदों को शायद उन्होंने सुंदर न मानने के कारण छोड़ा होगा। बाकी दो को संभवतः ब्रजनाथ भूल गये होंगे।

ब्रजनाथ प्रकट रूप से भक्तिपरक रचनाओं को छोड़ना चाहते थे। *घनआनंद-कबित्त* में प्रकट भक्तिपरक छंद अपेक्षाकृत कम मिलते हैं। सिर्फ 149, 319, 361, 366, 367, 368, 376, 396, 397, 401 आदि छंद प्रकट भक्तिपरक हैं।

ब्रजनाथ ने न केवल *सुजानहित* के अधिकांश भक्तिपरक छंदों को छोड़ दिया वरन् उस दार्शनिक कबित्त का भी ठीक पाठ दिया है जिसका *सुजानहित* में परिवर्तित रूप मिलता है। यह छंद "प्रेम को महोदधि..." वाला कबित्त है जिसमें प्रेमतत्व को हरि-राधा की अपेक्षा ज्यादा महत्व दिया गया है।

सन् 1727 वाले *आनंदघनकृत कबित्त* में क्रम कभी-कभी *सुजानहित* की अपेक्षा *सुजान विलास* और *घनआनंद-कबित्त* के क्रम से अधिक मिलता है। आगे की तालिका में यह दर्शाया गया है—

---

1. हॉवलि पृ. 121-160।

आनंदघनकृत कबित्त (कबित्त संख्या)	सुजानहित (कबित्त संख्या)	सुजान विलास (कबित्त संख्या)	घनआनंद-कबित्त (कबित्त संख्या)
19	25	91	430
20	27	92	431
21	29		224
22	31		225
23	32		—
24	33	93	432
25	35	94	433
33	44	101	437
34	46	102	438
35	47		72
36	48		227
37	45		228
38	51	103	439
39	53	104	440

अनुमान लगाया जा सकता है कि *सुजान विलास* के संग्रहकर्ता को तथा ब्रजनाथ को *सुजानहित* की एक ऐसी प्रति मिली होगी जिसमें छंदों का क्रम *प्रारंभिक सुजानहित* के बहुत समान था।

पद

पदावली के 1057 तथा *कृपाकंद निबंध* के 9 पद इस वर्ग के अंतर्गत हैं। आनंदघन के पद साधारण भक्तों के लिये लिखे हुए हैं, 'भाषा-प्रवीनों' के लिये नहीं। पद हमेशा गाये जाते हैं, इसलिये इनके साथ राग और ताल भी दिये जाते हैं। इस संबंध में याद रखना चाहिए कि किंवदंती के अनुसार आनंदघन अच्छे कवि ही नहीं अच्छे गायक भी माने जाते थे। इनकी रचनाओं में भी संगीत की शब्दावली बार-बार मिलती है और आनंदघन का सखी-नाम भी संगीत-कला की ओर संकेत करता है। इनके गुरु वृंदावनदेवाचार्य भी अच्छे संगीतज्ञ थे—"चतुर्दश घाट के राग-रागिनियों के विभेद-वर्णन तथा विभिन्न-विभिन्न रागों में पद-रचना देखकर यह निश्चित हो जाता है कि *गीतामृतगंगा* के रचयिता संगीत के गीत, वाद्य, नृत्य आदि सभी अंगों के विशिष्ट मर्मज्ञ थे। इसके पद लगभग 80 राग-रागिनियों के अंतर्गत हैं।"[1]

---

1. ब्रजवल्लभशरण (सं.) पृ. (घ)।

आनंदघन के पद भक्तों के बीच लोकप्रिय थे और बहुत सारे पद संग्रहों में दूसरे भक्तों की कविताओं के साथ मिलते हैं। राजस्थान प्राच्यविद्या प्रतिष्ठान की हस्तलिखित हिन्दी ग्रंथ-सूचियों पर सरसरी नजर डालने पर हमें 23 ऐसे संग्रह मिले। ये पद आजकल भी गाये जाते हैं। मसलन आनंदघन के साँझी के पद बरसाने में आज तक विशेष लोकप्रिय हैं। रासलीला में भी आनंदघन के पद लोकप्रिय हैं। वृंदावन के विख्यात रासधारी स्वामी फतेहकृष्ण जी शर्मा को आनंदघन के अनेक पद याद हैं और उन्होंने आनंदघन का एक ऐसा पद भी सुनाया जो *'ग्रंथावली'* में नहीं मिलता।[1]

रासलीला का निंबार्क संप्रदाय से गहरा संबंध है।[2] निंबार्क संप्रदाय के घमण्डदेव रासलीला के प्रवर्तक माने जाते हैं। आनंदघन के गुरु, वृंदावनदेवाचार्य भी रासलीला में रुचि लेते थे। इसका प्रमाण उनकी *गीतामृतगंगा* के पंचम घाट के छंद हैं, जिनमें श्रीकृष्ण के रास-नाच के वर्णन रासलीला के परिवेश में मिलते हैं–

नाचैं री दोउ बांहा जोरी।
इत नंदनंदन रसिक लाड़िलौ उत वृषभानु किशोरी।
गौर श्याम भुज गहैं परस्पर निरखि उपम उपजत मति मोरी।
शोभा सर लाल नील कमल मनौं मिलें करत झकझोरा झोरी।
मुकुट लटक पट चटक कटक कर चरण पटक मिरदंग बोरी।
तत्त थरिरिरि ता तननन नन सखी सुघरि उघटति चहुँ ओरी।
अलापत रागिनी राग तान श्रुति लागि रही एकैं सुर डोरी।
वृंदावन प्रभु धुनि सुनि थिर नर मोह्यो जात न कोरी॥
(–गीतामृतगंगा 5,13)

परवर्ती हिन्दी कृष्णभक्ति-काव्य की समीक्षा करने वाले डॉ॰ राजेन्द्र कुमार लिखते हैं कि "ध्रुवपद-शैली में प्रयुक्त होने वाले वाद्ययंत्रों की ध्वन्यात्मक तथा नृत्य विषयक शब्दावली... प्रायः रास के पदों में ही प्रयुक्त हुई है क्योंकि रास में नृत्य एवं संगीत का युगपद विधान रहता है।"[3]

आनंदघन के पदों में प्रयुक्त ऐसी शब्दावली रासलीला[4] के प्रति उनके आकर्षण का साक्ष्य हैं–

---

1. दे॰ परिशिष्ट (क)
2. नारायणदत्त शर्मा पृ॰ 132-137।
3. राजेन्द्र कुमार, पृ॰ 384-385।
4 आनंदघन और रासलीला के संबंध के बारे में आचार्य राधामोहनदास गुप्त का लेख हाल में प्रकाशित हुआ।

राग सुद्ध, मूलताल

ततथेई ततथेई थेई ततथेई तत तेथेई तेथेई ताथुंगा थुंगा ततथेई थेई।
उघटत रसिकराय नटनागर नव नागरि सुधंग सौं लेई।
तान गान बंधान मान संगीत रीति प्रमान अति जेई।
आनँदघन पिय रीझ भीजि भुज भरि मनिमाल कारनै देई॥

(–पदावली 225)

चाचा वृंदावनदास ने भी उल्लेख किया है कि एक रासलीला में "आनंदघन कौ ख्याल इक गायौ"[1] और आनंदघन के बारे में एक ऐसी किंवदंती भी प्रचलित है जिसमें उनके भक्त होने का कारण सुजान-प्रेम के बजाय रासलीला के प्रति उनका आकर्षण बताया गया है।[2]

पद-शैली की रचनाएँ गायी जाती हैं। इसीलिये उस समय की संगीत शैलियों से आनंदघन के पदों के संबंध की समीक्षा करना प्रासंगिक होगा। ऐसा मालूम पड़ता है कि आनंदघन ध्रुपद, ख्याल और कदाचित अन्य शैलियों की तरफ आकृष्ट थे। 18वीं तथा 19वीं शताब्दी के कृष्णभक्ति-काव्य की समीक्षा करते हुए डॉ॰ राजेन्द्र कुमार लिखते हैं कि "पदकारों ने संगीत की ध्रुवपद और धमार की परंपरागत शैलियों के अतिरिक्त टप्पा, ठुमरी, दादरा आदि समसामयिक शैलियों का भी अपनी पद-रचना में आधार लिया है। ... ध्रुपद के गायन में तान-पल्टों आदि का व्यवहार नहीं किया जाता, केवल मीड़ और गमक का ही प्रयोग होता है। ... सामान्यतया ध्रुवपद शैली को वात्सल्य और माधुर्य के प्रसंगों में अपनाया गया है। ... घनानंद के अनेक पदों का विस्तार केवल चार चरणों में ही हुआ है जो ध्रुवपद शैली के चारों अंगों–स्थायी, अंतरा, संचारी और आभोग से संबद्ध जान पड़ते हैं। ऐसे पद ध्रुवपद शैली के उत्कृष्ट नमूने हैं"।[3] आनंदघन ने धमार शैली के भी उत्कृष्ट गीत रचे हैं। धमार होली का गीत है जिसमें "सामूहिक गान की प्रवृत्ति प्रधान रहती है। धमार गीतों का वैशिष्ट्य उनमें प्रयुक्त लय में होता है। ये गीत एक प्रकार से लोकगीतों की कोटि में आते हैं, अंतर केवल इतना है कि कृष्णभक्त कवियों ने धमार गीतों को शास्त्रीय संगीत के किसी न किसी राग के अंतर्गत रचा है, जबकि लोकगीतों में शास्त्रीय संगीत का आधार अनिवार्य रूप में नहीं रहता। ... धमार-शैली के पदों की प्रकृति वर्णनात्मक है तथा इनमें पुनरुक्ति योजना द्वारा सामूहिक उल्लास की भावना को उद्दीप्त करने की प्रवृत्ति प्रधान रही है।"[4]

आनंदघन के जमाने में नवीन शैलियों का भी प्रचलन हुआ जिनमें "ख्याल,

1. श्री हरिकलाबेली 61
2. दे॰ आनंदघन से संबंधित 5 किंवदंतियां पृ॰ 8।
3. राजेन्द्र कुमार पृ॰ 382-384।
4. राजेन्द्र कुमार पृ॰ 385-386।

दादरा, ठुमरी, टप्पा आदि प्रमुख हैं। संगीत की इन शैलियों का विकास बहुत कुछ रीतिकाव्य के समानांतर हुआ है। शृंगारिक भावों की अभिव्यक्ति में विशेष सक्षम तथा चमत्कार-मूलक होने के कारण कृष्णभक्ति-काव्य की परिधि में भी इन शैलियों का समावेश हुआ। ... घनानंद और नागरीदास जैसे दरबारी वातावरण की छाया से प्रभावित पदकारों की पद-रचना पर तो इनका प्रभाव मिलना एक प्रकार से स्वाभाविक प्रतीत होता है। साथ ही इन्हें जन सामान्य में भी पर्याप्त लोकप्रियता प्राप्त हुई।"[1]

दोहा-चौपाई शैली की निबंध-रचनाएँ

आनंदघन की दोहा-चौपाई शैली की रचनाएँ सबसे ज्यादा हैं लेकिन काव्य-सौंदर्य की दृष्टि से वे कबित्तों और पदों का मुकाबला नहीं कर सकतीं।

ग्रंथावली में आनंदघन की दोहा-चौपाई शैली की 31 निबंध-रचनाएँ मिलती हैं। ये सभी भक्तिपरक रचनाएँ हैं। इनके अतिरिक्त तीन प्रकट भक्तिपरक निबंध-रचनाएँ—*कृपाकंद निबंध, प्रेमपत्रिका* और *दानघटा*—मिलती हैं जो दोहा-चौपाई शैली की नहीं है। वास्तव में *प्रेमपत्रिका* का उत्तरार्ध तो निबंध-रचना नहीं, मुक्तक-संग्रह है। *घनआनंद (ग्रंथावली)* में प्रकाशित दोहा-चौपाई शैली की रचनाओं के अलावा आनंदघन की एक *सुजान के दोहा* नामक रचना भी मिलती है। जिसमें 44 दोहे और 13 सोरठे हैं। *सुजान के दोहा* की विशेषता यह है कि यह भक्तिपरक रचना नहीं है। दोहा-चौपाई शैली की निबंध रचनाओं में दोहा-चौपाई का मिलना आवश्यक नहीं है। कभी-कभी दूसरे छंद भी इस वर्ग की रचनाओं में प्रयुक्त हुए हैं जैसे *वियोगवेली* बंगाली बिलावल नामक फारसी छंद में है तथा *इश्कलता* में विविध छंदों का प्रयोग हुआ है—दोहा, अरिल्ल, माँझ, निसानी। यद्यपि ये दोनों रचनाएँ दोहा-चौपाई शैली के अंतर्गत ली जा सकती हैं तथापि इनको कुछ अलग दृष्टि से देखना चाहिए, क्योंकि इनकी शैली पर फारसी प्रभाव स्पष्ट रूप से दिखाई पड़ता है। इस जमाने में यह लोकप्रिय शैली थी और भक्ति के प्रचार के लिये ही इसका आश्रय लिया जाता था। नागरीदास का *इश्क-चमन* इसीलिये रेखता में (हिन्दी व्याकरण के साथ फारसी शब्दों का बाहुल्य) लिखा गया।[2]

निबंध-रचनाओं का विषय भक्ति के विविध रूप हैं। विषय की दृष्टि से आनंदघन की निबंध-रचनाएँ निम्नलिखित वर्गों में रखी जा सकती हैं—

(क) ब्रजमंडल के महत्व का वर्णन

—ब्रज का महत्व :

---

1. राजेन्द्र कुमार पृ. 386।
2. डॉ. नरेशचंद्र बंसल से लेखक का वार्तालाप।

ब्रजप्रसाद, ब्रजस्वरूप, ब्रजविलास, धाम-चमत्कार, ब्रजव्यवहार, अनुभव-चंद्रिका, भावना प्रकाश।

— ब्रज के एक विशेष अंश के महत्व का वर्णन :

यमुना — *यमुना यश*

गोकुल — *गोकुल-गीत, गोकुल-चरित्र, गोकुल-विंनोद*

वृंदावन — *वृंदावन-मुद्रा, धाम-चमत्कार*

गोवर्धन — *गिरिगाथा, गिरिपूजन*

बरसाना — *वृषाभानुपुर-सुषमा-वर्णन*

(ख) लीला-वर्णन — *मुरलिका-मोद, दानघटा*

श्रीकृष्ण की जन्म की बधाई — *रंग बधाई*

कृष्ण का नखशिख वर्णन — *कृष्ण कौमुदी*

ऋतु-वर्णन — *सरस-वसंत, प्रीति-पावस*

गुरु-परंपरा का वर्णन — *परमहंस वंशावली*

(ग) कीर्तन — राधा के नाम का — *नाम माधुरी*

कृष्ण के नाम का — *विचारसार*

कीर्तन करनेवाली रसना का महत्व — *रसना-यश*

भाव की दृष्टि से निम्नांकित तीन वर्ग बनाये जा सकते हैं—

दास्यभाव — *कृपाकंद निबंध*

कांताभाव — *इश्कलता, वियोगवेली, प्रेमपत्रिका*

सखीभाव — *प्रिया प्रसाद, नाम-माधुरी, प्रेम पद्धति, वृषभानुपुर-सुषमा-वर्णन।*

कांता-भाव के वर्ग में *इश्कलता* और *वियोगवेली* का विशेष स्थान है। *वियोगवेली* बंगाली बिलावल नामक फारसी छंद में लिखी गयी है, भाषा और भावसाम्य की दृष्टि से यह भी दोहा-चौपाई शैली की रचनाओं के निकट है। *इश्कलता* में दोहे के साथ अन्य छंद भी मिलते हैं और इस कृति की भाषा उर्दू-प्रधान पंजाबी है। फिर भावसाम्य और संरचना की दृष्टि से यह भी इस वर्ग में आ जाती है। ये दो रचनाएँ काव्य-सौंदर्य की दृष्टि से उत्कृष्ट हैं।

इन दो निबंध-रचनाओं को छोड़कर आनंदघन की दोहा-चौपाई शैली की रचनाएँ स्वतंत्र रूप से पांडुलिपियों में कम मिलती हैं। आमतौर पर ये ऐसे संग्रहों के अंतर्गत हैं, जिनमें आनंदघन की बहुत सारी रचनाएँ संग्रहीत है। इन रचनाओं की प्रतिलिपि करने के पीछे इनके शैलीगत सौंदर्य के बजाय आनंदघन की कृतियों का एक संपूर्ण

1. यहाँ दोहा-चौपाई शैली की निबंध-रचनाओं के साथ कबित्त शैली की निबंध-रचनाएँ भी दी जा रही हैं।

संग्रह बनाने की इच्छा शायद ज्यादा काम कर रही थी अन्यथा निबंध रचनाएँ पांडुलिपियों में भी अलग-अलग मिल जातीं।

हमें पाँच ऐसे संग्रहों का पता चला, जिनमें आनंदघन की बहुत अधिक रचनाएँ एकसाथ संग्रहीत हैं–

1. छतरपुर दरबार के पुस्तकालय की प्रति–प्रतिलिपिकाल संवत् 1882 (सन् 1825)–18 निबंध-रचनाएँ तथा *पदावली*।[1]
2. लंदन संग्रहालय की प्रति–प्रतिलिपि संवत् 1839-43 (सन् 1782-1786) के आसपास भरतपुर में हुई–20 निबंध-रचनाएँ तथा *पदावली* और कवित्त-संग्रह (*सुजानहित* नहीं)।[2]
3. वृंदावन का श्रीनिकुंज का संग्रह (आजकल सलेमाबाद में)– 31 निबंध-रचनाएँ तथा *पदावली, छंदाष्टक* और *त्रिभंगी छंद*।[3]
4. नंदकिशोर मुकुतवालों का संग्रह (वृंदावन)–वे ही 34 रचनाएँ, उसी क्रम में जो श्रीनिकुंज के ग्रंथ में हैं।[4]
5. जयपुर पोथीखाना का 3349 संख्या का संग्रह–प्रतिलिपिकाल संवत् 1855 (सन् 1798)–30 निबंध-रचनाएँ तथा *पदावली, छंदाष्टक* और *सुजानहित*।[5]

जयपुर पोथीखानेवाली और श्रीनिकुंजवाली पांडुलिपि में रचनाएँ एक ही क्रम में मिलती हैं। अंतर इतना है कि *पदावली* पोथीखाने में संग्रह के शुरू में है, अंत में नहीं। *इश्कलता* और *त्रिभंगी छंद* इसमें नहीं है लेकिन *सुजानहित*–जो श्रीनिकुंज के संग्रह में गायब है, इसमें मिलता है।

---

1. *मिश्रबंधु विनोद* में इस प्रति का विवरण मिलता है। दे. मिश्रबंधु भाग 2 पृ. 346।
2. इस प्रति का विवरण केसरीनारायण शुक्ल पृ. 269-279 पर मिलता है।
3. दे. मिश्र 1952 *'वाङ्मुख'* पृ. 72-73।
4. इस ग्रंथ की सूची डॉ. नरेशचंद्र बंसल ने शोधकर्ता को दी।
5. दे. बहुरा पृ. 289-290।

उपसंहार

भूमिका में हम कह आये हैं कि मध्यकालीन हिन्दी साहित्य के इतिहास की सामग्री के आधार पर किसी कवि के जीवन-चरित्र के बारे में हमेशा सुनिश्चित धारणा नहीं बनायी जा सकती। कभी-कभी केवल अनुमान ही लगाये जा सकते हैं। आनंदघन का जीवनवृत्त भी ऐसी संभावनाओं से भरा हुआ है क्योंकि उपलब्ध सामग्री कवि के कृतित्व के तत्कालीन मूल्यांकन से अधिक जुड़ी हुई है और यह उसके जीवन के अन्य तथ्यों पर बहुत कम प्रकाश डालती है। फिर भी नयी सामग्री और नये दृष्टिकोण के आधार पर आनंदघन के जीवनवृत्त को और अधिक ठोस व स्पष्ट रूप में चिन्हित किया जा सकता है। यह आवश्यक भी है क्योंकि कवि के जीवन को अधिक जानना उसके काव्य को समझने में सहायक होता है। इस तरह उपलब्ध सामग्री, जो प्रथम दृष्टि में जीवनवृत्त गढ़ने में कम सहायक मालूम पड़ती है, वह अंततः कवि को समझने में हमारी मदद ही करती है।

आनंदघन का जन्म संवत् 1757 (सन् 1700) के आसपास एक कायस्थ परिवार में हुआ। यह कहा जा सकता है कि कायस्थ होने के कारण उन्हें शासन की भाषा, फारसी का अच्छा ज्ञान था और वे फारसी साहित्य से भी परिचित थे। बहुत संभव है कि वे किसी दरबार में मुंशी का काम करते हों, जैसा कि किंवदंती बताती है। इसके चलते उन पर दरबारी वातावरण तथा दरबारी साहित्य का प्रभाव पड़ा होगा। उस जमाने के दरबारों में कहीं-कहीं संस्कृत के कवि थे लेकिन मुख्यतया उनमें फारसी शायरी तथा हिन्दी रीतिकाव्य का ही वर्चस्व था। ईसा की अठारहवीं शताब्दी का पूर्वार्ध उत्तर भारत में उर्दू साहित्य के फैलने का भी समय है और उस समय उर्दू शायरी को 'हिन्दी' से अलग नहीं माना जाता था। मसलन भिखारीदास के काव्य-निर्णय में वली का 'ब्रजभाषा' के प्रमुख कवियों में उल्लेख किया गया है।

जो सुराग हमें मिलते हैं उनसे आनंदघन का दिल्ली दरबार के अलावा जयपुर तथा रूपनगर-किशनगढ़ के दरबारों से संबंध होने का संकेत मिलता है। फिर भी यह बताना मुश्किल है कि आनंदघन कब, किस दरबार में, किस हैसियत से रहे और उनके उपलब्ध काव्य का कितना भाग दरबार में रचा गया। उनके दरबार में

रहने के अलावा इस बात की भी संभावना है कि आनंदघन एक मुसलमान नर्तकी पर आसक्त थे जिसे वे सुजान कहते थे। उस समय का दरबारी वातावरण ऐसा था कि लौकिक काव्य में वेश्या और नर्तकी के ही प्रेम-पात्र बनने की परंपरा थी।

किंवदंती यह बताती है कि आनंदघन ने दरबार को छोड़ दिया और साधु बन गये। आनंदघन का भक्तिकाव्य भी इस बात का समर्थन करता है कि अपने जीवन के उत्तरार्ध में कवि ने राधा-कृष्ण तथा ब्रज के प्रति अपने को समर्पित कर दिया था। यह कब और कैसे हुआ, कहना मुश्किल है। संवत् 1784 (सन् 1727) की एक पांडुलिपि में आनंदघन के कबित्तों को भक्ति-काव्य के रूप में प्रस्तुत करने का प्रयत्न किया गया है। इससे ऐसा प्रतीत होता है कि इस समय आनंदघन को भक्त-कवि माना जाता था। इस बात की भी संभावना है कि आनंदघन दरबार में रहते हुए भक्त समाज और भक्तजनों से भी संपर्क रखते थे और यह भी संभव है कि आनंदघन भक्त होकर भी किसी दरबार के संपर्क में रहे हों। यह हम जानते हैं कि उनके गुरु, वृंदावनदेवाचार्य का तत्कालीन दरबारों से बहुत अच्छा संबंध था।

आनंदघन ने अपने यौवनकाल में अधिकतर कबित्तों की रचना की है और ये कबित्त उसी वातावरण से प्रभावित हैं जिसमें वृंदावनदेवाचार्य की अप्रकट भक्तिवाली कविताएँ रची गयी थीं। हालांकि आनंदघन के कबित्तों में अपने गुरु की अपेक्षा लौकिक शृंगार अधिक स्पष्ट रूप से प्रकट होता है। निष्कर्ष के तौर पर यह कहा जा सकता है कि उनके कबित्तों पर दरबारी वातावरण तथा तत्कालीन निंबार्क संप्रदाय की काव्य प्रवृत्तियों, दोनों का ही प्रभाव जान पड़ता है।

आनंदघन ने अपने कबित्तों में न केवल लौकिक शृंगार को भक्ति की अपेक्षा अधिक बल दिया बल्कि लौकिक प्रेम के पात्र तथा भक्ति के आराध्य के लिये एक ही नाम--सुजान का प्रयोग किया। यह प्रेम और भक्ति की एकता की ओर संकेत है। आनंदघन के बहुत सारे कबित्त लौकिक शृंगार तथा भक्ति दोनों की अभिव्यक्ति के रूप में पढ़े जा सकते हैं।

हिन्दी साहित्य में यह एक नयी उपलब्धि मानी जाएगी क्योंकि उस समय के भक्त यद्यपि प्रेम को भक्ति में सहायक मानते थे लेकिन उसे सांसारिकता से ही जुड़ा मानते थे। यह मान्यता थी कि भक्त कवि को अपनी पुरानी प्रेमिका का स्मरण ही नहीं करना चाहिए। आनंदघन ने इस परंपरा को तोड़ दिया। वे एक स्वाभिमानी व्यक्ति थे और किंवदंती के अनुसार उनके विरोधी दिल्ली दरबार में और मथुरा में भी थे। जब आनंदघन ने अपने भक्तिकाव्य में सुजान का नाम लिया और लौकिक तथा अलौकिक प्रेम की एकता दिखायी तब उनके विरोधियों ने इसे भक्ति के रूप में नहीं स्वीकार किया और उनके काव्य को हेय और हिंदू परंपरा के विरुद्ध माना। ये विरोधी इतने प्रबल थे कि आनंदघन को भक्त समाज में अपयश मिला और उनके कबित्तों को पढ़ना भी अपराध माना जाने लगा।

अपने कबित्तों के कारण आनंदघन का यश उनके यौवनकाल में भी फैल गया था और कुछ लोगों ने इस यश की रक्षा के लिये आनंदघन के विवादास्पद कबित्तों को भी प्रकट भक्तिपरक रचनाओं के रूप में प्रस्तुत किया और उसमें से सुजान शब्द को हटाने की कोशिश की। आनंदघन के कबित्तों की पुरानी पांडुलिपियाँ इसका प्रमाण हैं। लेकिन इन विरोधियों का प्रभाव इतना अधिक था कि आनंदघन ने भी पहले सुजान शब्द को और फिर कबित्त शैली को भी छोड़ दिया और सीधी-सादी प्रकट भक्तिपरक रचनाएँ लिखने लगे।

यह अनुमान लगाया जा सकता है कि साधु आनंदघन कुछ समय तक अपने गुरु वृंदावनदेवाचार्य के सान्निध्य में सलेमाबाद में रहे। लेकिन जब उनका अपयश फैला तो वृंदावन चले गये और अपने जीवन के उत्तरार्ध में ब्रज के 'गाढ़ो उपासी' बन गये। कवि का देहांत संवत् 1813 चैत्र कृष्ण प्रतिपदा (6 मार्च सन् 1757) को या उसके आस-पास के दिनों में अहमदशाह अब्दाली के मुसलमान सैनिकों के हाथ से हुआ। उनकी मृत्यु के बाद 'चाचा' वृंदावनदास ने उनका परम भक्त के रूप में स्मरण किया।

यह भी अनुमान है कि आनंदघन का वृंदावन जाने के बाद भी अपयश रूपनगर और सलेमाबाद में बना रहा और उनके काव्य का प्रामाणिक पाठ मिलना कठिन होता गया। सन् 1750 के आसपास जब जयपुर के प्रसिद्ध राजदरबारी ब्रजनाथ भट्ट रूपनगर आये तो उन्होंने आनंदघन के कबित्तों का प्रामाणिक पाठ प्रस्तुत करने के लिये एक नया संकलन किया–*घनआनंद-कबित्त*। इस काम को कुछ लोगों ने अपराध माना और इससे ब्रजनाथ को भी कष्ट झेलना पड़ा। फिर भी ब्रजनाथ का *घनआनंद-कबित्त, सुजानहित* के साथ आनंदघन का सबसे महत्वपूर्ण संग्रह बन गया और यह आज भी आनंदघन की रचनाओं का प्रतिनिधि संग्रह है।

आनंदघन ने हजार से अधिक पद, 35 दोहा-चौपाई शैली के निबंध तथा सात सौ से अधिक कबित्त लिखे हैं। उनके पदों और निबंध-रचनाओं में प्रकट रूप से भक्ति व्यक्त की गयी है और इनमें कृष्ण-भक्ति परंपराओं का पालन भी हुआ है। लेकिन आनंदघन की सर्वश्रेष्ठ रचनाएँ उनके कबित्त ही हैं जिनमें प्रेम की गहराई तथा उसके मार्मिक तत्त्व प्रकट हुए हैं। यह हिन्दी साहित्य में अभूतपूर्व उपलब्धि है। इन्हीं कबित्तों के कारण आनंदघन को हिन्दी साहित्य के प्रथम श्रेणी के कवियों के बीच स्थान प्राप्त है।

एक जमाने में आनंदघन का अपयश इतना अधिक था कि खुले रूप से कवि की प्रशस्ति करने का साहस बहुत कम लोगों में था। ऐसे में ब्रजनाथ को आनंदघन के कबित्तों की प्रतिलिपि गुप्त रूप से करनी पड़ी। फिर भी कबित्तों में इतनी प्राणवंतता थी कि सारे अपयश के बावजूद उनसे राजा-महाराजा लोग तथा हिन्दी साहित्य के श्रेष्ठ साहित्यकार प्रभावित होते रहे और आज भी उनका काव्य प्रेम की पीड़ा और सुंदरता से पाठकों को विदीर्ण और पुलकित करता है।

परिशिष्ट

(क) *घनआनंद (ग्रंथावली)* में न मिलनेवाले कुछ (संदिग्ध) पद्य

कबित्त

जौं न छुये घन आनँद अंगनि दीठन मैं सुनि नीठ सकोचन।
चाह के दाह भरे कितते नित पीर अधीर की धीरज मोचन।
लोभी तऊ अकुलाय कै प्यासनि रूप के पांनिप ले पकौ लोचन।
नैन असोचन ही गति हेरि के बीतत री निसि वासर सोचन ॥ 519 ॥[1]

आंखिनि कौ जो सुख निहारै जमुना कैं होतु
सो सुष बषानैं न बनतु देषिबेई है।
गौर स्याम रूप आदरस है दरस जाकौ
गुनत प्रगट भावना बिसेषिबेई है।
जुग कूल सरस सलाका दीठि परसहीं
अंजन सिंगार रेष सब रेषिबेई है।
आनंद के घन माधुरी कौ झर लागि रहै
तरल तरंगनि की गति लेषिबेई है ॥[2]

आन सौ लाग रह्यौ पिय तो मन काहे ईतै जू ईतौ दुष दीजै।
जानत हो सब प्रीत की रीत तजौ X X बानति ही तन छीजै।
हाहा सुजान (जू पा) य परौ उत कौ हित छाड़ इतै हित की(जै।)
हौ मनमोहन सुंदर स्याम न काहे इती (विन)ती सुन लीजै ॥[3]

---

1. पांडुलिपि संख्या 3645 पोथीखाना, खासमोहर संग्रह, जयपुर।
2. केसरी नारायण शुक्ल पृ. 272।
3. राजस्थान प्राच्यविद्या प्रतिष्ठान (जोधपुर) में संख्या 9431 की पांडुलिपि के शुरू में चौथा सवैया जो आनंदघन का हो सकता है। पांडुलिपि की चर्चा के लिये दे. पृ. 53-55।

रूप रस बस ह्वै अबस परबस परीं
चंचल चषन चारु चौंप सर झुषियाँ।
कल न परत पल कलप बिहात जात
कछु ना सुहात दिन रात रंग रषियाँ।
आनँदघन धीरज धरैं न क्यौंहू ढरैं नीर
काजर सरैं न ये अनोषी ढंग मषियाँ।
प्रान प्रिय प्यारे जू तिहारी सौं तिहारे बिन
आन तो न मान ये न मानती हैं अँषियाँ॥
(–'निज' कवि : उक्त-जुक्त-रस-कौमुदी 4,268[1])

धुनि पूरि रहै नित कानन में अज कोउ पराजिवोई सी करै।
मनमोहन जोहन गोहन के अभिलाष सभा जिवोई सी करै।
घन आनँद तीखियै तानन ते सरसे सुर साजिवोई सी करै।
कित ते वह बैरिनि बाँसुरिया बिन बाजेई बाजिवोई सी करै॥
(–भारतेंदु हरिश्चंद्र : सुंदरी तिलक 185[2])

अपनो हित मान सुजान सुनो धरि कान निदान ते ऊकिये ना।
निज प्रेम के पोषनहार बिसारि अनीति झरोखन ढूकिये ना।
हिय अंदर रावरो मंदिर है तेहिं यों विरहानल लूकिये ना।
हम जो हितहीन है दीन हैं तो तुम प्रेमप्रवीन ह्वै चूकिये ना॥
(–भारतेन्दु हरिश्चंद्र : सुंदरी तिलक 205[3])

बोलनि मिठास पै सुधा सो बारि डारि दीजै
केतीकि रसनि सनी अधर खुलनि है।
ललित हसनि तामै दसन लसनि मृदु
गंडनि दरसि कैसी कुंडल डुलनि है।
छबि छैल ताके ऐन मंद मुसकौहैं नैन
चाहनि अतुल चतुराई की तुलनि है।

---

1. सूकर क्षेत्र शोध संस्थान में बिना संख्या की पांडुलिपि, पन्ना 147।
2. हरिश्चंद्र 1937 पृ॰ 36।
3. हरिश्चंद्र 1937 पृ॰ 40। इस सवैये की शैली का *सुजानहित* के 132 संख्या के सवैये की शैली से साम्य है।

आनंद उजास भर्‌यौ मुख सुख रासि हेली
अति अलबेली अलकावली झुलनि है ॥
(–सुजान विलास 17[1])

भावै न भौन गयी भजि भूषन आवत नींद कहा परि सोयै।
नैनन बानि निहारन की इनैं बीतत री निस बासर रोयै।
घास की आगि लौं चाह की बात गयी बढ़ि राखियै क्यौं करि गोयै।
री वह कान्ह की बाँकी बिलोकनि डारति है हियराहि बिलोयै ॥
(–सुजान विलास 21)

जासौं है लगनि सो तौ मगन बौ हौत ठौर
नैंकौ न ढरति री सँबाँर्‌यौ करतार कौ।
पीरन पराई पहिचानि आप स्वारथ लौ
कपट लपेट्यौ मन महा बट पार कौ।
मुख मृदु मीठौ हियैं कटुक करेरौ अति
हित सौं रहित सिरदार सौ लवार कौ।
कछू न बिचारै दुख दै दै रैनि दिन जारै
ऐसौ जोग बन्यौ जैसौ रुई औ अँगार कौ ॥
(–सुजान विलास 23)

पावक प्रचंड हू के पुंज तैं अधिक तातौ
बज्र सु बिचारौ कहा ताकी समतूल है।
कोटिक कटुक काल कूट ताके आगैं कहा
महा दुख दारुन के उर हू कौ सूल है।
जाकैं डर मीच हू न आवै प्रान लैं न और
सोई रैनि दिन मोहि मरन कौ मूल है।
मर्‌यौ हू न जाय कैसैं जियौं हाय हाय यह
नेह किधौं बैरी दै बतायौ मति भूल है ॥
(–सुजान विलास 29)

---

1. *सुजान विलास* की संवत् 1910 (सन् 1853) में बयाना (भरतपुर) में लिखित एक पांडुलिपि बयाना के श्री नेमीचंद शर्मा के पास है। *सुजान विलास* के छंद इसी पांडुलिपि से लिये गये हैं।

अंग सुखमूल रंग ललित गुलाब फूल
कोमल दुकूल तूल परितई जाइबी।
छूटी छबि रस मैँ चटक चोखे बस मैँ बि-
लौकैँ मन बस मैँ न रोकैँ रहै हायबी।
केसरि लपेटी छैल बिधि सौँ लपेटैँ मुख
बीरा कंठ हीरा जोति उपमा लजायबी
सीत कैँ सिंगार घन आनँद उदार देखैँ
रीझनि पसीजै तन कछू न सुहायबी॥
(–सुजान विलास 36)

रूपरासि राधा अभिसरित गुपाल पै सु
गति गरवाई न सुहाई प्रेम पथ है।
साँवरे बरन पट तन आवरन करि
सकल सिंगारनि कौ सार एक नथ है।
आनँद उमगि अंग अंगनि मैँ भोई गयी
कहा कहौँ नेह दसा निपट अकथ है।
मनमथ सारथी सहाय तैँ नवेली बाल
बैठी जाति भावते की भावना के रथ है॥
(–सुजान विलास 40)

तरु बेली बलित ललित दल फूल धरैँ
ढरैँ हरैँ पवन पराग धूँधरी मचै।
भरहर भाँवरैँ भरत मतवारे भौँर
फरहरि मंजुल मयूर मंडली नचै।
जमुना कैँ कूल अनुकूल केलि संपति कौँ
दंपति कैँ अति ही रँगीली रुचि ज्यौं रचै।
आनँद बसंत बृंदाबन तौ सदाई पै प्र-
वीन रतिपति सेवा हित चित सौँ सचै॥
(–सुजान विलास 41)

अलबेली बेली बधू बिपटी बिटन कंठ
लपटनि पट घन आनँद लहलही।
यौँ ही कुसुमाकर नरेस की निदेस मानि
मान छाडि मानिनी भई है रूसि जे रही।
सब सुख फूलनि लै फूल्यौ माधुरी सौँ भरि

मोहन बसंत जाकी पट तरकौं नही।
सुनि राधे भोरी पिक बैनी गात गोरी नैंकु
सौहैं क्यौं न चाहै कछू चाहति मुहाँचही॥
(–सुजान विलास 42)

मोहै जो मदन ताकौं मोहि तू रही है ऐसौ
साँवरो सु अलि बलि भावरैं भरतु है।
रस कौ सदन तेरौ बदन कमल नैंकु
हसनि मैं कोटिक बसंत निदरत है।
ताहि चाहि चाहि फूल सब सुधि फूलि झूलि
नाम लै लै बंसी के सुरनि गुंजरत है।
बोलनि मधुप मकरंद ही की प्यास नित
आनँदनि भरि आस करिबौ करत है॥
(–सुजान विलास 43)

छैल नंदराय कौ छबीलौ रंग भर्‌यौ भूलैं
कोटिक अनंग जाकी भौंह भंग हौनि मै।
होरी के सिँगार सजि निकस्यौ खिलार तकि
तेरौ द्वार ग्वारनि त्यौं मुसक्यौ चितौनि मै।
एरी निधरक मेरी बातहि सवेरि सुनि
सु भट सम्हारौ सरसनमुख सौनि मै।
आनँद की एँडनि अमैंड पैंड पैंडनि सु
आवत दरेरौ दियै रसरन औनि मै॥
(–सुजान विलास 45)

होरी रंग रातौ अंग जोवन उमंग मातौ
साँवरौ सौ छैल गैल माँझ दीठि परिगौ।
मैं तो केतौ कीनौं अली बचिकैं निकसिबे कूँ
ऐपै अति निडर अरैल आनि अरि गौ।
कोटिक ठगौरी इक ठौरी कै सवारी ऐसी
मुसकि निहारनि मैं सुधि सब हरि गौ।
चेटक हौ हाथ मैं किधौं गुलाल हौं न जानौं
नाही साथ कहा मेरी आँखिन मैं भरि गौ॥
(–सुजान विलास 46)

लीनैं पाँच सात निसि मिटि स्याम घन घेरि
अति अरबरत चहूँघा रूप-जाल है।
दामिनि से अंग रंग भीनी खिलबारिन के
दुति देखैँ चौँधि भरे लोचन बिसाल है।
कहू पट झपटि झमकि काहू अंजन दै
कोमल कपोल लाल कीनै लै गुलाल है।
रीझि रीझि हारैँ मन ही मैँ प्रान बारैँ
फेरैँ ललित तमाल लाल बाल आलबाल है।

(—सुजन-विलास 47)

न रहै उर अंतर जा नर कैँ वर ध्यान मनोहर आनन कौ।
अलकैँ झलकैँ बिबि गंडनि छ्वै सु रच्यौ रँग दांतनि पानन कौ।
जिनि जान्हुँ ताहि मनुष्य सु तौ सिरताज है सूकर स्वानन कौ।
तिहिं मान्हुँ पाहन कौ पुतरौ मत है यह बेद पुरानन कौ॥

(—सुजान विलास 75)

पद

राग इमन का ख्याल

मन हरि लीनौ मेरौ साँवरे सलोने बिन देखें रह्यो हू न जाय।
सुंदर बदन छबि सुधा पान चसकै चख रहे हैं लुभाय।
कहिए कहा, महा दुख दहिए, पल पल कलप समान बिहाय।
प्यासे प्रान रटत चातिग ज्यौं आनंद घनहिं मिलाय॥

(—नागरीदास : पद मुक्तावली 231[1])

राग बिहागरो

रंग भरी इह जोरी
मेरी आंखिन में सुख देवो करो।
स्याम सुंदर रसिक छैल राधिका नव गोरी॥
यह जोवन यह स्वरूप ए रसीली बातैं।
यह वृंदावन यह जमुनातट यह दिनैं रू रातैं॥

---

1. किशोरीलाल गुप्त 1965 (सं.) पृ. 314।

तिहारै कौतुक देखि देखि अपनो जीव जिवावो।
तिहारै गुण गाय गाय तुमही कों रिझाओं॥
यह आनंद घन घुमडि सदा रास रंग सरसैं।
दंपति की माधुरी केलि ऐसे ही दरसै॥

(–सुंदरदास : सुंदरश्यामविलास[1])

रूँधो रूँधो आवै जियरा हमारा रे।
आली री खंड खंड की दामिनी मोहि मन अति ही डरावै।
ज्यौं ज्यौं त्यौं त्यौं पपीहा टेर सुनावै।
आली री पी बिदेस अति ऐन अति बरषा रूत आई।
कहने सभी हरीहर सूझे बिरहा हम मन दियो दिखाई।
आनंदघन कब फेर मिलैगौ सुंदर सांवल स्याम कन्हाई॥
हो रूँधो रूँधो आवै॥[2]

मिलेंगे कब री कहौ सुघर सनेही स्याम मिलैंगे कब री।
बूझि परैगी बात मरम की जानैंगे लोग सब री।
चरचैंगे सब लोग नगर के और गुर जन की दबरी।
अरी मेरो जियरा व्याकुल होत अब री।
कहौ सुघर सनेही स्याम मिलैंगे कब री।
कहौ सुघर सनेही स्याम मिलैंगे कब री।
चितवन मों कछु करी ठगोरी मारग निकरो जब री।
दृष्टि की फाँसी डारी गरे में प्रान काढ़ि लिन्हों सब री।
ना मोहि सुरत रही शरीर की न सुधि बुधि जब कब री।
मूर्छा गति मैं तब ते भैलौं भरन गयी जल डबरी।
कहौ सुघर सनेही स्याम मिलैंगे कब री।
मुरली अधर वामें कछु पढ़िकै गायो मंतर सब री।
वाही छिन से बौरी सी भैलों को समुझावे अब री।
कहौ सुघर सनेही स्याम मिलैंगे कब री।
हम से हरि से अटपटी संवरी बिगरी जब से तब री।
जो तुम मानौ खोइ हम सब विधि बन्यौ बनाव कहै को अब री।
आनंदघन एहस रीझि जाय मिलौ काहू ढब अब री॥
कहौ सुघर सनेही स्याम मिलैंगे कब री॥[3]

---

1. यह पुस्तक सूकर क्षेत्र शोध संस्थान में डॉ॰ नरेशचन्द्र बंसल के पास है, उद्धृत छंद इसमें पन्ना 202 पर है।
2. प्राइस पृ॰ 257।
3. प्राइस पृ॰ 241।

ए मेरे मन नैंनन रोंम रोंम मधि कृष्ण रम्यों हैं।
कहुँ बेचत कहुँ लेत गुपाल गोरस, सो घर-घर फिंरत बिकात जात कहूँ नीके नेह जम्यों है।
गोकुल प्रेम की पेंठ सुहाई जहाँ जग-जीवन पाइ भ्रम्यों है।
आनंदघन अचरच सनकादिक, संकर गिरिजा-सीस नम्यों है ॥[1]

सुनि सुनि कीरति मन ललचायौ
सो मन अब बस रह्यौ न मेरे बार-बार समझायौ।
देखि देखि नेंनान अघाने सुनत बचन नहि कान अघायौ।
मन परवश है करि आनंदघन अब तेरी सरनागत आयौ ॥[2]

होरी खेलन चौंप हो निस नींद न आवै।
स्याम सलौना रूप रिझौना उलही जोबन कौ मुरली टेर जगाय सुनावै।
कहा करैगी सास ननदिया यह सबको त्यौहार।
आनंदघन गुलाल घुमड़न में कर राखूँ हिय-हार ॥[3]

आनँदघन बदले नाही छूटे भडुआ कह तोरो री।
खेलन आयौ श्याम आज या रंग में बोरी री ॥[4]

दोहा

निधि बिधु वधु मुष सेस गृह सुर पुर अमृत नाँहिँ।
छार छई पति मृत गरल पतन सुजन वचा माँहिँ ॥

(–सुजान विलास[5])

---

1. आनंदघन और रूपमती के पद। दे॰ वासुदेवशरण अग्रवाल 1953 (सं.) पृ॰ 356।
2. श्री हित रूप संग्रहालय वृंदावन, 227 संख्या की पांडुलिपि, पन्ना (38)।
3. शृंगार-रस-सागर, प्रथम खंड पृ. 340 (संख्या 222)। नरेशचंद्र बंसल पृ॰ 215 के आधार पर उद्धृत। (डॉ॰ बंसल के अनुसार यह पद नंदगाँव के आनंदघन का भी हो सकता है।)
4. ये पंक्तियाँ शोधकर्ता को सन् 1997 अक्टूबर में स्वामी फतेहकृष्ण शर्मा ने वृंदावन में सुनायीं।
5. *सुजानविलास* में 5 और 6 संख्या के सवैया के बीच यह दोहा मिलता है।

सुजान के दोहा

उहि सुजान मुसक्यान सौ, नैना लयै लगाइ।
अब वासौ कोऊ अरे, मोहू देउ मिलाइ॥ 1॥

जौ सुजान तैं आपनै, मन कौ मरमु न देतु।
तो काहे नेही दिलनि, नाहक बैचै लेतु॥ 2॥

तलब देखिबै की बनी, रहति सांझ अरु भोर।
रे सुजान आवो चले, इनि नैननि की ओर॥ 3॥

घन आनंद भौ दृगनि को, देखत मीत सुजान।
मो बस रहे न तजि दई, सबै जगत की कानि॥ 4॥

जिहि दिन मीत सुजान कौ, पलकहुं देखतु नाहि।
को जाने ये द्रगन दिन, कितै कितै चली जाइ॥ 5॥

कंह सुजान मुख चंद वह, देई दिखाई जौ न।
तौ आनंद इनि द्रगनि कौ, कहौ होई विधि कौन॥ 6॥

आमद मीत सुजान की, वेगि सुनावहु आइ।
ता मग में द्रग आपनै, अगमन दैउ बिछाइ॥ 7॥

चितवत इत उत चटक सौं, चलौ गली मैं जाइ।
उंहि सुजान की अटपटी, चालि उरवसी आई॥ 8॥

सपनेहूं नहि मिलतु छिन, रे सुजान करि सैन।
तब बिसवासु बढ़ाइ कै, अब लागे दुख दैन॥ 9॥

ध्यान धरै नहि थिरु रहै, मनु फिरि फिरि उत जाइ।
तै सुजान बस करि लयौ, सुछवि सुखद दरसाई॥ 10॥

कासौं कहौं पुकारि कै, सुनिहो मीत सुजान।
पलकु लखे बिन कलप सम, बीततु है दिन मान॥ 11॥

काहू प्यारो धनु लगे, काहू प्यारे प्रान।
मेरे प्रान अधार इक, तू है मीत सुजान॥ 12॥

रोम रोम मैं हो रही, बिरह विथा भरि पूरि।
रे सुजान तेरौ दरसु, भयौ सजीवन मूरि॥ 13॥

तुव सुजान मुख चंद लखि, चंद भयौ आधीन।
तोहि करौ निकलंक विधि, उंहि कलंक करि दीन॥ 14॥

विरहा सौ करि वैरु मन, कहौ बचै कहं जाइ।
उहि सुजान के द्रग सुभट, जौ नहि करै सहाइ॥ 15॥

आनन आनन लखत हौ, यही करी है आन।
इक सुजान मुख के भये, वे द्रग बंदी वान॥ 16॥

रे सुजान महबूब तैं, दरस वेगि दै आइ।
तुव देखन कौ द्रगनि कौ, दिन दिन बाढ़ी चाइ॥ 17॥

इहि तन लोह निकाम की, धन कीमति बढ़ि जाइ।
पारस मीत सुजान कह, हसि उर लागै आइ॥ 18॥

तूं सुजान जद्दपि बसतु, सदा द्रगनि ही माहि।
हसि बोलनि लफ्टान वह, उर तै निकसति नाहि॥ 19॥

इहि ग्रीषम की दुपहरी, रे सुजान कित जाई।
द्रग खत खाननि मैं अरै, क्यों नहिं विलमतु आई॥ 20॥

मोर सोर घनघोर सुनि, किहि विधि राखौ प्रान।
मेरे प्रान अधार है, तू ही मीत सुजान॥ 21॥

नेही दिल कौ हनत ये, नेकु न मानत बाज।
है सुजान खूनी बड़े, तेरे द्रग गजराज॥ 22॥

हैं महबूब सुजान के, अतिही सुघर सुरंग।
पलकनि पलकु न थिर रहैं, चंचल नैन सुरंग॥ 23॥

मुख महबूब सुजान तुव, लखत होत सब काज।
मन पंछी कौ लेत गहि, ये तेरे द्रग बाज॥ 24॥

तुम सुजान जुग जुग जियौ, कियौ करौ सुख साज।
बरकरार भुव पे अटल, घन आनंद सिर ताज॥ 25॥

रे सुजान या बात की, है परतीति न तोहि।
ज्यों चाहे त्यौं छानि लै, झीनै पट मैं मोहि॥ 26॥

कमल कली गहि कर कमल, फेरतु मीतु सुजान।
ता फेरन में जा फंसे, नाहक मेरे प्रान॥ 27॥

इतनी बेदरदी करी तुम, सुजान जिय माहि।
कितहूँ हौ के आइ अब, देउ दिखाई नाहि॥ 28॥

कासौं कहौं पुकारि कै, कहा परी है भीर।
कही अनकही है भली, अपने दिल की पीर॥ 29॥

विरही जन पै मैन नृप, जब तैं बांधी फेंट।
तबतैं मीत सुजान सौ, भई अचानक भेंट॥ 30॥

मन पण्डित कौ पूछि हिय, द्रग नितही करि जोरि।
उहि सुजान को दरसु मुहि, सांझ मिलै कै भोर॥ 31॥

तुहि न व्यापतौ विरह जै, रहतौ भयौ अजान।
परौ आइ अब जानिबौ, तेरे गरे सुजान॥ 32॥

वह मुसक्यान सुजान की, नैकु न विसरति मोहि।
ज्यौं ज्यों विसराऐं चहौ, त्यों त्यों दूनी होइ॥ 33॥

मलिन बसन अति छीन तन, इहि विधि लखै सुजान।
बिछुरन कौ दुःख मीत तैं, तुरत लयौ पहिचान॥ 34 ॥

इकटक नित देखत रहौं, पल पल वारौं प्रान।
धन्य घरी वह कौन जब, लखिहौं मीत सुजान॥ 35 ॥

मिलत बने न सुजान सौ, बिछुरौ पलकु न जाइ।
आनंद अब रहिवौ भयौ, कठिन दुहूँ विधि आइ॥ 36 ॥

आछे कठिन सुजान तुम, आपु गरज के यार।
अब हमतै बिछुरन कहत, कहौ कौन यह प्यार॥ 37 ॥

कहौ कौन विधि रहि सकै, इहि तन में ये प्रान।
हमें छांड़ि चाहत चलौ, तूँ बेदरद सुजान॥ 38 ॥

सरद चांदनी मैं कहूँ, जौ तुहि मिलै सुजान।
घन आनँद हिय मैं बढ़े, पल पल वारौं प्रान॥ 39 ॥

अवधि आस दे राखिहौं, इहि तन मैं ये प्रान।
अवधि बदी भूलै नहीं, तोकौ मीत सुजान॥ 40 ॥

रे सुजान यह जान दै, अब तेरे आधीन।
कित देखै तलफन लगे, ज्यों जल बिछुरै मीन॥ 41 ॥

बिन सुजान ये प्रान, इहि तन में ये रहत है।
उदौ होतु जिमि भान, ससि सोभा फीकी परै॥ 42 ॥

जित जित चाहौ तित करौ, प्रीतम हित विस्तार।
दुहूँ ओर तन टूटि है, झीनै हित को तार॥ 43 ॥

तेरे मन को कपट अब, कैसे जाइ सुजान।
मैं तो पर वारतु फिरौं पल पल ऊपर प्रान॥ 44 ॥

हम सुजान जानी हती, नेह करै सुख होई।
बिन देखे तेरे विरह, दैन लगौ दुःख मोहि॥ 45॥

सोवन चोरी होनिनी, यह सुनियतु तौ कान।
चित चोरी लागौ करन, जागत मीत सुजान॥ 46॥

तुम सुजान अनगरज हो, गरज बड़ी है मोहि।
दरस देत इनि द्रगनि कौ, खरचु लगै कहं तोहि॥ 47॥

यह सुजान तुमनै कछू, लई अनोखी बान।
द्रग कोरनि सों सहज मैं, खैंचि लेत हौ प्रान॥ 48॥

सोवत जागत रैनि दिन, देखहु मीत सुजान।
छवि मतवारे द्रग छके, सूझत आन न आन॥ 49॥

सूझत आन न आन, है सुजान तुव दरस ते।
परी द्रगनि यह बांनि, विसराऐ बिसरै नहीं॥ 50॥

जब लगि द्रग देखत रहै, तोकौ मीत सुजान।
तब लगि आनँद सौ रहे, इहि तन में ये प्रान॥ 51॥

ये जू अब नाहीं कहत, सिथिल अंग अलसाइ।
बोलनि यहै सुजान की, हियरा खटकति आइ॥ 52॥

घन गरजतु लरजतु हियौ, टक सुजान इति आइ।
प्रान पपीहन कौ अरे, छवि रस आनि पिवाइ॥ 53॥

मेरे जियु सुमिरन यही, निसदिन आठौ जाम।
सदा चरन लागौ रहौ, सेवक आसा राम॥ 54॥[1]

---

1. हिन्दी संग्रहालय, हिन्दी साहित्य सम्मेलन, प्रयाग। दे॰ दुबे पृ॰ 134-137।

(ख) आनंदघन-संबंधी पुस्तकें तथा लेख

पुस्तकें

हिन्दी

'अरुण', विश्वंभरनाथ : *घनानंद-माधुरी* : शिक्षा प्रकाशन गृह, बरेली, 1979 (द्वितीय संस्करण)।

'कमलेश' : *घनानंद चंद्रिका* : साहित्य संस्थान, आगरा (प्रकाशन वर्ष नहीं दिया गया है)।

'कमलेश', पद्मसिंह शर्मा : *घनानंद विहार—घनानंद की श्रेष्ठ कविता की समीक्षा एवं टीका सहित संकलन* : आगरा, (प्रकाशन वर्ष नहीं दिया गया है)।

कवि किंकर (सं.) : *घनानंद रत्नावली* : भारतवासी प्रेस, इलाहाबाद, 1944 (द्वितीय संस्करण)।

किशोरीलाल : *घनानंद – काव्य और आलोचना* : साहित्य भवन, इलाहाबाद, 1978 (द्वितीय संस्करण : 1987)।

केणी, सज्जन राम : *महाकवि घनानंद और उनकी काव्यकला* : सुरेश गणेश आप्टे, पुणे, 1966।

गुप्त, किशोरीलाल (सं.) : *सुजान शतक* : मधु प्रकाशन, इलाहाबाद, 1977।

गुप्त, परमलाल : *बिहारी और घनानंद* : नवयुग ग्रंथगार, लखनऊ, 1980।

गौड़, मनोहरलाल : *घनानंद और स्वच्छंद काव्यधारा* : नागरीप्रचारिणी सभा, वाराणसी, 1958 (द्वितीय संसकरण 1972)।

गौतम, लक्ष्मणदत्त : *घनानंद कवित्त सटीक* : अशोक प्रकाशन, दिल्ली, 1964 (चतुर्थ संस्करण 1975)।

चौरासिया, केसनीप्रसाद : *घनानंद* : अशोक प्रकाशन मंदिर, इलाहाबाद, 1958।

जायसवाल, काशीप्रसाद (सं.) : *विरह-लीला* : नागरीप्रचारिणी सभा, वाराणसी, 1907।

तिवारी, गिरीशचन्द्र : *कवित्रयी* : पुस्तक प्रचार, दिल्ली, 1973।

त्रिगुणायत, विश्वदेव : *घनानंद समीक्षा—पाठ संकलन और व्याख्या* : अमित प्रकाशन, गाजियाबाद (प्रकाशन वर्ष नहीं दिया गया है)।

त्रिपाठी, रामफेर : *कवित्रयी* : रामा प्रकाशन, लखनऊ, 1965।

त्रिपाठी, रामफेर : *घनानंद काव्य कौस्तुभ* : आत्माराम एंड संस, दिल्ली, 1976।

त्रिपाठी, रामफेर : *घनआनंद काव्य-किरीट (कवि की 51 किरीटी कविताओं का 'नवोन्मेषिणी' टीकोपेत संकलन)* : प्रकाशन केंद्र, लखनऊ, 1984।

त्रिवेदी, ज्ञानवती : *घनआनंद* : भारतवासी प्रेस, इलाहाबाद, 1942।

दीक्षित, रामप्रकाश : *घनानंद-काव्य का काव्य-वैभव* : विनोद पुस्तक मंदिर, आगरा, 1959 (सप्तम संस्करण 1984)।

पांडेय, त्रिलोचन : *घनानंद का काव्य-सौष्ठव (घनानंद का विस्तृत समीक्षात्मक विवेचन)* : नवज्योति प्रकाशन मंदिर, आगरा, 1956।

बहुगुना, शंभुप्रसाद : *घनानंद* : भारती प्रेस, इलाहाबाद, 1944।

भाटी, देशराज सिंह : *घनानंद की वाग्विभूति* : अशोक प्रकाशन, दिल्ली, 1973।

मनोहरलाल : *घनआनंद के काव्य में अप्रस्तुत योजना* : नेशनल पब्लिशिंग हाउस, दिल्ली, 1974।

मनोहरलाल : *घनाआनंद कबित्त (प्रथम शतक)* : रीगल बुक डिपो, दिल्ली

महेश्वरी, ओमकारप्रसाद : *घनानंद शतक* : महालक्ष्मी प्रकाशन, आगरा, 1970।

मिश्र, चन्द्रशेखर : *घनआनंद-कबित्त (भाष्येन्दुशेखर) – प्रथम आनन (प्रथम शतक)* : वाणी वितान, वाराणसी, 1960 (सप्तम संस्करण : संजय बुक सेंटर, वाराणसी, 1990)।

मिश्र, चन्द्रशेखर : *घनआनंद-कबित्त (भाष्येन्दुशेखर) – द्वितीय आनन* : वाणी वितान, वाराणसी, 1966 (द्वितीय संस्करण 1969)।

मिश्र विश्वनाथप्रसाद (सं.) : *घनआनंद- कबित्त* : सरस्वती मंदिर, वाराणसी, 1943 (छठा संस्करण : वाणी वितान, वाराणसी 1969)।

मिश्र विश्वनाथप्रसाद (सं.) : *घनआनंद और आनंदघन (ग्रंथावली)* : वाणी वितान, वाराणसी, 1945।

मिश्र विश्वनाथ प्रसाद (सं.) : *घनआनंद (ग्रंथावली)* : वाणी वितान, वाराणसी, 1952।

मिश्र, श्याम : *घनानंद का कृतित्व – घनानंद चयनिका* : कारण प्रकाश मंदिर, मेरठ (द्वितीय संस्करण–प्रकाशन वर्ष नहीं दिया गया है)।

मिश्र, सभापति : *घनानंद की काव्यसाधना* : चित्रलेखा प्रकाशन, इलाहाबाद, 1989।

'रत्नाकर', जगन्नाथदास (सं.) : *सुजान सागर* : जगन्नाथदास, वाराणसी, 1897।

राज, बुद्धिराजा : *घनआनंद – संवेदना और शिल्प* : वाणी प्रकाशन, दिल्ली, 1976।

राय, लल्लन : *घनानंद* : साहित्य अकादमी, दिल्ली, 1983।

वर्मा, कृष्ण चन्द्र : *घनानंद* : रवीन्द्र प्रकाशन, ग्वालियर (1966)।

वर्मा, कृष्ण चन्द्र : *घनानंद चयनिका* : रवीन्द्र प्रकाशन, ग्वालियर-आगरा, 1971।

वर्मा, सहदेव : *घनानंद-काव्य-दर्शन* : अभिनव प्रकाशन, नयी दिल्ली, 1977।

वशिष्ट, राम : *महाकवि घनानंद* : विनोद पुस्तक मंदिर, आगरा, 1955 (द्वितीय संस्करण : 1957)।

शास्त्री, हरिदत्त तथा शर्मा, केशवदेव : *घनानंद सौरभ* : (प्रकाशन स्थान का उल्लेख नहीं है) 1972।

शुक्ल, अशोक तथा शर्मा, पूर्णचंद्र : *घनानंद-कवित्त-सटीक* : जयपुर पदम बुक कंपनी, जयपुर 1968।

शुक्ल, रामदेव : *घनानंद का शृंगार-काव्य* : मैकमिलन, दिल्ली, 1975।

शुक्ल, रामदेव : *घनानंद का काव्य* : मैकमिलन, दिल्ली, 1976। (द्वितीय संस्करण : 1979)।

शुक्ल, रामदेव : *आनंदघन* : वाणी प्रकाशन, दिल्ली, 1985।

श्रीवास्तव, आनंदीप्रसाद (सं.) : *विरह लीला झांकी* : गांधी हिन्दी पुस्तक भंडार, इलाहाबाद (प्रकाशन वर्ष नहीं दिया गया है)।

सहगल, शशी : *घनानंद का रचना-संसार* : अभिनव प्रकाशन, दिल्ली, 1988।

सारस्वत, गणेशदत्त : *घनानंद* : साहित्य निकेतन, कानपुर, 1974।

सिंह, अमीर (सं.) : *रसखान और घनानंद* : नागरीप्रचारिणी सभा, वाराणसी, 1929 (नया संस्करण : 1956)।

सिंह, लखनलाल : *घनानंद का काव्य-शिल्प* : नागरीप्रचारिणी सभा, वाराणसी, 1975।

हरिश्चंद्र, भारतेन्दु (सं.) : *सुजान शतक* : लाइट प्रेस, वाराणसी, 1870।

अँग्रेजी

Bahadur, K.P. (transl.) : *The Love-Poems of Gananand.* Motilal Banarsidass, Delhi, 1977.

Nalbandian, Nancy : *Ghan Ananda and Anandaghana—Structure and Strategy in 18th Century Vraja Poetry.* University of Pennsylvania (Unpublished Ph. D. Thesis).

हंगेरियन

Bangha, Imre and Déri, Balázs (transl.) : *Ánandghan — A Jótudásúhoz.* Hungarian Information and Cultural Centre, New Delhi, 1996.

फुटकर लेख

हिन्दी

अवस्थी, मोहन	: क्या घनानंद की प्रेयसी का नाम सुजान था ? दे॰ *सम्मेलन पत्रिका* भाग 62, संख्या 2 (चैत्र-ज्येष्ठ शक 1898) पृ॰ 74-76।
अवस्थी, मोहन	: घनानंद की प्रेयसी का नाम सुजान नहीं था। दे॰ *सम्मेलन पत्रिका* भाग 65, संख्या 3-4 (आषाढ़-मार्गशीर्ष शक 1904) पृ॰ 137-143।
काजमी, स्वामी वाहिद	: घनानंद और उनकी प्रेमिका : दे॰ *सम्मेलन पत्रिका* भाग 63, संख्या 1 (पौष-फाल्गुन, शक 1899) पृ॰ 121-132।
गुप्त, किशोरीलाल	: घनानंद की प्रेयसी का नाम सुजान था। दे॰ *सम्मेलन पत्रिका* भाग 63, संख्या 1 (पौष-फाल्गुन शक 1899) पृ॰ 116-121।
गोस्वामी, लोकनाथ	: भक्तकवि घनानंदजी : दे॰ *श्रीसर्वेश्वर* का विशेषांक (भक्तगाथा अंक) सन् 1978 पृ॰ 219-222।
दुबे, उदयशंकर	: घनानंद के सुजान-विषयक कुछ अप्राप्त छंद : दे॰ *सम्मेलन पत्रिका* भाग 63, संख्या 1, (पौष-फाल्गुन शक 1899) पृ॰ 132-137।
बहुगुना, शंभुप्रसाद	: रसखान और घनानंद : दे॰ *सम्मेलन पत्रिका* भाग 30, संख्या 1-2 (भाद्रपद-अश्विन विक्रम संवत् 1999) पृ॰ 14-22।
ब्रजवल्लभशरण वेदांताचार्य	: भक्त कविवर श्री आनंदघन जी : दे॰ *श्रीसर्वेश्वर (वृंदावनांक)* वर्ष 5 अंक 1-5 (चैत्र विक्रम संवत् 2013) पृ॰ 287।
मिश्र, विश्वनाथप्रसाद	: आनंदघन का निधन-संवत् : दे॰ *आजकल* जून 1948 पृ॰ 12-13।
मिश्र, विश्वनाथप्रसाद	: घनआनंद और उनकी कृतियाँ : दे॰ *सम्मेलन पत्रिका* भाग 34 संख्या 7-9 (वैशाख-आषाढ़ विक्रम संवत् 2004) पृ॰ 149-166।
मिश्र, विश्वनाथप्रसाद	: नंदगाँव के आनंदघन : दे॰ *नागरीप्रचारिणी पत्रिका* (नवीन संस्करण) वर्ष 53 (विक्रम संवत् 2005) अंक 1 पृ॰ 48-49।

राधामोहनदास गुप्त : महाकवि श्रीआनंदघनजी के काव्य में रासलीला का स्वरूप : दे॰ *श्रीसर्वेश्वर* वर्ष 45 अंक 11 (नवंबर 1997 – विक्रम संवत 2054 अगहन) पृ॰ 12-15।

शुक्ल, केसरीनारायण : आनंदघन की एक हस्तलिखित प्रति : दे॰ नरेंद्रदेव आदि (सं॰) *संपूर्णानंद अभिनंदन ग्रंथ* : नागरीप्रचारिणी सभा, वाराणसी, 1950 पृ॰ 269-279।

सेन, क्षितिमोहन : जैन मर्मी आनंदघन का काव्य : दे॰ *वीणा* नवंबर 1938 पृ॰ 3-11।

: आनंदघन और रूपमती (बाजबहादुर) के पद : दे॰ अग्रवाल आदि (सं॰) : *साहित्य वाचस्पति सेठ कन्हैयालाल पोद्दार अभिनंदन ग्रंथ* : अखिल भारतीय ब्रज साहित्य मंडल, मथुरा, 1953 पृ॰ 356।

अँग्रेज़ी

Bengha, Imre : The Harikalā Bālí and Ānandghan's Death. In *Annali*, Istituto Universiterio Orientale, Napoli, 1997 pp. 231-241.

Bangha, Imre : Mundane and Divine Love in Ānandghan's Poetry. In *The Banyan Tree,* Manohar, New Delhi (forthcoming)

Sharma, Ghanshyam : Forms of Poetic Enunciation in Ghananand. In *The Banyan Tree,* Manohar, New Delhi (forthcoming)

सहायक ग्रंथ

हिन्दी

अग्रवाल, वासुदेवशरण आदि (सं.) : *साहित्य वाचस्पति सेठ कन्हैयालाल पोद्दार अभिनंदन ग्रंथ :* अखिल भारतीय ब्रज साहित्य मंडल, मथुरा, 1953।

अग्रवाल, वासुदेवशरण (सं.) : *हस्तलिखित हिन्दी ग्रंथों का बीसवाँ त्रैवार्षिक विवरण 1947-49 :* नागरीप्रचारिणी सभा, वाराणसी, 1977।

अवस्थी, मोहन : क्या घनानंद की प्रेयसी का नाम सुजान था ? दे॰ *सम्मेलन पत्रिका* भाग 62, संख्या 2 (चैत्र-ज्येष्ठ शक 1898) पृ॰ 74-76।

अवस्थी, मोहन : घनानंद की प्रेयसी का नाम सुजान नहीं था दे॰ *सम्मेलन पत्रिका* भाग 65, संख्या 3-4 (आषाढ़-मार्गशीर्ष शक 1904) पृ॰ 137-143।

अवस्थी, सावित्री : *नंददास जीवन और काव्य :* शोध प्रबंध प्रकाशन, नयी दिल्ली, 1968।

काजमी, स्वामी वाहिद : घनानंद और उनकी प्रेमिका : दे॰ *सम्मेलन पत्रिका* भाग 63, संख्या 1 (पौष-फाल्गुन शक 1899) पृ॰ 121-132।

कृष्णदास बाबा (सं.) : *रसिक-जीवनी – भक्तमाल टीकाकार श्री प्रियादासजी के गुरु कविवर श्री मनोहरदास जी द्वारा संकलित :* ग्वालियर मंदिर, कुसुम सरोवर, राधाकुंड, 1962।

कृष्णाचार्य : *हिन्दी के आदिमुद्रित ग्रंथ :* भारतीय ज्ञानपीठ प्रकाशन, दिल्ली, 1966।

केणी, सज्जन राम : *महाकवि घनानंद और उनकी काव्यकला :* सुरेश गणेश आप्टे, पुणे, 1966।

खट्टर, रमेशकुमार : *नंददास :* सामयिक प्रकाशन, दिल्ली, 1967।

खरे, नारायण मोरेश्वर (सं.) : *आश्रम भजनावली :* नवजीवन प्रकाशन मंदिर, अहमदाबाद, 1992 (27वाँ पुनर्मुद्रण)।

खारैड, महताब चंद्र (सं.) : *आनंदघन ग्रंथावली (सरलार्थ सहित) (संग्रह एवं अर्थकार उमराव चन्द्र जैन जरगड) :* विजयचंद्र जरगड, जयपुर, 1974।

गंगा सिंह : *भरतपुर राज्य का इतिहास 1637 से 1768 – प्रथम भाग :* भारती पुस्तक मंदिर, भरतपुर, 1974।

गुप्त, किशोरीलाल (अनु.) : *डॉ. अब्राहम जॉर्ज ग्रियर्सन कृत हिन्दी साहित्य का प्रथम इतिहास :* हिन्दी प्रचारक पुस्तकालय, वाराणसी, 1961 (द्वितीय संस्करण)।

गुप्त, किशोरीलाल (सं.) : *नागरीदास ग्रंथावली – प्रथम खंड : पदावली :* नागरीप्रचारिणी सभा, वाराणसी, 1965।

गुप्त, किशोरीलाल : घनानंद की प्रेयसी का नाम सुजान था। दे. *सम्मेलन पत्रिका* भाग 63, संख्या 1 (पौष-फाल्गुन, शक 1899) पृ. 116-121।

गुप्त, किशोरीलाल : *सरोज-सर्वेक्षण :* हिन्दुस्तान एकेडेमी, इलाहाबाद, 1967।

गुप्त, किशोरीलाल (सं.) : *शिवसिंह सरोज :* हिन्दी साहित्य सम्मेलन, प्रयाग, 1970।

गुप्त, किशोरीलाल (सं.) : *सुजान शतक :* मधु प्रकाशन, इलाहाबाद, 1977।

गुप्त, किशोरीलाल (सं.) : *हजारा :* स्मृति प्रकाशन, इलाहाबाद, 1978।

गुप्त, जगदीश (सं.) : *रीतिकाव्य-संग्रह :* ग्रंथम, कानपुर, 1993।

गुप्त, परमेश्वरीलाल : *यूरोप और अमेरिका में हिन्दी के हस्तलिखित ग्रंथ :* विश्वविद्यालय प्रकाशन, वाराणसी, 1968।

गोस्वामी लोकनाथ : भक्तकवि घनानंदजी : *श्रीसर्वेश्वर* का विशेषांक (भक्तगाथा अंक) : श्री निंबार्कतीर्थ, किशनगढ़, 1978 पृ. 219-222।

गोस्वामी, शरणबिहारी : *कृष्णभक्ति-काव्य में सखीभाव* : चौखम्बा विद्याभवन, वाराणसी, 1966।

गौड़, मनोहरलाल : *घनानंद और स्वच्छंद काव्यधारा* : नागरीप्रचारिणी सभा, वाराणसी, 1972 (द्वितीय संस्करण) (पहला संस्करण : 1958)।

गौड़, कृष्णदेवप्रसाद आदि (सं.) : *हस्तलिखित हिन्दी ग्रंथों का संक्षिप्त विवरण — सन् 1900-1955 भाग 1-2* : नागरीप्रचारिणी सभा, वाराणसी, 1963-1964।

ग्रियर्सन, अब्राहम जॉर्ज : *द मॉडर्न वर्नाक्युलर लिटरेचर ऑफ हिन्दुस्तान* : दे. गुप्त 1961।

चतुर्वेदी, जवाहरलाल (सं.) : *काव्य-निर्णय — भिखारीदास कृत* : कल्याणदास एंड ब्रदर्स, वाराणसी, 1956।

चतुर्वेदी, परशुराम : *हिन्दी काव्यधारा में प्रेम-प्रवाह* : किताब महल, इलाहाबाद, 1952।

चतुर्वेदी, परशुराम : *मध्यकालीन शृंगारिक प्रवृत्तियाँ तथा नव निबंध* : लोक सेवा प्रकाशन, वाराणसी, 1955।

चतुर्वेदी, परशुराम (सं.) : *मीराँबाई की पदावली* : हिन्दी साहित्य सम्मेलन, प्रयाग 1989 (अठारहवाँ संस्करण)।

चान्दावत, प्रकाशचंद्र : *महाराजा सूरजमल और उनका युग 1745-1763* : जयपाल एजेंसीज, आगरा, 1982।

जैन, प्रेमसागर : *हिन्दी जैन भक्ति-काव्य और कवि* : भारतीय ज्ञानपीठ प्रकाशन, वाराणसी, 1964।

त्रिपाठी, राममूर्ति : *'भूमिका'*। दे. विद्यानिवास मिश्र (सं.) *आलम ग्रंथावली* : वाणी प्रकाशन, नयी दिल्ली, 1994, पृ. I-XX।

दुबे, उदयशंकर : घनानंद के सुजान-विषयक कुछ अप्राप्त छंद : दे. *सम्मेलन पत्रिका* भाग 63, संख्या 1 (पौष-फाल्गुन शक 1899) पृ. 132-137।

डॉ. नगेन्द्र : *रीतिकाव्य की भूमिका* : नेशनल पब्लिशिंग हाउस, दिल्ली, 1953 (दूसरा संस्करण) (पहला संस्करण : 1949)।

डॉ॰ नगेन्द्र (सं॰) : *हिन्दी साहित्य का बृहत् इतिहास (षष्ठ भाग) रीतिकाल – रीतिबद्ध काव्य (संवत् 1700-1900)* : नागरीप्रचारिणी सभा, वाराणसी, 1958।

डॉ॰ नगेन्द्र : *देव और उनकी कविता* : नेशनल पब्लिशिंग हाउस, नयी दिल्ली, 1987 (पाँचवाँ संस्करण)।

डॉ॰ नगेन्द्र (सं॰) : *हिन्दी साहित्य का इतिहास* : नोइदा, 1995 (तेईसवाँ संस्करण)।

नरेन्द्रदेव आदि (सं॰) : *संपूर्णानंद अभिनंदन ग्रंथ* : नागरीप्रचारिणी सभा, वाराणसी, 1950।

नारायण, पीताम्बर तथा नायर, एस॰ भासकर (सं॰) : *हिन्दी साहित्य सारिणी भाग 1* : विश्वेश्वरानंद संस्थान, होशियारपुर, 1974।

नाहटा, अगरचंद (सं॰) : *राजस्थान में हिन्दी के हस्तलिखित ग्रंथों की खोज – भाग 2* : प्राचीन शोध संस्थान, उदयपुर विद्यापीठ, उदयपुर, 1947।

नाहटा, अगरचंद : *'प्रासंगिक वक्तव्य'* : दे॰ खारैड (सं॰) पृ॰ 19-43।

नाहटा, अगरचंद : संत कबीर और संत कवि आनंदघन : दे॰ विवेकदास (सं॰) : *कबीर साहब* । कबीर वाणी प्रकाशन केंद्र, वाराणसी, 1978 पृ॰ 446-449।

नाहटा, भंवरलाल (सं॰) : *आनंदघन चौबीसी -- 17 रचनाओं का संक्षिप्त भावार्थ, अवशिष्ट स्तवन मूल। विवेचनकार मुनि सहजानंदघन* : प्राकृत भारती अकादमी, जयपुर एवं श्रीमद रामचंद्र आश्रम, हम्पी, 1989।

पांडेय, सुधाकर (सं॰) : *हिन्दी काव्य गंगा* : नागरीप्रचारिणी सभा, वाराणसी, (प्रकाशन वर्ष नहीं दिया गया है)।

बंघा, इमरै : कबित्त छंद में बलाघात : दे॰ *नागरीप्रचारिणी पत्रिका* जून-अगस्त 1998 पृ॰ 10-12।

बंसल, उमारानी : *कविवर दयानिधि और उनका काव्य* : आगरा विश्वविद्यालय की पी-एच॰डी॰ हेतु प्रस्तुत शोध प्रबंध, 1985।

बंसल, उमारानी एवं नरेशचंद्र : *दयानिधि ग्रंथावली* : मधूलिका प्रकाशन, कासगंज (आगामी)।

बंसल, नरेशचन्द्र : *चैतन्य संप्रदाय : सिद्धांत और साहित्य :* विनोद पुस्तक मंदिर, आगरा, 1980।

बहुगुना, शंभुप्रसाद : *घनआनंद :* साहित्य भवन लिमिटेड, इलाहाबाद, 1944।

बिहारीशरण, ब्रह्मचारी (सं.) : *निम्बार्क माधुरी :* ब्रह्मचारी बिहारीशरण, वृंदावन, 1930।

ब्रजरत्नदास (सं.) : *नंददास ग्रंथावली :* नागरीप्रचारिणी सभा, काशी, 1949।

ब्रजवल्लभशरण (सं.) : *श्री जयसाह सुजस प्रकाश – रचयिता देवर्षिवर मंडन कवि :* श्री निम्बार्क महासभा, वृंदावन तथा श्री निम्बार्क सत्संग मंडल, जयपुर, संवत् 1990 (सन् 1933)।

ब्रजवल्लभशरण (सं.) : गीतामृतगंगा : दे. *श्रीसर्वेश्वर* (माघ संवत् 2009 से श्रावण संवत् 2010) वर्ष 1, संख्या 3-9।

ब्रजवल्लभशरण (सं.) : श्री वृंदावनदेवाचार्य जी : दे. *श्रीसर्वेश्वर (वृंदावनांक)* वर्ष 5 अंक 1 (चैत्र संवत् 2013) पृ. 223-224।

ब्रजवल्लभशरण (सं.) : भक्त कविवर श्रीआनंदघन जी : दे. *श्रीसर्वेश्वर (वृंदावनांक)* वर्ष 5 अंक 1 (चैत्र संवत् 2013) पृ. 287।

भाटी, देशराज सिंह : *रसखान ग्रंथावली सटीक :* अशोक प्रकाशन, दिल्ली, 1996 (नवीन संस्करण)।

डॉ. मनोहरलाल : *घनआनंद के काव्य में अप्रस्तुत-योजना :* नेशनल पब्लिशिंग हाउस, दिल्ली, 1980 (तृतीय संस्करण)।

मिश्र, चन्द्रशेखर प्रसाद (व्या.) : *घनआनंद-कबित्त (भाष्येन्दुशेखर) – प्रथम आनन (प्रथम शतक) :* संजय बूक सेंटर, वाराणसी, 1990 (सातवां संस्करण) (प्रथम संस्करण 1960)।

मिश्र, भगीरथ (सं.) : *हिन्दी साहित्य का बृहत् इतिहास (सातवाँ भाग) रीतिकाल – रीतिमुक्त :* नागरीप्रचारिणी सभा, वाराणसी, 1972।

मिश्र, विश्वनाथप्रसाद (सं॰) : *घनआनंद और आनंदघन (ग्रंथावली)* : वाणी वितान, वाराणसी, 1945।

मिश्र, विश्वनाथप्रसाद : नंदगांव के आनंदघन : *नागरीप्रचारिणी पत्रिका* (नवीन संस्करण) वर्ष 53 (संवत् 2005) अंक 1 पृ॰ 48-49।

मिश्र, विश्वनाथप्रसाद : आनंदघन का निधन-संवत् : *आजकल* जून 1948 पृ॰ 12-13।

मिश्र, विश्वनाथप्रसाद (सं॰) : *घनआनंद-कबित्त* : सरस्वती मंदिर, वाराणसी, 1950 (द्वितीय संस्करण)।

मिश्र, विश्वनाथप्रसाद (सं॰) : *घनआनंद (ग्रंथावली)* : वाणी वितान, वाराणसी, 1952।

मिश्र, विश्वनाथप्रसाद (सं॰) : *बिहारी* : वाणी वितान, वाराणसी, 1953।

मिश्र, विश्वनाथप्रसाद (सं॰) : *जसवंत सिंह ग्रंथावली* : नागरीप्रचारिणी सभा, वाराणसी, 1962।

मिश्र, विश्वनाथप्रसाद : *बोधा ग्रंथावली* : नागरीप्रचारिणी सभा, वाराणसी, 1964।

मिश्र, विश्वनाथप्रसाद : *हस्तलिखित हिन्दी ग्रंथों का उन्नीसवाँ त्रैवार्षिक विवरण — 1944-46* : नागरीप्रचारिणी सभा, वाराणसी, 1975।

मिश्रबंधु : *मिश्रबंधु-विनोद — भाग 1-4 (दो खंडों में)* : गंगा पुस्तकमाला, लखनऊ, 1984।

मीतल, प्रभुदयाल : *ब्रज के धर्म-संप्रदायों का इतिहास (ब्रज का सांस्कृतिक इतिहास भाग 2)* : नेशनल पब्लिशिंग हाउस, दिल्ली, 1968।

मुनि, जिनविजय (प्रधान सं॰) : *राजस्थान पुरातत्त्वान्वेशन मंदिर के हस्तलिखित ग्रंथों की सूची — भाग 1* : राजस्थान पुरातत्त्वान्वेशन मंदिर, जोधपुर, 1959।

मेनारिया, ओंकारलाल (सं॰) : *राजस्थानी हिन्दी हस्तलिखित ग्रंथ-सूची भाग 3* : राजस्थान प्राच्यविद्या प्रतिष्ठान, जोधपुर, 1974।

याज्ञवल्क्य, सत्येन्दु : *अहमदशाह अब्दाली द्वारा ब्रज विध्वंस और नरसंहार* : दे॰ ठाकुर प्रसाद वर्मा (सं॰) पृ॰ 56-58।

रघुराज सिंह देव : *भक्तमाल (रामरसिकावली)* : लक्ष्मीवेंकटेश्वर कल्याण, मुम्बई, 1956 (प्रथम संस्करण : 1889)।

'रत्नाकर', जगन्नाथदास : *सुजान सागर* : जगन्नाथदास, वाराणसी, 1897।

राजेन्द्र कुमार : *परवर्ती हिन्दी कृष्णभक्ति-काव्य – सन् 1700-1900 ई.* : संगम प्रकाशन, इलाहाबाद, 1972।

राणावत, मनोहरसिंह : *भरतपुर महाराजा जवाहरसिंह जाट – 1733-1768 ई.* : राजस्थानी ग्रंथागार, जोधपुर, 1982।

वर्मा, कृष्णचंद्र : *घनानंद* : रवीन्द्र प्रकाशन, ग्वालियर, (1966)।

वर्मा, ठाकुरप्रसाद (सं.) : *युगयुगीन ब्रज* : भारतीय इतिहास संकलन समिति उत्तर प्रदेश, वाराणसी, 1988।

वर्मा, सहदेव : *घनानंद – काव्य दर्शन* : अभिनव प्रकाशन, नयी दिल्ली, 1977।

वसु, नगेन्द्रनाथ (सं.) : *हिन्दी विश्वकोश* : बी. आर. पब्लिशिंग कॉर्पोरेशन, दिल्ली, 1986 (पुनर्मुद्रण)।

वार्ष्णेय, लक्ष्मीसागर (अनु.) : *हिन्दुई साहित्य का इतिहास – गार्सें द तासी की 'इस्त्वार द ल लितेरत्यूर ऐंदूई ऐ ऐंदूस्तानी' नामक फ्रांसीसी भाषा की पुस्तक से अनूदित* : हिन्दुस्तानी एकेदमी, इलाहाबाद, 1952।

वशिष्ठ, राम : *महाकवि घनानंद* : विनोद पुस्तक मंदिर, आगरा, 1957 (द्वितीय संस्करण)।

वियोगी हरि : *ब्रजमाधुरी-सार* : इलाहाबाद, 1987 (सोलहवां प्रकाशन)।

शर्मा, उपेंद्र : *जाटों का नवीन इतिहास (भाग 2) 1685-1763 – ब्रजेन्द्रबहादुर सूरजमल जाट* : मंगल प्रकाशन, जयपुर, 1986।

शर्मा, कैलाशचन्द्र : *भक्तमाल और हिन्दी साहित्य में उसकी परंपरा* : मंथन पब्लिशिंग, रोहतक, 1983।

शर्मा, नारायणदत्त : *निम्बार्क संप्रदाय और उसके कृष्ण भक्त हिन्दी कवि – भाग 1* : अशोक प्रकाशन, मथुरा, 1964।

शर्मा, पुरोहितनारायण (सं.) : *ब्रजनिधि ग्रंथावली :* नागरीप्रचारिणी सभा, वाराणसी, 1933।

शर्मा, हेमंत (सं.) : *भारतेन्दु समग्र :* हिन्दी प्रचारक संस्थान, वाराणसी, 1989 (तृतीय संस्करण)।

शास्त्री, रसिकमोहन व जयकिशोरशरण (सं.) : *श्री महावाणी :* श्री श्रीजी मंदिर, वृंदावन 1997 (तृतीय संस्करण)।

शास्त्री, कलानाथ : भागवत के अमर कथावाचक ब्रजनाथ भट्ट : दे. *राजस्थान* जयपुर, दिनांक 5-12-1996।

शुक्ल, केसरीनारायण : आनंदघन की एक हस्तलिखित प्रति : दे. नरेन्द्रदेव (सं.) : पृ. 269-279।

शुक्ल, रामचंद्र : *हिन्दी साहित्य का इतिहास :* नागरीप्रचारिणी सभा, वाराणसी, 1994 (अठाइसवाँ संस्करण)।

शुक्ल, रामदेव : *घनानंद का शृंगार-काव्य :* मेकमिलन, दिल्ली, 1975।

शुक्ल, रामदेव : *घनानंद का काव्य :* मेकमिलन, दिल्ली, 1979 (द्वितीय संस्करण)।

शुक्ल, रामदेव : *आनंदघन :* वाणी प्रकाशन, दिल्ली, 1985।

शुक्ल, हरीश : *गुर्जर जैन कवियों की हिन्दी साहित्य को देन :* जवाहर पुस्तकालय, मथुरा, 1976।

श्यामसुंदरदास (सं.) : *राधाकृष्णदास-ग्रंथावली :* इंडियन प्रेस, इलाहाबाद, 1937।

सहगल, शशि : *घनानंद का रचना-संसार :* अभिनव प्रकाशन, दिल्ली, 1988।

सिंह, अमीर : *रसखान और घनानंद :* नागरीप्रचारिणी सभा, वाराणसी, 1956 (नवीन संस्करण)।

सिंह, लखनलाल : *घनानंद का काव्य-शिल्प :* नागरीप्रचारिणी सभा, वाराणसी, 1975।

सुदर्शनाश्री, साध्वी : *आनंदघन का रहस्यवाद :* पार्श्वनाथ विद्याश्रम शोध संस्थान, वाराणसी, 1984।

सेन, क्षितिमोहन : जैन मर्मी आनंदघन का काव्य : दे. *वीणा* नवंबर 1938 पृ. 3-11।

हरिश्चन्द्र, भारतेन्दु (सं.) : *सुंदरी तिलक :* खेमराज श्रीकृष्णदास, बम्बई, 1937 (प्रथम प्रकाशन 1869)।

'हीरा', राजवंश सहाय : *भारतीय साहित्यशास्त्र कोश* : बिहार हिन्दी ग्रंथ अकादमी, पटना, 1973।

संस्कृत

कोसांबी, डी॰ डी॰ (सं॰) : *भर्तृहरिसुभाषितसंग्रहः* : मुंबई, 1948।

भटवदेकर, कृष्ण शास्त्री (सं॰) : *सुभाषितरत्नाकरः* : मुंबई, 1903 (तृतीय संस्करण)।

बांगला

सेन, सुकुमार (सं॰) : *चैतन्यचरितामृत – लघु संस्करण* : साहित्य अकादेमी, नयी दिल्ली, 1983।

फारसी

शाक़िर ख़ाँ : तारीख़-ए-शाक़िर-ख़ानी British Museum, No. Add. 6585, Rieu-V.I.

एस॰ अज़हर अलि (सं॰) : आनंदराम मुखलिस : सफ़र-नामा : हिन्दुस्तान प्रेस, रामपुर, 1946।

उर्दू

मुंशी मुहम्मद सैयद : *उमरा-ए-हुनूद* : नामी प्रेस, कानपुर, 1910।

अँग्रेजी

Ibn Hasan
इब्न हसन : *The Central Structure of the Mughal Empire and its Practical Working up to the Year 1657*. Munshiram Manoharlal, New Delhi, 1970 (reprint) (first edn. 1936).

Ivanov, Vladimir
इवानोव : *Concise Descriptive Catalogue of the Persian Manuscripts in the Collection of the Asiatic Society of Bengal.* The Asiatic Society, Calcutta, 1985.

Kanda, K.C.
कंडा : *Masterpieces of Urdu Ghazal : From 17th to 20th century.* Starling Publishers, New Delhi, 1992.

Qanungo, Kalika-Ranjan कानूनगो	:	*History of the Jats.* Surajnal Memorial Education Society, New Delhi, 1982.
Kane, P.V. काणे	:	*History of Sanskrit Poetics.* Motilal Banarsidass, Delhi, 1971 (3rd edn.).
Keay, Frank E. केय	:	*A History of Hindi Literature.* Award Publishing House, New Delhi, 1980 (1st. edn. 1920 ?)
Case, Margaret H. (ed.) केस	:	*Govindadeva : A Dialogue in Stone.* Indira Gandhi National Centre for the Art, New Delhi, 1905.
Khatri, Dina Nath खत्री	:	*Catalogue of the Hindi Manuscripts in the Anup Sanskrit Library, Bikaner,* Bikaner, 1946.
Gupt, R.D. & Gupt, M.L. गुप्त और गुप्त	:	*A Catalogue of Hindi Manuscripts in the Vrindaban Research Institute. Part I.* Vrindaban Research Institute, Vrindaban, 1979.
Gode, P. K. गोडे	:	Some New Evidence Regarding Devabhaṭṭa Mahāśabde. The Father of Ratnākarabhaṭṭa, the Guru of Sevai Jaisingh of Amber (A. D. 1699-1743). In *The Poona Orientalist.* Vol. VIII. Nos. 3 & 4, Poona, 1944.
Thiel-Horstman, Monika थील-होर्स्तमन	:	An Oral Theology : Dadupanthi Homilies. In McGregor (ed.) pp. 36-48.
Natvar Singh नटवर सिंह	:	*Maharaja Surajmal (1707-1763) His Life and Times.* Vikas Publishing House, 1983.
Pande, Susmita पांडे	:	*Medieval Bhakti Movement : Its History and Philosophy* Kusumanjali Prakashan, Meerut, 1993.
Price, William प्राइस	:	*Hindi and Hindoostanee Selections.* Fort William College, Calcutta, 1827.

Friedlander, Peter
फ्रीडलेंडर
: *A Descriptive Catalogue of the Hindi Manuscripts in the Library of the Wellcome Institute for the History of Medicine.* The Wellcome Institute for the History of Medicine, London, 1996.

Bahadur, K.P. (transl.)
बहादुर
: *Love Poems of Ghananand.* Motilal Banarsidass, Delhi, 1977.

Bose, Roma (transl.)
बोस
: *Vedānta-Pārijata-Saurabha of Nimbārka and Vedānta-Kaustubha of Śrīnivāsa (Commentaries of the Brahma-Sūtras).* I-III. Royal Asiatic Society of Bengal, Calcutta, 1940.

Bahura, Gopal Narayan
बहुरा
: *Literary Heritage of the Rulers of Amber and Jaipur.* Maharaja Sawai Mansingh II. Museum, Jaipur, 1976

Bhatnagar, V.S.
भटनागर
: *Life and Times of Sawai Jaysingh: 1688-1743.* Impex India, Delhi, 1974.

Broughton, Thomas Duer
ब्राउटन
: *Selections from the Popular Poetry of the Hindoos.* London, 1814.

Malik, Zahir Uddin
मलिक
: *The Reign of Muhammad Shah 1719-1748.* Asia Publishing House, Bombay etc., 1977.

McGregor, R. Stuart (ed.)
: *Devotional Literature in South Asia : Current Research 1985-1988.* Cambridge University Press,

Ranganathasvami, S.P.V.
रंगनाथस्वामी
: On the Seshas of Benares. In *Indian Antiquary* Vol. XLI. (Nov. 1912) pp. 245-253.

Lorenzen, David N.
लोरेंज़ेन
: The Lives of Nirguni Saints. In : Lorenzen (ed.) pp. 181-211.

Lorenzen, David N. (ed.)
: *Bhakti Religion in North India : Community Identity & Political Action.* Manohar Publishers, Delhi, 1996.

Sharma, G.N. : *Social life in Medieval Rajasthan (1500-1800 A.D. : With Special Reference to the impact of Mughal Influence.* Lakshmi Narain Agrawal, Agra. 1973.
शर्मा, जी॰ एन॰

Sastri, Haraprasad : Dakhini Pandits at Benares : *Indian Antiquary* Vol. XLI (Nov. 1912) pp. 7-13.
शास्त्री

Snell, Rupert : *The Hindi Classical Tradition : A Braj Bhasa Reader.* Heritage Publishers, New Delhi, 1992.
स्नैल्ल

Smith, Vincent A. : *The Oxford History of India.* Oxford University Press, Delhi, 1981 (fourth edn.).
स्मिथ

Hawley, John Stratton : *Sur Das – Poet, Singer, Saint.* Delhi, 1984
हॉवलि

Habib, Irfan : *A Documentary History of the Gosā'ins (Gosvāmīs) of the Caitanya Sect at Vṛndāvana.* in : Case (ed.) pp. 131-160.
हबीब

फ्रांसीसी

Tassy, M. Garcin de : *Histoire de la Littérature Hindoui et Hindoustani.* I-III. (2nd edn.) Paris, 1870 & 1871.
तासी

Vaudeville, Charlotte : *Pastorales Par Sour Das.* Gallimard, Paris, 1971.
वोदविल

अनुक्रमणिका

उल्लिखित व्यक्तियाँ के नाम

स

ह

उल्लिखित रचनाओं के नाम

•••